독서

김열규 교수의
열정적 책 읽기

독서
讀書

비아북
ViaBook Publisher

서문

탐독과 탐식, 그 짜릿한 지知적 쾌락을 위하여

지금부터 16년 전쯤 홀연히 낙향을 결심했을 때 나는 데이비드 소로의 《월든》을 길잡이로 삼았다. 보스턴 근교의 콩코드 숲, 바로 그 월든 호숫가에 자리 잡은 소로의 폐옥廢屋을 지켜보면서 우두커니 앉아 있곤 했던 그 버릇 그대로 나는 지금 우리 집 뒷산의 연못가에 주저앉아 단상에 빠지곤 한다.

'올해 나이 77세, 나는 무엇을 하며 살아왔을까?'

격정적인 삶의 진풍경들이 수없이 스쳐 지나가지만 그 장면 한 컷 한 컷을 확대경으로 들여다보면 단 한 가지 공통적인 소품들이 눈에 띄곤 했다. 그것이 무엇일까? 바로 책이다. 돌이켜 생각해보면 내 삶의 책 읽기는 농부의 연장과도 같은 것이었다. 삽과 괭이로 농부가 논밭을 갈 듯,

나는 책을 통해 지식의 논을 가꾸고 마음의 밭을 일궜다.

해방 즈음에 일본인이 버리고 간 책더미 속에서 나는 헤르만 헤세와 앙드레 지드를 알았고 도스토예프스키와 토마스 만을 만났다. 한국전쟁 때에는 미국 병사들이 버린 책을 통해 영미 문학의 원전을 읽었다. 대학 이후 50년 넘게 질박한 한국인의 삶의 궤적을 찾아왔지만, 그 역시 옛 선배들의 업적이 담긴 책이 아니었으면 생각지도 못했을 일이다.

또한 교수 생활 30년을 비교적 곱게 넘기면서 남에게 뒤지지 않을 만큼 많은 책을 써낸 것도 그 덕택이다. 한국인의 삶에서 죽음까지, 그 의식구조에서 행동양식까지 두루두루 살펴내는 데는 나의 책 읽기가 길라잡이 구실을 해주었다.

책 읽기로 살아온 한평생! 나는 지금 서가 앞에, 책 앞에 꿇어 엎드려서는 이 서문을 마감한다.

'책님들이시여, 고맙습니다!'

차례

- **서문** 탐독과 탐식, 그 짜릿한 지知적 쾌락을 위하여
- **프롤로그** 산다는 것, 읽는다는 것

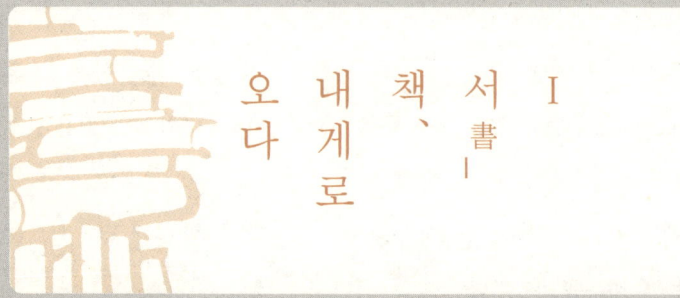

I 내 책, 서書 오게로 다

| 하나 | **내 생의 첫 고전, 듣기 _ 유년 시절** 021

    포에지poésie의 싹이 트다 _ 이바구 떼바구 강떼바구
    내러티브의 미덕 _ 할머니의 옛날이야기
    한의 정서에 눈뜨다 _ 어머니의 제문 읽는 소리
    천국과 지옥을 오가다 _ 일요일의 듣기 교실

| 둘 | **낭독의 즐거움 _ 아이 시절** 041

    제2의 탄생 _ 내 삶의 유사시대가 열리다
    보는 눈, 읽는 눈 _ 눈의 놀라운 역할
    소리 내어 읽기 _ 나의 목소리는 절규가 되어

탐독 _ 세상에는 오직 나의 두 눈과 책뿐!
제3의 읽기 _ 외워 읽기
누워 읽기여 안녕! _ 나의 성을 갖다
마지막 조선어 수업 _ 서러운 을사늑약
신나는 웃음 읽기 _ 코미디 입문
눈물과 함께 찾아든 울음 읽기 _ 비극 입문
도둑 읽기 _ "나는 의적이다"

[세] 몰입의 유혹 _ 소년 시절 ········ 081

8.15 해방 _ 본격화된 문학 읽기
광복 학기 _ 조국을 향해 달려라
동맹휴학 _ 도서관에서 보낸 달콤한 일주일
찬연한 사주팔자 _ 읽기는 나의 운명
책은 또 하나의 세계 _ 읽기로 희망과 동경을 키우다
친화력의 읽기 _ "사랑해, 우린 하나야"
방랑하는 영혼 _ 신발의 의미를 읽다
읽기의 세 가지 신기술 _ 되풀이 읽기, 돌려 읽기, 번개 읽기
차마 하지 못한 이야기 _ 깡패가 가르쳐준 교훈
나의 첫 번째 시 _ 달콤 짭조름한 첫사랑의 맛

[넷] 책 읽기의 미학 _ 청년 시절 ········ 123

영어 원전 읽기 _ 전쟁의 폭음 속에서
단상집 읽기 _ 그 쾌적한 수면제의 맛
시도집 읽기 _ 수영과 읽기 사이
두보 읽기 _ 비참한 현실, 찬란한 시심
고독과 고통과 죽음 읽기 _ 삶의 또 다른 의미

[다섯] 농익은 책 읽기 _ 노년 시절 ········ 157

산책하듯 읽기 _ 가다 말다 읽다 말다
나의 또 다른 동반자 _ 오랜 친구 같은 책들
달관과 체념의 읽기 _ 노숙하게, 노련하게
노년에 찾아온 새로운 읽기 _ 정성과 끈기로
완착을 향하여 _ 끝이라는 것

II 독讀 — 읽기의 소요유逍遙遊

[하나] 행복한 지知적 놀이, 독서 _ 요령 읽기 ········ 183

꼼꼼 읽기 _ 창조적인 읽기로 통하는 문
클로즈 리딩 _ 그게 뭔데?
꼼꼼 읽기와 클로즈 리딩 _ 적게 넣고 많이 씹어라
읽고, 읽고, 또 읽고 _ 첫눈에 반한다는 것
속독과 숙독 사이 _ 하나의 길에서 만나다
삼단뛰기와 장애물경주 _ 읽기에도 비결이 있다
놀기 반 읽기 반 _ 책, 덮을까 말까
읽기의 쾌락주의 _ 극과 극은 통한다

[둘] 카타르시스의 발견 _ 의미 읽기 ········ 217

게임을 하듯이 _ 실마리를 잡아라
물고기를 잡듯이 _ 하나도 놓치지 말라
이를 잡듯이 _ 구석구석 뒤져라
고양이가 쥐를 가지고 놀듯이 _ 재미를 찾아라
사금을 캐듯이 _ 까불고 솎아내라

|셋| 골라 읽는 책의 유혹 _ 장르 읽기 ········ 239

시 읽기하나 _ 시의 멋, 시의 재미
시 읽기둘 _ 뜯어보고, 헤쳐보고 다시 한데 묶어보고
소설 읽기 _ 알록달록 비단을 짜듯이
논설문 읽기 _ 스스로 묻고 캐고 답하기

|넷| 내 것이 되어버린 책들 _ 작품 읽기 ········ 275

도스토예프스키 《지하 생활자의 수기》 _ 뻔한 길은 싫어!
체호프 《내기》 _ 돈으로는 살 수 없는 자유
토마스 만 《토니오 크뢰거》 _ 나의 자화상
소포클레스 《오이디푸스 왕》 _ 그 처절한 인간 비극
릴케 《말테의 수기》 _ 어느 도시민의 영혼
슈테판 츠바이크 《에라스무스 전기》 _ 편들지 말라, 혼자여라!

• 에필로그 책과 함께 우리가 될 그날을 위하여

프롤로그

산다는 것, 읽는다는 것

　산다는 것, 그것은 무엇일까? 목숨을 부지하는 것! 옳은 말이다. 하지만 인생이 겨우 그것으로 끝나고 말, 그런 시시한 것은 아닐 것 같다. 절대 그럴 수는 없다. 목숨을 부지하는 게 인생살이의 절대적인 조건인 것은 틀림없다. 하지만 그건 실마리요, 단서에 불과하다. 집짓기로 치면 이제 겨우 주춧돌 하나 놓은 것에 지나지 않는다. 뭔가 더 올려야 하고 뭔가 더 쌓아야 한다. 그러지 않고는 주춧돌마저 허사가 되고 만다. 돌받침 몇 개 놓는 것, 그 이상의 무엇인가가 있어야 한다. 정말이다.

　한데 그게 뭘까? 그렇게 거듭 물으면 말이 막히고 만다. 도무지 뭐가 뭔지 종잡을 수가 없다.

　목적은? 수단은? 아리송하다. 종착지는? 길은? 얼떨떨하다. 이것인가

하면 저게 보이고 저것인가 하면 이게 나선다. 오락가락이다. 우왕좌왕이다. 그래서 궁하고 답답하다. 숨이 막힌다. '그게 바로 산다는 것이 아닐까?' 하고 생각도 해본다.

인생에는, 자동차 운전대 옆에 붙여놓는 네비게이터 따위는 없다. 있을 수도 없고 있어서도 안 된다. 그런 게 만의 하나라도 있다면 우리는 멍청이가 되고 말 것이다. 어쩌면 웬만큼 머리가 튄 사람이면 인생을 그만둘지도 모를 일이다.

뻔한 길! 횅하고 가면 그뿐인 길! 그래서 묻고 찾고 헤매고 할 게 아주 없는 길, 그런 길이라면 누구나 두 번 다시 안 가려고 들 것이다. 그러기에 길은 헤맴이다. 방황이다. 방랑이다. 그것은 헤르만 헤세Hermann Hesse의 《크눌프》 정신이다. 이 타고난 방랑자가 모처럼 고향을 지나치게 되었을 때 옛 친구를 만난다. 그는 떠돌이 친구를 하룻밤 자기 집에서 묵게 한다. 그러고는 갈아 신으라면서 새 것이나 다름없는 헌 신 한 켤레를 선물한다. 나그네는 오랜만에 편한 자리에 누워서는 그 신발을 꺼내든다. 밑창을 매만진다. 야무진 그 촉감을 즐기면서 혼잣말을 뇐다.

"됐어! 이거면 이제 한참을 더 가도 될 거야."

그날 밤 방랑자의 꿈은 더없이 편안했을 것 같다. 방랑은 모르는 길이라야 한다. 헤맴은 그래야 한다. 미리 아는 길은 우체부나 택배기사들에게 줘버려도 그만이다. 모르는 길이라야 비로소 길다운 길이다. 아무도, 단 한 사람도 밟고 지나간 자국이 없는 길이 이상적이다. 미국 시인 로버트 프로스트Robert Frost의 〈가지 않은 길〉이 일러주듯이 말이다.

훗날에 훗날에 나는 어디선가
한숨 쉬며 이야기할 것입니다.

숲 속에 두 갈래 길이 있었다고
나는 사람이 적게 간 길을 택하였다고
그리고 그것 때문에 모든 것이 달라졌다고

대충 이런 시이다. 내가 미국 동부, 매사추세츠주의 케임브리지에 머물 때 이웃 뉴햄프셔주에 있는 프로스트의 집이며 근처의 전원 지대를 공연히 헤맨 것은 혹시나 바로 그 두 갈래 길을 찾을 수 있을까 해서였다. 아무도 밟지 않은 길, 그건 모르는 길이고 새 길이다. 몰라야 새 길이 된다.

인생에는 무수한 가닥 길이 나 있다. 그중에는 다른 사람들이 무더기로 밟고 지나가서 반들반들 닳아빠진 길과는 무관한 길이 있기 마련이다. 가는 사람이 내딛는 걸음에 따라서 비로소 열리는 길이 있기 마련이다. 그래서 인생은 '모름'으로 시작해서 '모름'으로 이어지고 또 이어지곤 한다. 모르는 것, 그게 바로 인생일지도 모른다. 삶은 그런 것이다. 그러기에 삶은 앎이 되려고 무진, 무진 애를 쓴다. 삶이란 모르는 걸 하나하나 알아나가는 과정이다. 삶은 앎을 향한 행보行步이다. 아니, 아예 삶을 앎이라고 해두는 게 좋을 것 같다.

그렇다면 그 앎이란 무엇으로 어떻게 얻어지는 것일까? 한두 가지는 아닐 테지만 아무래도 읽기가 으뜸 중 으뜸일 것이다. 이건 읽기가 내게 심어준 신념이다. 읽기는 나를 위해서 세계 속으로 길을 안내해준다. 그래서 읽기는 아직 잘 모르는 삶의 길을 가는 사람에게 나침반이 되고 이정표가 된다.

우리들은 삶의 행보, 다시 말해 삶의 걸음걸이 그 자체로서 읽기를 하는 것이다. 그러면서 조금씩, 조금씩 삶은 앎이 되어간다. 누구든 인생론 한가운데 읽기가 큰 자리를 차지하고 있을 것이고, 그 가장 높은 봉우리에 읽기는 우뚝 솟아 있을 것이다.

나의 삶, 나의 읽기

내게 앎 없이 삶은 없다. 앎이 삶이고 삶이 곧 앎이다. 그러니 내게 읽기 없는 삶 또한 있을 수 없다. 그건 당연한 일이다. 읽음이 앎이다. 앎은 삶이다. 그렇다면 읽기가 삶이고 삶이 읽기이다. 이건 자명한 일이다.

배워서 알게 되고 알아서 살게 되는 이치 또한 명백하고, 읽기 없는 배움이 없을진대, 읽기는 배움과 앎과 삶의 주춧돌이고 선봉장이다.

동화를 듣고 읽지 않았다면 나의 꿈은 얼마나 허전했을까? 물으나 마나이다. 동화 덕분에 나의 꿈은 움트고 자랐다. 그동안 내 몸도 마음도 자랐다. 어두운 숲길, 눈에 파란 불을 켠 토끼가 길잡이가 되어서는 밤에만 곱게 피었다가 아침이면 이내 숨고 마는 꽃밭을 찾아주었던 그 꿈! 며칠을 두고 밤마다 꾼 꿈으로 나는 동화를 꾸몄다. 그렇게 나의 동심은 익고 자랐다. 그래서 한때 빨리 낮이 가고 밤이 오기를 간절히 빌었던 시절도 있다.

소년이 된다는 것은 동화가 소설로 바뀐다는 의미였다. 《엄마 찾아 삼만 리》,《소공자》,《소공녀》 없는 나의 소년기는 길 잃고 집 잃은 것이나 다를 바 없었을 것이다.

소년은 가던 걸음을 멈추고 강가에 다가갔다. 소녀 등 뒤로 조금 떨어져서 소녀가 낚시질하는 것을 지켜보았다. 모르는 소녀였다. 신기했다.

'여자 애가 혼자 낚시질이라니!' 그런 생각을 하면서 소녀가 드리운 낚싯줄이 제 것인 양 노려보았다.

그때 문득 저만큼에서 "아무개야!" 하고 부르는 소리가 났다. 소녀는 그에게 낚싯대를 맡기고는 달려갔다.

소년은 낚싯대를 잡았다. 물결을 응시한 지 얼마 지나지 않아서 물고기가 걸렸다. 줄이 심하게 흔들리고 낚싯대도 요동쳤다.

와락! 낚싯대를 잡아끌었다. 하지만 오히려 낚싯대 끝이 물속으로 끌려 들어갔다. 기를 써도 소용없었다. '숭어일까?' 무척 크고 힘센 놈인 것 같았다.

잠시 실랑이가 벌어지고 있는데 소녀가 돌아왔다. 그녀가 낚싯대를 받아들자, 거짓말처럼 쉽게 물고기가 딸려 올라왔다.

이렇게 기억되고 있는 한스 카로사Hans Carossa의 《유년 시대》를 읽으면서 나는 예쁜 이웃집 누나를 생각했다. 그 책을 읽은 다음 날 집 앞에서 이웃집 누나를 만난 나는 물었다.

"누나, 낚시해봤어?"

"아니, 그걸 내가 왜 해?"

툽상스러웠다. 나는 그 뒤 한동안 누나를 보고도 모른 척했다. 소설은 이토록 어린 나의 현실에 그리고 삶에 깊숙이 관여했다.

빅토르 위고Victor Hugo의 《레미제라블》로 눈물을 배웠고 《이솝 우화》로 웃음을 익혔다. 그러면서 나의 소년 시절은 희비쌍곡선을 그리기 시작했다.

눈물이 슬프기만 한 게 아니라는 것, 차갑기도 하고 뜨겁기도 하다는 것, 그래서 삶의 진실이 거기 어리곤 한다는 것을 어렴풋이 깨달으면서 나는 철이 들어가는 내가 대견하기만 했다. 더불어 웃음은 그 재미만큼이나 가르침도 여간 큰 게 아니라는 사실을 눈치 챘을 때 나는 훌쩍 조숙해 있었다.

토마스 만Thomas Mann의 《마의 산》의 한 장면. 높은 산속에서 요양소 생활을 하던 결핵 환자 몇 사람이 작은 모임을 연다. 어슴푸레 등을 밝힌 작은 방, 테이블에 둘러앉은 그들은 슈베르트Franz Schubert의 〈겨울 나그네〉를 축음기로 틀어놓고는 일종의 심령술에 도취했다. 그들 앞에 놓인 작은 공이 이름이 불리는 사람들 앞으로 차례차례 옮겨가는 그 신비로운 대목을 읽으면서 대학 신입생인 나는 신비주의자가 되었고 덕분에 신화에 대한 나의 관심은 더욱 커져갔다. 지금도 슈베르트의 그 가곡을

들을 때마다 그 경이로운 장면이 연상된다.

이렇게 어릴 적부터 청년 시절에 이르는 나의 삶의 궤적에서 읽기는 결정적인 역할을 하곤 했다. 무엇을 어떻게 읽느냐에 따라서 나의 그 무렵 행적이 그려지기도 했다. 그건 그 후에도 달라지지 않았다.

내가 50년 넘게 절박한 한국인의 삶의 궤적을 추적해온 것도 어머니의 〈언문 제문〉과 여러 문학작품의 영향이 컸으며, 16년 전쯤 홀연히 낙향을 결심했을 때도 소로의 《월든》을 길잡이로 삼았던 것이다.

이렇게 읽기는 내게는 삶이었다. 그건 날이 갈수록 전에 없이 더욱더 절실해져가는 진실이다.

I

서書
책,
내게로
오다

포에지poésie의 싹이 트다_이바구 떼바구 강떼바구
이바구 떼바구 강떼바구…
할머니의 이 세 마디는 내 가슴을
콩닥거리게 하는 포에지의 시작이었다.

내러티브의 미덕_할머니의 옛날이야기
누구나 그렇듯, 나의 읽기는
할머니의 옛날이야기 즉,
듣기에서 비롯되었다.

— 하나 —

내 생의 첫 고전, 듣기 — 유년 시절

한의 정서에 눈뜨다_어머니의 제문 읽는 소리
어머니는 궤짝 하나 가득 언문 제문을
가지고 계셨다. 그것을 보노라면
웅숭깊은 우리네 한의 정서가 밀려왔다.

천국과 지옥을 오가다_일요일의 듣기 교실
할머니와 어머니의 목소리, 그것은 나의
첫 고전이자 영원한 고전이다.
그분들이 집 안의 스승이셨다면,
집 밖의 스승은 목사님이었다.

포에지poésie의 싹이 트다
_이바구 떼바구 갓떼바구

 내게 읽기의 첫 스승은 할머니셨다. 물론 내게는 읽기의 스승들이 많이 계셨다. 세상 만물이 다 스승이었을지 모른다. 보는 것, 듣는 것, 그 모두가 스승이었을지 모른다.
 별이 바다 물결에 던지는 빛 그림자는 내겐 가장 웅숭깊은 글자였을지도 모른다. 출렁이는 파도마다, 솟았다 가라앉는 너울마다 반짝이는 별빛은 은근한 사연이 적힌 책갈피와 같았다. 부서지는 하얀 포말은, 또 흩날리는 눈빛의 물거품은 먼 피안의 신성한 문자처럼 읽혀지기도 했다. 그런가 하면 고분고분 물살 짓는 모래사장의 파도는 은근한 속삭임이었고 아스라한 물마루는 어린 나를 위한 '푸른 묵시록'이었다. 유년 시절부터 바다가 우리 집 뜰과도 같고 보니 그럴 수밖에 없었던 것이다.

바다만이 아니었다. 산에도 들에도 가르침은 널려 있었다. 하다못해 거리에도. 그리하여 가르침은 동전 세 닢 주고 산, 그 눈깔사탕들, 두 손 바닥 가득 넘쳐나던 그 맛있는 것들보다 훨씬 많았다.

바람에 설레는 나뭇잎들은 한 장, 한 장 책갈피로는 감당 못할 애기들을 들려주곤 했다. 그러기에 나는 어디에서나 아무 때나 보고 읽었다. 스승은 어디에나 계셨지만 사람 스승으로 치면 우리 할머니가 최초였다. 우리 집의 큰 손자였던 나는 어머니의 아들보다는 할머니의 아들로 자랐다.

집채가 따로 있었기에 할머니는 노상 '큰 손자'를 따로 끼고 계셨다. 세끼 밥 먹는 것 빼고는 그랬다. 밤이면 밤마다 나는 할머니 바로 옆에서 자곤 했다. 나란히 깔린 요였지만 나는 슬그머니 할머니에게로 다가든다. 그러고는 늘 재촉하는 말!

"할무이, 이바구."

"아이가, 이놈아, 또 이바구가?"

"그래, 할무이."

"그래, 그래 해주지."

밤마다 그렇게 나의 듣기를 겸한 읽기 교실은 문을 열곤 했다.

"이바구 떼바구 강떼바구, 옛날, 옛날, 그 옛날에 호랑이 담배 피던 시절에……."

서두는 이렇게 정해져 있었다. '이바구'는 이야기를 일컫는 경상도 말이지만, 떼바구, 강떼바구는 도대체 뭘까? 뜻이 따로 있는 건 아니다.

순전히 옛이야기의 재미를 미리 귀띔해주는 소리였다. 그건 음악 같은 여운을 풍기기도 했다.

'이바구 떼바구 강떼바구.' 그 세 마디는 그것만으로도 내 귀를 달콤하게 해주었다. 가슴도 덩달아서 잘 익은 복숭아 맛을 느끼곤 했다. 첫 낱말, '이바구'에 멋지게 운을 맞추어서 재미있게 꾸며낸 그 소리의 알록달록한 여운! 그건 입에서 나는 소리의 아름다움을 일깨워주었다. 아무 뜻 없는 소리만으로도 노래가 될 수 있다는 예감을 그때 이미 했다면, 지나친 과장일까? 나의 '포에지', 이를테면 시정신詩精神은 그렇게 눈을 떴는지도 모른다.

지금도 밤이 이슥하면 귓전에 그 말이 은근히 울려오곤 한다. 옛이야기의 시작을 알리는 그 세 마디, 그건 여간 재미가 아니었다. 훗날 문학을 공부하면서 알게 된 '소리만의 시학'을 나는 이미 그때부터 배웠던 셈이다.

변화와 짝 지은 반복, 반복과 손잡은 변화. 이들이 소리의 장단이나 높낮이에 실리면, 그것으로 음악의 움이 트고 운율의 싹이 돋았다. 대여섯 살밖에 되지 않은 어린 녀석은 멋도 모르고 할머니 곁에서 그런 재미를 즐겼다.

그렇다. 그게 내 시학의 시작이라고 해도 그리 심한 과장은 아닐 것이다. 훗날 대학에서 시론을 익히면서 새삼스레 그 꼬맹이 시절을, 내 시학의 원점을 되돌아보았다. 그렇게 되새김질을 통해 깨달은 것이지만, 내가 시, 그중에도 여음餘音에 남달리 애태우고 마음 쓰면서 깊이 젖어들게 된 단초는 바로 할머니의 '이바구 떼바구 강떼바구'에 있었다. 어린 시절의 듣기가 대학 이후의 읽기에 결정적인 구실을 한 것이다. 듣기가 읽기보다 먼저였다.

가령 다른 사람들이 '아리랑 아리랑 아라리요'를 억지로 한자로 옮겨 의미를 갖다 붙이려는 데 반발할 수 있었던 첫 기틀은 '이바구 떼바구 강떼바구'에 있었다. '아리랑'에다가 억지 춘향으로 한자 아리랑我離郞 따위를 갖다 붙이고는 뜻풀이하는 꼴을 나는 참을 수가 없었다.

거기 엉긴 편견, 말은 꼭 의미를 갖고 있어야 한다는 그 편견이 못마땅했던 것이다. 말은 소리만으로도 말이라고 나는 우겨야 했다. 갓 태어난 아기나 젖먹이들에게 말은, 그들 최초의 말은, 가장 근원적인 말은 소리 그 자체라는 사실을 사람들이 흔히 잊곤 한다는 것이 영 못마땅했다.

'아리랑'은 들리는 그대로의 소리만으로도 족한 것이다. '아리아리 쓰리쓰리 아라리요'도 '아리 아리랑 쓰리 쓰리랑'도 마찬가지이다. 하지만 여기에서는 '아리랑'만 따져보자.

모음 가운데에서 입을 가장 크게 벌리고 내는 소리, 그게 '아'이다. 이에 비해 입을 가장 작게 벌리고 내는 소리, 그게 '이'이다. 하나는 부드럽고 널따랗다. 다른 하나는 뾰족하고 날카롭다. 그러한 대조가 만들어내는 아름다움이 '아리랑'에는 울리고 있다. 또 있다. 'ㄹ'은 유음이라고 해서 물 흐르는 듯한 소리이고 'ㅇ'은 원순음이라고 해서 둥글게 구르는 듯한 소리이다. 시냇물이 흐르는 듯한 움직임에 구슬이 구르는 소리가 겹쳐지면, 그 아니 아름답겠는가!

이런 나의 아리랑 읽기는 이미 '이바구 떼바구 강떼바구'를 들으면서 시작된 것이다.

고려가요를 예로 들면 이야기는 한층 흥미진진해진다. 지금까지 남아 있는 고려의 민요들은 한결같이 여음의 미학을 자랑하고 있지만 그중에도 특히 〈청산별곡〉의 여음은 백미 중의 백미이다.

"얄리얄리 얄라셩 얄라리 얄라." 이것이 없었더라면 '아리랑'이란 여음은 생겨나지 못했을지도 모른다. 애조를 가득 띠고 서럽게 읊조릴 수도 있겠지만 넋두리하듯 웅얼거릴 수도 있다. 가사, 곧 노랫말의 내용도 그 소리의 울림과 장단의 영향을 받는다. 이는 여음에 쓰이는 모음의 종류며 쓰임새와 더불어 자음의 엮음새를 따져보면 금방 짐작할 수 있다.

〈청산별곡〉의 '얄리얄리 얄라셩 얄라리 얄라'가 한국 가요에서 여음의 대왕이라면 '이바구 떼바구 강떼바구'는 왕자 자리에 능히 오를 수 있을 것이다.

그런데 아기들은 모두 여음의 천재들이다. "얼레리 꼴레리!" 하고 친구를 놀려먹는 소리에 "이거리 저거리 각거리 봉사 맹도 또 맹도" 하고 손뼉 치며 노는 소리. 그리고 재미난 옛날이야기 앞에 나오는 '이바구 떼바구 강떼바구'까지. 그래서 아이들은 소리의 아름다움, 더 나아가 노래나 시의 매력에 끌려가게 된다.

그러기에 감히 이렇게 우겨본다. 내게 시 읽기의 첫 터전은 밤마다 들려오던 할머니의 옛날이야기, 바로 그것이었다고 말이다.

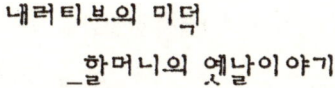

 "이바구 떼바구 강떼바구, 옛날, 옛날, 그 옛날에"로 시작되곤 하던 할머니의 옛날이야기! 그건 내게 듣기의 시작이자, 읽기의 시작이었다. 또한 쓰기의 시작이기도 했다. 그걸 내 머릿속에 새겨 넣는 일은 '문자 없는' 읽기이자 쓰기이기도 했던 것이다. 언어와 관련된 세 가지 기능이 거기엔 두루 갖추어져 있었다.

 물론 할머니의 옛날이야기는 흔히 '서사체敍事體'라 번역되는 '내러티브narrative'에 국한되어 있었다. 동화, 신화, 전설, 소설, 기사, 역사적인 사건이나 일상적인 사건에 관한 이야기…… 이들이 모두 내러티브이다. 그중에도 꼬마들을 위한 내러티브로는 단연 동화가 으뜸이다.

 거기에는 정서도 들어 있었고 인식도 들어 있었다. 불쌍한 것에는 애처로움을 느끼고, 뜻을 세우는 자는 거들어주려 애쓰면서 사람으로 산다는 것에 조금씩 눈을 떠갔다. 착한 것에 동정을 느끼고 악한 것을 미워하면서 윤리 의식을 키워갔다. 인간이 동물과 어울리고 물건이 사람과 말을 주고받는, 그 경이로움 속에서 아이는 세상살이를 조금씩 터득해 갔다.

동화를 듣다 보면 커다란 호기심이 생겨났다. 무서움이나 두려움에 떨면서도 그것과 재미를 구별 짓기는 쉽지 않았다. 어떻게 될까? 궁금해서 눈은 저만큼 앞을 달리는데도 귀는 그 자리에서 사뭇 쫑긋대고 있었다. 그게 모두 듣기의 재미고 보람이었다. 그 또래들에게는 커다란 배움이었다.

나는 그 아늑하고 그 다사로운 교실에서 할머니를 스승으로 모시고는 '듣기 공부'를 했다. 우리의 정겨운 수업은 거의 매일 밤마다 계속되었다.

백여우에게 쫓기던 어린 남매가 그 악마를 향해 던지던 파란 병과 빨간 병! 먼저 던져진 파란 병이 여우 코앞에서 터진다. 그러자 느닷없이 큰 강물이 나타나 백여우가 더 이상 남매를 쫓을 수 없게 되었을 때 꼬마는 박수를 쳤다. 그런데 그것도 잠시. 이내 바짝 다가붙는 악마에게 날아간 빨간 병은 '펑!' 하고 터지면서 사방에 불바다를 만든다. 마침내 남매는 마수魔手를 벗어난다. 꼬마는 목덜미의 식은땀을 훔쳐내다 말고는 두 손을 번쩍 들고 "만세, 만세, 만만세!"를 외친다.

돌이켜보면, 할머니의 동화는 네다섯 가지를 넘지 않았던 것 같다. 그러니까 이틀이나 사흘에 한 번꼴로 같은 이야기가 되풀이되곤 했다. 그런데도 스승이 삐격할 때가 없지 않았다.

"할머니 그게 아닌데? 파란 병부터 먼저 던지는데."

내가 그렇게 이의를 제기하면, 아차 하고 할머니의 옛날이야기는 원래의 줄거리를 찾아가곤 했다. 나의 듣기는 통째로 외우는 것이었다.

재미난 이야기를 듣는다는 것은 그 이야기를 내 정서 속에 몽땅 녹아들게 하는 것이었다. 내 감각으로 남김없이 그 이야기를 집어삼키는 일이었다. 그리하여 그 이야기 속의 모든 사건, 등장인물의 모든 움직임이 내 몸속의 뼈마디며 근육줄기 속에서 살아 약동하는 것이었다.

나는 온몸으로 들었다. 귀만이 듣고 있었던 게 아니다. 물론 처음엔 귀가 열리지만 이내 살갗이 따라서 움찔대고 눈이 빛나고 입이 달아오르면서 가슴이 동동거린다. 그 모든 과정이 바로 할머니 '이바구' 듣기였다.

나는 그렇게 한 마디, 한 구절 빠짐없이 엮이고 짜여서 비로소 구성되는 이야기의 줄거리를 외우고 또 외워댔다. 이따금 친구들에게 인심을 쓸 때 나는 할머니의 말투까지 그대로 베껴내며 옛날이야기를 들려주곤 했다. 나의 복습은 완전무결, 가히 우등상감이었다.

그러나 내가 할머니의 이야기를 곧이곧대로 암기한 것은 아니었다. 내 나름대로 추릴 것은 추리고 보탤 것은 보태서 원래 이야기보다 더 근사하게 꾸며내는 절차가 암기며 암송에서 큰 몫을 했다. 그래서 나의 암송은 내게 이해와 비판의 여지를 열어주었던 것 같다. 나의 읽기는 이미 따지고 캐는 것을 겸하고 있었던 셈이다. 그게 '소학교' 또는 '국민학교 (지금의 초등학교)'에 들어가서 읽기 공부를 하는 데 귀한 밑거름이 되었다.

어떤 글을 외워오라고 하든 겁날 게 없었다. 마디마디, 토막토막 복사기로 복사하는 것처럼 외웠다. 한번은 "그는 학교에 가서야 겨우 생각이 났다"라고 외우고는 마지막에 "점!" 하고 덧붙인 적이 있었다. 그러자 담임선생님께서 "점은 빼고!"라고 하셨고 지나치게 고지식했던 1학년 꼬마는 그만 머리를 긁적이고 말았다. 같은 반 친구들은 살판난 듯이 책상을 두드리며 웃어댔고. 지금도 그 까마득한 기억, 그 정경이 떠오를 때마다 혼자 빙긋 웃곤 한다.

교과서만 외워댄 게 아니었다. 만화, 동화, 소년소설 등 읽는 건 모조리 외워댔다. 나의 읽기는 외우기였지만 그 발단은 초저녁마다 할머니가 여시던, '듣기 교실'에서 비롯한 것이었다.

한의 정서에 눈뜨다
_ 어머니의 제문 읽는 소리

어린 시절 내게는 또 한 분의 듣기 선생님이 계셨다. 그것도 집안에……. 유년 시절이 지나고 초등학교 4, 5학년이 지났을 무렵 어머니가 나의 두 번째 듣기 스승으로 등장했다.

언문 제문諺文 祭文!

이렇게만 말하면 모르는 사람이 대부분일 것 같다. 특히 경상남도 중서부 출신이 아니라면 말이다. 물론 언문은 한글이다. 따라서 '언문 제문'은 한글로 된 제문을 일컫는다. 그런데 누굴 위해서 언제 읽혔을까?

그 이야기를 하려니, 새삼 어머니께서 언문 제문을 읊으시던 목소리가 들리는 것 같아 가슴이 멘다. 시집간 후 이른바 '출가외인出嫁外人'이 된 딸이 친정 부모의 초상에 와서 상청喪廳에서 읽는 글을 경상남도 중서부에서는 '언문 제문'이라고 부른다.

그 가장 큰 역할은 물론 '위령慰靈'이다. 방금 돌아가신 분의 넋을 달래고 위로하는 게, 그 으뜸가는 구실이다. 하지만 그것이 다는 아니다. 언문 제문은 돌아가신 이의 전기傳記를 겸하게 된다. 한평생 이렇게 저렇게 궂은 일, 어려운 일, 흉한 일을 이기면서 살아온 그 삶의 자취가 그려지는 것이다. 그리고 끝으로 모두 훌훌 털어버리고 편히 저승길 가시라는 말로 마무리되게 마련이다.

언문 제문은 한지 두루마리에 붓으로 적게 되어 있다. 부랴부랴, 허겁지겁 친정으로 달려온 딸은 돌아가신 분의 영정이나 신주 앞에서 읽기 반, 통곡 반으로 두루마리를 줄줄 펼쳐간다. 마침내 그 끝이 마룻바닥에 끌리면, 바람 탓일까? 두루마리가 펄럭대는 소리가 울음소리와 뒤섞인다.

"우리들에게 끼니를 차려주시면서 '난 이미 부엌에서 먹었다'던 우리 어머니, 지금도 곯은 배 그렇게 달래고 계실 우리 어머니!"

"어느 해질녘, 부리나케 밭에서 돌아오셔서는 부엌으로 들어가신 어머님. 빈 쌀독의 바닥을 긁어대다가 '또야!' 하고 달려드는 우리를 바라보시고는 빙그레 웃으시다가 돌아서서 눈물지으시던 우리 어머님. 그날 밤 어머님이 눈물로 지으신 밥은 잘 넘어가질 않았습니다. 이제 뫼나마 영전에 차려드리오니 먼 길 가시는데 배고프시지 않게 많이 드시고 가십시오."

이를테면 이런 식이다. 어머니의 쓰라린 한평생에 딸 자식의 고달픈 신세가 겹쳐지면서 서러움이 누구의 몫인지, 고달픔이 누구의 것인지, 애달픔이 누구의 것인지 알아볼 수 없게 된다. 딸은 제문을 읽으며 이제 막 여읜 어머니를 애도하고, 상청 앞에 엎드린 자신을 서글퍼한다. 이렇게 언문 제문은 모녀가 살아온 자취를 새삼 눈물로 얼룩지게 한다. 마루며 뜰에 모여든 아낙들은 이 제문을 들으며 일순간에 울음바다를 이루고 만다. 영이별의 글은 비탄과 처절함이 넘쳐난다.

어머니는 작은 궤짝 하나 가득 언문 제문을 보관하고 계셨다. 친정과 시가 양쪽에서 전해진 언문 제문도 물론 거기 섞여 있었고 어쩌다 손에 넣은 다른 집안의 제문도 끼어 있었다. 또한 어머니가 다른 사람들을 위해서 대필한 언문 제문도 더러 들어 있었다. 다른 사람의 부탁을 받고 그 사람의 처지에 맞게 대신 써준 제문은 특별히 소중하게 간직하고 계신 것 같았다.

적적한 밤이면 어머니는 그 언문 제문들을 꺼내 읽곤 하셨다. 겨울밤에는 그런 일이 더 잦았다. 추위를 빙자하여 안방 아랫목으로 모여든 우리 형제가 모두 잠든 줄 아신 걸까?

어머니는 때론 낭랑하게 때론 처연하게 마치 혼잣말을 하듯, 아니 속으로 웅얼대듯 제문을 읽어가곤 했다. 미처 잠들지 않은 나는 눈을 감고는 거기에 귀를 기울였다. 어떨 때는 자다 깨서는 잠결인 듯 꿈결인 듯 그 소리에 흠씬 젖어들기도 했다.

내용도 내용이지만 어머니가 낭독하신 것이라 더 넋을 잃은 것 같다.

서러움의 잔잔한 울림이, 애달픔의 고즈넉한 설렘이 어린 나를 사로잡곤 했기 때문이다. 어머니의 읽기는 입으로만 하는 것이 아니었다. 온 가슴으로, 온 마음으로, 그리고 온 감각으로 읽는 것이었다. 그것은 정서와 감정의 물살을 이루면서 내게 다가와 나를 깊이 잠기게 했다. 때로는 억눌린 흐느낌이 가만가만 전해져와 이불을 뒤집어쓴 나의 눈시울을 뜨겁게 했다.

그렇게 어머니가 숨죽여 읽으시던 언문 제문 소리는 어린 시절 나의 밤 시간을 적셔주었고, 그렇게 읽기와 듣기는 점점 더 떼려야 뗄 수 없는 사이가 되어갔다.

훗날 시를 읽게 되면서 가령, 김소월을 비롯해서 박목월이며 서정주의 작품에서 가장 한국적인 정서로 '애달픔의 시정'을 익히며 내 어머니가 읽으시던 언문 제문의 여운을 느끼곤 했다. 어머니가 들려주던 언문 제문은 내가 읽은 수많은 시에서 메아리치곤 했다.

뿐만 아니라 어머니의 언문 제문을 들으며 어렴풋하게나마 이 땅에서 여자로 산다는 것이 어떤 것인지를 조금씩 알아챘던 것 같다. 어머니의 언문 제문은 내가 공부하게 된 최초의 '여자의 일생'이었다. 나는 귀로 그걸 읽으며 여자가 빚어내는 인생살이의 사연을 어렴풋하게나마 들여다보았다. 덕분에 나는 이 땅의 그 어떤 남성 교수보다 먼저 '페미니즘'에 관심을 갖게 되었다. 그리하여 서강대학교에 재직 중일 때에는 이웃 이화여자대학교 국문학과 박사과정의 여학생들과 함께 한국 페미니즘 문학에 관해 책을 내기도 했다.

어머니는 또 다른 차원에서도 내 읽기의 스승이셨다. 대학에서 수업 준비를 하다 보면 더러 오래된 원전을 읽게 되는 경우가 많았다. 흘림체로 쓴 한글을 읽어내는 일은 찍어낸 활자에만 익숙해진 눈에는 여간 힘든 게 아니었다. 그래서 난관에 부딪칠 때마다 어머니에게 도움을 청했다.

"아이고, 대학생이 소학교도 못 다닌 어미에게!"

어머니가 그렇게 말씀하실 적마다 나는 머리를 긁적거렸다.

내게 두 분 계셨던 듣기의 스승들! 그 전통은 시어머니가 며느리에게 물려준 것이었을까? 두 세대에 걸친 우리 집안의 '듣기 스승'들은 일찍부터 읽기를 포함한, 내 학문의 이정표로 자리하고 계셨다.

천국과 지옥을 오가다
_일요일의 듣기 교실

소학교에 들어가기 전, 그러니까 글을 배우기 전에 내게 두 분의 스승님이 계셨다는 것은 그야말로 하늘이 내린 복이 아닐 수 없었다. 그건 동화의 주인공이 여행에 나섰다가 커다란 행운을 만나는 것과 다를 바 없었다.

그런 탓에 나는 지금도 내가 참 좋은 집에 태어났다고 믿고 있다. 그분들이 아니었다면 지금의 나는 없었을 것이다. 문학을 공부한 것, 민속에 뜻을 둔 것, 그래서 그 방면의 교수가 되고 그 방면의 글을 쓴 것, 모두가 두 분 '듣기 스승님'의 덕분이라 굳게 믿고 있다. 훗날, 아주 먼 훗날 내가 처음으로 민속학 책을 내면서 책머리에 "이 한 권의 책, 나의 할머니께"라고 적은 것도 그 때문이다.

늦은 밤 길 잃은, 동화 속의 어린 주인공을 도와주는 '하얀 머리의 요술 할머니'! 그분은 바로 우리 집 안방에 계셨고, 평생 내 삶을 이끌어주셨다.

옛날이야기를 들려주시던 할머니의 목소리, 언문 제문을 읊조리시던 어머니의 목소리. 그 둘은 나의 첫 고전이자, 영원한 고전이다. 내 귀에 들려오던 그분들의 목소리가 없었다면 내게 글이며, 책이며, 문학은 없었을 것이다.

집 안에 계시던 두 분의 스승 말고, 처음으로 집 밖에서 스승을 만난 것은 유치원에서였다. 매주 일요일마다 유치원에 딸린 교회에 갔다. 집에서 근 한 마장은 되는 길을 여섯 살짜리 꼬마는 기를 쓰고 갔다. 다른 아이들 하고 손잡고 빙빙 돌거나, 장난감 삽으로 모래를 파는 게 천생 청개구리인 내게는 시시하게 보여서 더러 빼먹곤 하던 유치원이었지만 일요일에는 그게 아니었다.

내가 일 년 뒤에 입학하게 된, 부산 부민 초등학교 바로 뒤편에 있던, '영생 유치원'은 '항서 교회' 부속이었다. 한데 일요일에는 교회가 우리들의 유치원 노릇을 했다. 참 고맙고 신나는 곳이었다. 그 때문에 어린 나는 '하느님에 대한 믿음'을 적어도 당시에는 은근히 품고 있었다.

집에서 얻어간, 한두 푼의 동전을 십일조 삼아서 내놓고 잠시 기도하면, 보모가 우리에게 사탕을 나누어주었다. 그러고는 바로 '만화 교실'이 열렸다. 책이 아닌 특별한 만화였다.

지게 다리 같은 받침 위에 제법 큰 나무통이 놓여 있고 그 안에는 큰 그림이 여러 장 들어 있었다. 그걸 담당 목사는 한 장 한 장 들어올려서 우리에게 보여주면서 이야기를 낭독해주었다. 우리는 이야기에 빠져 그 달콤하고 고소한 사탕을 빠는 것조차 멈추었다. 입은 나팔만큼 크게 벌리고 눈은 전등알처럼 휘둥그레져서는 넋을 잃고 그림을 응시했다.

그분은 참 멋진 변사辯士였다. 이른바, '토키(talkie : 유성영화를 달리 이르는 말이다)' 가 아닌 무성영화의 전문적인 변사 못지않았다. 변사께서 마지막 그림을 흔들며 웅변을 마치면 긴 이야기는 멋지게 대단원을 맞이했다.

"그래서 아이는 3만 리를 여행한 끝에 드디어 엄마를 만나 꿈에 그리던 엄마 품에 안기게 되었다."

"와!"

우리의 함성은 교회를 들썩이게 했다. 십자가의 예수님도 몸을 흔들며 우리와 함께 함성을 지르곤 했다. 목사님이 들려주는 이야기에는 날마다 그냥저냥 살아가는 세상과는 아주 다른 뭔가가 있었다. 상상이나 공상을 넘어서 환상의 경지에 올라선 세계를 향해서 우리 어린 것들을 자유롭게 풀어주어 마음껏 날갯짓하게 하는 엄청난 동력이 있었다.

천사와 요정, 마귀할멈과 도깨비, 호랑이와 토끼, 여우와 늑대 등이 함께 어우러져 엮어내는 그 세계에서 우리의 일요일은 얼마나 풍요로웠는지 모른다. 그림으로 푸는 한 편의 이야기가 끝나면, 그 주인공들을 찾을 수나 있는 듯이, 그들을 만날 수나 있는 듯이 교회 안의 의자 사이를 샅샅이 살펴보며 돌아다녔다. 그렇게 일요일의 교회는 '요정의 나라' 가 되곤 했다.

그건 내 세 번째 듣기 공부였지만, 이미 거기에는 '보기 공부'가 포함되어 있었다. 뿐만 아니라 읽기 공부도 은근히 제 몫을 하고 있었다.

그러던 어느 날 큰 날벼락이 떨어지고 말았다. 아무리 교회라도 예닐곱 살짜리들은 웅성대고 떠들기 마련이었다. 그러다 소란이 심해지자 참을 수 없었던 목사께서는 야단을 쳤다.

"조용하지 못해! 너희가 계속 떠들면 좋아, 내가 혼을 내주마. 여기 설교대 옆에 커다란 구멍이 뚫려 있어. 떠드는 녀석을 거기다 집어넣으면 어떻게 되는지 모르겠지? 그 아래가 바로 지옥이야! 알겠어!"

나는 눈을 감고 몸을 떨었다. 무서워서 견딜 수가 없었다. 그 뒤로 내가 교회에 다니지 않게 된 것은, 아니 다니지 못하게 된 것은 바로 그 '지옥의 공포' 때문이었다. 지금도 나는 여섯 살짜리 어린 넋을 교회에서 추방한 성직자가 원망스럽다. 그것은 내게 '에덴동산에서의 추방'과 마찬가지였으니까 말이다.

어쨌든 교회는 내게 공부할 수 있는 또 다른 기회를 선물해주었다. 전 세계의 동화만이 아니고 그 당시 아동소설의 고전으로 대접받던 글을 들음으로써 내 독서는 한바다만큼 넓어졌다. 그리고 그 귀한 경험은 소학교에 들어가서도 내 공부의 밑거름이 되어주었다.

제2의 탄생_내 삶의 유사시대가 열리다
비록 일본 글자지만 글을 처음 알게 된 순간,
내 삶의 유사시대가 열리는
지상 최대의 향연이 벌어졌다.

보는 눈, 읽는 눈_눈의 놀라운 역할
읽기를 하면서 열린 나의 눈
그것은 단순한 개인肉眼이 아니라 어느 화가가
벽에 용을 그리고 마침내 점을 찍어
하늘로 오르게 했다는 점안點眼이었다.

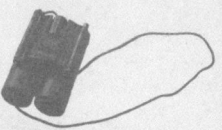

소리 내어 읽기_나의 목소리는 절규가 되어
소학교 1학년 시절, 독본 시간이 찾아오면
언제나 제일 먼저 책을 읽는
독야청청한 독불장군이었다.

탐독_세상에는 오직 나의 두 눈과 책뿐!
바다 밑 새로운 세계를 탐험하듯,
나의 독서는 사물 읽기,
세상 읽기로 나아갔다.

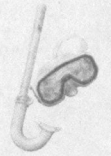

— 둘 —
낭독의 즐거움_아이 시절

제3의 읽기_외워 읽기
외우면 내 글이 된다! 눈으로 읽기,
소리 내어 읽기와 더불어 외워 읽기는
내 읽기의 기틀이었다.

누워 읽기여 안녕!_나의 성을 갖다
책상의 등장! 왕이 옥좌에 바로 앉듯이,
나는 등을 곧추세운 뒤
책을 읽고 글을 쓸 수 있었다.

마지막 조선어 수업_서러운 을사조약
마지막 조선어 수업! 온 교실은
웃음바다로 출렁였지만, 선생님의 눈에서는
줄줄 눈물이 흘렀다. 우리 조선인 학생들은 입
을 가리고 눈을 감았다.

신나는 웃음 읽기_코미디 입문
한국인은 대체로 웃음에 인색하다.
하지만 적절한 웃음과 익살은
삶을 풍요롭게 한다.

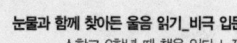

눈물과 함께 찾아든 울음 읽기_비극 입문
소학교 6학년 때 책을 읽다 느낀
가슴 찡한 페이소스!
그 비창함은 내 삶에서 좋은 열매를 맺었다.

도둑 읽기_"나는 의적이다"
옆방에 인기척이 나면, 후다닥 읽고 있던
책을 다듬잇돌 밑에 숨기곤 했다.
도둑 읽기, 그것은 흥미진진하고
짜릿한 독서 경험이다.

제2의 탄생
_내 삶의 유사시대가 열리다

내가 어릴 때만 해도, 초등학교에 가서야 비로소 글자를 깨우쳤다. 가까스로 문맹文盲을, 글 소경을 벗어나서, 본격적인 읽기의 세계가 펼쳐졌던 것이다. 눈이 달라지고, 머리가 달라지고, 사람이 달라지고…… 한 인간으로서 새로운 역사가 시작되었던 것이다.

흔히 인류에게 문자가 없던 시대는 '선사시대'라고 불린다. 문자를 만들어내고 글을 읽게 되면서 '유사有史시대'가 시작되었던 것이다. 문명, 문화도 그렇게 누리게 된다. 소학교에 들어가서 글을 깨우치면서 나의 선사시대는 끝나고 유사시대가 열렸다. 그것은 엄청난 '역사적 전환'이었다. 할머니에게서 옛날이야기를 듣고, 어머니에게서 언문 제문을 듣고, 교회에서 그림을 보며 동화를 들은 것은 이를테면 결정적인 전환을 위한 예비 단계였던 셈이다. 다시 말해 선사시대에서 유사시대로 옮겨가는 과도기였던 것이다.

'와! 드디어 내가 글을!' 차츰 더 많은 글자를 익히면서 얻어낸 감격적인 순간! 태어나서 처음으로 내 이름을 글자로 쓰게 된 그 순간이 내게는 어떤 의미였을까?

"긴 레츠 케이金烈圭."

비록 '가나' 라고 하는, 일본 문자였지만 내가 내 이름 석 자를 쓰게 된 바로 그 순간은 내게는 재탄생의 순간이었다. '김열규' 가 새로 태어난 것이었다.

당시는 마침 봄이 지나고 여름이 가까운 계절, 밤하늘을 흘러가는 은하수 주위의 그 많고 많은 별자리 사이를, 그 틈새를 내 눈은 헤매고 있었다. 가족 또는 친구와 한가한 골목길 한구석에 놓인 평상에 나란히 앉아 있는 나의 고개는 잔뜩 뒤로 젖혀져 있었다.

나는 그때, 그 수많은 별무리 속에서 크지는 않아도 눈부시게 빛나는 내 이름의 별자리를 찾고 있었다. 그러다 어느 순간, 살긋거리다가 차츰 초점이 잡히면서 비석에 새겨진 듯이 모습을 갖추곤 했던 내 이름 석자! 내가 공책마다 교과서마다 또박또박 아로새기듯이 적어 넣은, 바로 그 이름을 빼닮은 별자리를 찾아 헤매며 바라보던, 별밤의 하늘! 한동안 나는 은하수 물결을 헤엄치면서 글자 공부를 했다.

이것만이 아니다. 나의 첫 읽기는 또 다른 감격을 불러왔다. 거리의 광고판을 처음 읽었을 때, 내 눈은 거기서 떨어지려 하지 않았다. 한참 광고판 앞에 서서 소리 내어 읽고, 읽고, 또 읽었던 기억, 마치 내 눈앞에 새로운 세계가 열린 것 같았다.

유감스럽게도 내가 배운 글은 일본의 가나였다. 하지만 말은 말이고 글은 글이다 보니, 내게 '읽기'의 움이 튼 것은 틀림없는 사실이었다. '조선어'도 물론 배웠다. 하지만 그건 일주일에 불과 한 시간. 명색뿐이었다. 첫 학기가 시작되고 한동안은 일주일에 엿새 동안 매일매일, 거의 매 시간 일본어 읽기가 계속되었다.

"아이우에오ｱｲｳｴｵ, 카키쿠케코ｶｷｸｹｺ, 사시스세소ｻｼｽｾｿ."

이건, 우리의 가갸표와 같은 것인데, 소학교에 입학한 우리들은 이 문자들을 합창하듯 큰 소리로 읽기도 하고, 나직하게 혼자 암송하기도 했다. 물론 공책에다 적기도 했다.

그러다가 마침내 글자를 쓰고 읽는 공부가 끝나고 글을 읽는 공부가 시작되었다. 바야흐로 나의 유사시대는 비약하여 제2단계로 올라선 것이었다. 제2단계의 공부는 주로 '국어(일본어) 독본讀本'과 '수신修身' 교과서에 의지하고 있었다. 수업은 오전에만 있었는데, 대개 그 두 교과서를 읽다가 끝나곤 했다. '독본'이란 '읽기 책'이란 뜻인데, 동요가 많이 실려 있었고, 위인의 일화가 짤막하게 소개되기도 했다. 그때까지 익힌 글자를 바탕으로 두 교과서에 의지한 '글 읽기', '책 읽기'가 본격화되었다.

앞뒤 줄거리를 제대로 갖춘 이야기와 짧지만 논리적인 이야기를 내 힘으로 읽어내게 된 것이다. 그건 참 벅찬 일이었다. 내 삶은 물론이고

나 자신도 달라지고 있었다.

그때까지 내 눈은 주로 사람과 물건과 풍경 따위, 바깥세계를 보는 것으로 그 구실을 다하고 있었다. 그러다 이제는 전혀 다른 보기의 대상을 갖게 된 것이다. 그야말로 그 대상을 향유享有하게 된 것이다. 여기서 '향'은 '누리다' 또는 '잔치'라는 의미를 갖는다. 향의 의미가 가장 잘 드러난 것이 바로 향연饗宴이다. 잔치판을 누려서 갖는 것, 그게 바로 향유이다.

글자와 책을 읽게 되면서 새로운 역할을 갖게 된 나의 눈! 지금까지 보는 게 고작이었던 내 눈이 이제 읽게도 된 것이다. 그렇게 나는 새로운 눈을 갖게 되었다.

보는 눈, 읽는 눈
_눈의 놀라운 역할

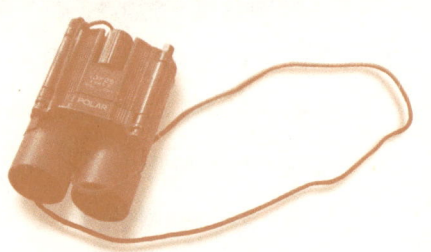

그저 보기만 하던 눈이 마침내 읽게도 되었다. '보기' 하는 눈과 '읽기' 하는 눈, 그건 사뭇 다른 것이었다. 그건 지금도 변함이 없다. 보는 것이 의미를 갖게 되고 보는 행위에 깊이가 더해지면 절로 읽기가 된다.

우리는 흔히 '마음을 읽는다'는 말을 한다. 이는 외관으로는 감지되지 않고 겉으로는 드러나지 않는 상대방의 속내를 알아차린다는 의미를 갖는다. 하긴 누구를 만나든 상대방의 겉모습부터 훑어보는 건 틀림없는 사실이다. 그렇게 겉모습에 대한 관찰이 앞서는 것은 부인할 수 없다. 그런데 거기서 그치지 않을 때 비로소 보기는 읽기가 된다. 이렇게 읽기는 그 대상이 무엇이든 '그 내면을 보는 것'이다. '해석'이라고 불러도 좋을 것이다.

물론 한국말에서는 보는 것이나 읽는 것이 같은 걸 지칭하는 경우가 많다. '신문을 본다' 고 하나 '신문을 읽는다' 고 하나 다를 게 없는 경우가 많다. 그러다 보니 책도 보고, 읽고 한다. 이는 일본말에서도 마찬가지이다. 영어는 조금 다르긴 하지만 'I see' 는, 누구나 알다시피 'I understand' 와 같은 의미를 갖는다.

이처럼 우리말이 읽는 것이나 보는 것을 굳이 가름하지 않는 것은 '보기' 없는 '읽기' 는 있을 수 없기 때문이다. 보지 않고는 못 읽는다. 그러나 보기가 감당할 수 없는 일을 읽기가 도맡아 해낸다. 그리고 보니 '마음을 읽는다' 란 말은 곧잘 써도 '마음을 본다' 는 말은 별로 쓰는 것 같지 않다. 마음에다 굳이 '본다' 는 말을 쓰려고 하면 '마음을 들여다본다' 라고 하는 것이 관례이다.

이건 무슨 뜻일까? 그것은 눈으로 읽는 행위가 겉으로는 드러나지 않는 깊은 속내까지 보게 될 때 비로소 의미를 갖는다는 뜻이다. 겉으로는 나타나지 않는 것까지 들여다보는 것이야말로 읽기라는 뜻이다. 그러기에 보는 행위는 읽는 행위에서 마지막 열매를 맺는다. 다시 말해 다같이 눈으로 하는 행위이지만, 보기는 눈만으로 하는 것인데 비해 읽기는 눈이 머리와 더불어, 또 마음과 더불어 해내는 것이다.

책을 눈으로만 읽다가 자신도 모르게 눈을 감고 고개를 숙이는 것, 그 행위는 무엇을 의미할까? 그때 머리로 읽기가 시작되고 마음으로 읽기가 시작되는 것이다. 읽기는 물질도, 인간도, 세계도 마침내 내면화한다.

요즘 새로운 읽기 이론에서 '리더빌리티 readability' 란 새로운 낱말이 쓰이고 있다. 이 낱말은 읽기의 대상인 책이나 작품이 과연 읽을 만한 것인지, 그것이 과연 값있는 읽을거리인지를 문제 삼는다. 하지만 한편으로는 읽는 사람이 갖춘, 독자로서의 자질이며 능력도 문제될 수 있다. 책을 문제 삼든 독자를 문제 삼든, 이른바 포스트모더니즘postmodernism 시대에는 저자나 작품보다는 독자가 더 큰 비중을 차지하는 게 사실이다. 따라서 지금을 '독자의 시대' 라 부른다면, 이는 오늘날이 읽기의 시대란 의미까지 함축하고 있는 것이다.

읽기 그 자체에 대한 이야기가 그만 길어진 것 같다. 읽기의 비중을 크게 추켜세우다 보니 어느 겨를엔가 그렇게 되고 말았다.

어쨌든 그러저러한 의미와 기능과 비중을 지닌, 내 읽기의 첫 동기는 소학교 1학년 교실에서 마련된 것이었다. 그것도 읽기 시간에. 그래서일까? 그때 읽게 된, 두 교과서, 그러니까 독본과 수신은 지금도 내 기억 속에서 나의 '성전聖典', 또 '성서' 로 자리 잡고 있다.

독본에 실린 위인의 이야기 중에는 지금까지도 기억에 생생한 것들이 몇 편 있을 정도이다. 부모와 형제를 희생적으로 사랑하다가 드디어 일본 최고의 유학자가 된 사람, 그 당시 일본 군국주의가 찬양해 마지않던 전쟁 영웅들. 어느 것이든 감동적으로, 또 재미있게 읽어댔다. 유감스럽게도 소학교 1학년짜리에게는 일본의 악랄한 군국주의를 비판할 깜냥이 없었다. 한편 도덕이나 윤리를 다룬 수신 교과서는 주로 일본 위인들의 일화들로 채워져 있었는데, 이 또한 훌륭한 읽기 교본 노릇을 해주었다.

당시 내게 내용은 둘째였다. 글자 하나하나가 고유의 소리를 갖고 있는 것이 신통해서 견딜 수 없었다. 글 자체가, 대단한 주력呪力을 갖춘 마술이었다. 읽는 것, 그 자체에 홀려 있었던 것이다. 철들기 전 내가 제대로 사랑한 첫 대상은 읽기인지도 모른다. 읽기는 나의 첫사랑이었던 것이다. 읽기는 재미있고 신나고 신기했다. 매력덩어리였고 사랑스럽기 짝이 없었다.

그때까지 가지고 놀았던 어떤 장난감도 글을 당해낼 수 없었다. 어떤 놀이도 글을 젖히고 나설 수는 없었다. 그래서 숙제가 없는데도 독본을 읽다가 베갯머리에 두고 잠들곤 하는 버릇이 생기고 말았다. 꿈에서 책은 그리고 글은 나의 둘도 없는 친구였다. 그러니 곧잘 가지고 놀던 물총이나 새총, 팽이나 제기도 차츰 정이 멀어져갔다.

당시에는 글, 그 자체가 '페티시fetish', 곧 주물呪物이었다. 사람의 마음을 신비한 힘으로 사로잡는 것을 문화인류학이나 심층심리학에서는 페티시라고 하는데, 소학교 신입생인 내겐 글과 책이 그랬다. 그래서 책가방 싸는 게 여간 큰 일이 아니었다. 나의 둘도 없는 보물과 귀물을 곱게 챙기자니 어쩔 수 없었다. 책가방은 보물 가방이었다.

읽기를 하면서 열린 나의 눈! 그건 단순히 개안開眼이 아니라 점안點眼이라고 하는 게 마땅했다. 어느 화가가 벽에 용을 그리고는, 마침내 눈을 그려 넣었더니, 그러니까 점안을 했더니 용이 하늘로 날아올랐다는 그 기막힌 이야기! 나는 글의 점안으로 어린 용이 되었다. 언제 하늘로 날아오를지 기약은 없어도 글과 책은 내게 날개를 달아주었다.

소리 내어 읽기
_나의 목소리는 절규가 되어

나는 항상 독본 시간을 기다렸다. 아침에 눈을 뜨면서부터 기다리고 또 기다렸다. 유치원에 다닐 때 유치원 뜰에 있던 철봉이며 그네며 미끄럼틀은, 1938년 당시로서는 매우 귀한 놀이 도구였다. 그런데 나는 읽기 시간을 그 놀이터에 가는 것보다 더 애타게 좋아했던 것 같다.

학교에 다닌다는 것, 수업을 받는다는 것은 바로 독본 읽기 그 자체였다. 소학교 1학년 때, 학교란 내게 읽기 하는 곳이었다. 독본 시간이 되면 교실은 내 차지였다. 나는 거의 상대가 없는 독불 장군이었다. 그야말로 '독야청청' 했다.

"누구 읽을 사람?"

독본 수업이 시작되면 선생님은 학생들을 향해 이렇게 말했다.

나는 선생님의 말이 떨어지기 전에 벌떡 일어나서는 독본 교과서를 두 손으로 받들어 모셨다. 펼쳐진 책을 눈높이보다 조금 높게 추켜올린 것은 그만큼 우쭐해 있어서였을지도 모르겠다. 나는 우뚝하고 당당하고 싶었다.

어쨌든 그렇게 교과서를 읽어나갔다. 아니, 읽는다기보다는 소리를 질렀다는 게 더 정확한 표현일 것이다. 교실 안의 공기에 우지직 금이 가다가 드디어는 갈기갈기 찢어져나갈 정도였으니, 그건 차라리 아우성 같은 것이었다. 나의 읽기는 절규였다. 게다가 속도는 당시의 급행열차 저리 가라였다. 나의 읽기는 단거리경주 같은 것이었다.

"으르르, 으르르! 부릉부릉, 후다닥! 와락 와락!"

어떤 글이든 그런 식으로 소리쳤다. 무엇인가를 향해 초고속으로 내달리는 폼이었다고나 할까.

"조금 천천히!"

선생님이 주의를 주자 한 아이가 소리쳤다.

"물똥 싸는 것 같아!"

그 소리에 다들 교실이 떠나가라 웃어댔다. 하지만 나는 그 따위 악담에는 개의치 않았다. 내가 막힘없이 술술 읽고 있다는 자부심이 고개를 숙일 줄 몰랐기 때문이다. 킬킬대는 소리에도 개의치 않고 나는 계속 읽었다. 다만 속도에 브레이크를 거는 것만은 잊지 않았다. 나의 읽기는 이내 완행열차가 되었다.

"잘 읽었어! 다만 천천히 또박또박 읽도록!"

선생님의 칭찬에 나는 의기양양했다. 두 손에 높이 들었던 책을 승리의 깃발처럼 흔들며 자리에 앉았다. 그런데 그 순간, "꽈당, 철석!" 나는 엉덩방아를 찧었고, 뒤통수는 뒷사람 책상에 부딪쳤다. 뒤에 앉은 녀석이 내 의자를 옆으로 빼버린 것이다. 또 한 차례 교실이 웃음바다가 되었지만 나는 머리를 긁적거리거나 하지 않았다. 내가 반에서 처음으로 독본을 소리 내어 읽은 선봉장이란 사실, 게다가 선생님의 칭찬을 들을 만큼 대단히 잘 읽었다는 사실에 도취해서 나는 오히려 도도하기만 했다.

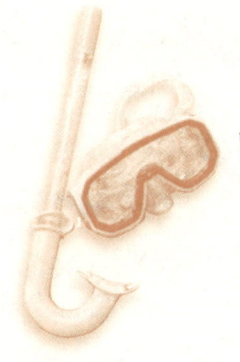

탐독
_세상에는 오직 나의
두 눈과 책뿐!

당시 나의 일본인 교사들은 두 가지 읽기, 즉 목독目讀과 낭독朗讀이 적절히 균형을 갖추게 했는데, 그게 내게는 얼마나 도움이 되었는지 모른다. 둘 다 내게는 보물이고 보옥이었다. 눈으로 읽기, 즉 목독은 내가 나 자신을 잊어버릴 만큼 책에 열중할 수 있게 해주었다.

'깜박!' 존 것은 아니었다. 머리는 내리쏟아지는 폭포수를 맞는 듯이 청량한데도 그만 '깜박!' 하고 나를 잊곤 했다. 나는 어느 겨를에 홍길동처럼 둔갑을 했는지, 온데간데없었다. 세상에는 오로지 내 눈과 책만 있었다. 그게 세계였다.

이것은 탐독耽讀의 첫발이었다. 옥편은 탐을 '귀 처지다', '빠지다' 그리고 '즐기다'의 세 가지 뜻으로 풀이하고 있다. 귀 이耳 변의 오른쪽에 붙어 있는 글자는 '물에 잠길 침浸'과 같은 뜻이다. 따라서 어떤 소리에 귀 기울여서 깊이 잠겨드는 것이 바로 '귀 처질 탐'이다.

그런데 나는 읽기를 하면서 귀만이 아니라 오감의 신경이 모두 마음과 함께 글에 또는 책에 잠기는 경험을 했다. 빠져들고 녹아들었던 것이다. 그런 신비의 늪에 깊숙이 빠져들었을 때는 어머니가 아래층에서 부르는 소리, 친구가 내 방 창문을 향해 고함치는 소리도 들리지 않았다.

그럴 때 눈은 움직임을 멈추고 글자 하나마다, 구두점 하나마다 대못처럼 박히곤 했다. 아니면 나의 눈은 오목렌즈에 쏠려 들어가는 햇살이 되곤 했다. 소리 내어 읽기, 즉 낭독은 또 다른 차원의 재미를 맛보게 해주었다. 그것은 나의 읽기에 메아리가 베풀어준 두 가지 선물 같은 것이었다.

하나의 선물은 책을 읽을 때 내 목소리가 일으키던 파장이었다. 그 웅숭깊은 골짜기에서 내 목소리에 대답해주곤 하던 청아하고도 은근하고도 다정한 산골의 메아리가 내 귀를 얼마나 즐겁게 했는지!

또 다른 선물은 좀 더 특별한 것이었다. 그것은 내 목소리를 따라 나를 에워싸며 잔잔하게 그러나 다부지게 맴돌기 시작하는 소리의 물살이었다. 그 소리의 파문이 야금야금 원을 그리다가 마침내 소용돌이를 치면 나는 그 속에 심해深海의 물고기처럼 잠기곤 했다. 그것은 너무나 어린 시절에 경험한 '자기도취' 같은 것이었다.

열 살 무렵에 수영을 익히고는 이내 잠수 실력도 제법 늘었다. 물안경을 끼고 꽤나 깊이 바다 밑에 잠기는 잠수 기술 덕분에 나는 또 다른 세계를 볼 수 있었다. 여태껏 보지 못했던 새로운 세계! 잠수는 내게 '앨리스의 여행' 같은 것이었다.

눈을 가진 보람! 보기의 경이! 눈으로 봄으로써 세상이 열리기도 한다는 사실을 어린 나는 비로소 눈치 챈 것이다. 그것은 또 다른 '눈으로 보기' 인 읽기의 재미였다. 이런 사실을 깨닫게 되면서 나는 새로운 '눈뜸'을, 개안開眼을, 개벽開闢을 했다.

태어났을 당시의 그 첫 번째 개안, 글을 읽게 되면서 가능해진 두 번째 개안, 그리고 그다음에 성취한 세 번째 개안이 바로 바다 밑 깊은 곳을 보는 것이었다. 그 세 번째 개안은 글 읽기만이 읽기가 아니란 것을 내게 일깨워주었다. 뿐만 아니라 그런 '세상 읽기' 나 '사물 읽기' 가 '글 읽기' 에 도움이 되리라는 사실도 깨달았고, 더 나아가 세상의 온갖 현상, 별의별 사물을 보는 게 모두 즐거운 읽기라는 것도 느끼게 되었다.

여기서 잠깐 포스트모더니즘과 궤를 함께하는 요즘의 읽기를 잠깐 짚어보고 싶다. 이제 읽기는 글 읽기에만 한정되지 않는다. 이른바 '시각물의 시대', '비주얼리티visuality의 시대' 에 더 이상 텍스트 아닌 것이 없고 기호 아닌 것이 없다. 읽기는 그만큼 대상과 객체를 넓히고 다양화한 것이다. 이제 온 세상이 모조리 볼거리, 읽을거리가 된 것이다.

나는 바다 밑으로 잠수하면서 미처 깨닫지 못하는 사이에 이 같은 새로운 시대의 읽기를 터득한 것은 아닐까? 궁금하다. 이론이야 어떻든 어린 나의 심해 탐사는 나 개인의 보기의 역사, 읽기의 역사에는 무심코 넘겨버릴 수 없는 중대한 사건이었다.

이야기가 옆길로 한동안 샌 것 같다. 이제 다시 제자리로 돌아가서, 내게 낭독과 잠수가 어떻게 연관성을 갖게 되었는지 말해야겠다.

앞서 말한 대로 나의 '소리 내어 읽기'가 일구어내는 울림의 소용돌이 속에 나 스스로 깊이 잠기는 일은 내가 바다 밑을 헤엄쳐 다니는 심해어深海魚와 동화되곤 했던 경험과 맞닿아 있었다. 해저의 바위에 기대어 물안경 너머로 바라보던 그 정경! 수초 속을 헤집고 다니거나 바위너설을 타고 노니는 물고기들이 그려내는 아름다운 동영상! 화살처럼 내닫다가는 이내 명상하듯 멈춰서는 그들의 몸동작! 그들이 그려내는 동그라미의 물살, 그리고 그들을 따라 헤엄치는 내가 그려내는 동그라미의 물살이 내 소리 내어 읽기를 연상시킨 건 당연한 일이었다.

이런 연상과 더불어서, 이런 기쁨과 더불어서 소리 내어 읽기에 대한 나의 사랑은 나날이 깊어갔다. 게다가 "제발 천천히 읽어"라고 하시던 담임선생님의 주의가 그 뒤로 몇 차례 거듭되고 난 다음, 나의 '소리 내어 읽기'는 나날이 농익어갔다. 차츰 우리 반의 명물이 되어갔다.

내가 워낙 자주 읽는 편이라, 다른 애들에게 먼저 기회가 주어지는 경우도 적지 않았다. 그러나 그 아이가 더듬대거나 시원찮으면 담임선생님은 대개 내게 기회를 주곤 했다. 이렇게 해서 나는 눈에 보이지 않는 '읽기 대장'의 견장을 언제나 어깨에, 또 가슴에 달고 다녔다. 그 덕에 체육 시간에 달리기에서 도맡아 꼴찌를 해도 아무렇지 않을 수 있었다.

"달리기 일등? 그게 뭐 대수야? 쳇!"

나의 소리 내어 읽기는 그 정도로 단호한 우월감의 근원이었다.

제3의 읽기
_외워 읽기

차츰 나는 소리 내어 읽기와 더불어 '외워 읽기'도 해나갔다. 아니, 닦아나갔다. 암송이 읽기에서 매우 큰 구실을 하게 된 것이다. 물론 학교에서 그렇게 지도받기는 했지만 차츰 외워 읽기의 몫이 커져갔다. 눈으로 읽기, 소리 내어 읽기, 그리고 외워 읽기. 이들은 어느 틈엔가 내 읽기의 '세 가지 기틀'을 이루고 있었다.

선생님은 동시나 동요는 말할 것도 없고 산문까지 암기하게 했다. 때로는 교과서에 없는 짧은 글을 두세 번 읽어주시고는 그 자리에서 외우게도 했다. '즉흥 외워 읽기'라고 하면 맞을까?

"외워야 내 글이 돼!"

거듭 강조하시면서 따로 '암기 시험'을 치를 정도였으니 그 방면에서 우리 선생님이 얼마나 정성을 쏟았는지 헤아릴 수 있을 것이다. 암기 시험은 그 자리에서 소리 내어 읽는 것이 아니었다. 50명가량의 학생들을 차례차례 일으켜 세워 암송하게 하면 아무래도 나중에 하는 녀석들이 공돈 줍듯이 덕을 볼 게 뻔하기 때문이다.

"자, 이제부터 외운 것을 공책에다 적어! 그리고 공책을 찢어서 제출하도록! 한 자도 빠뜨리면 안 돼!"

선생님이 읽어준 것을 암기했을 경우에는 그런 식으로 시험을 치렀지만 교과서를 암기했을 때에는 다른 방식으로 시험을 치렀다. 선생님은 한 줄에 두세 학생을 호명하여 앞으로 나오게 했다.

"눈 감고 큰 소리로 외워!"

어떤 녀석은 선생님이 등지고 서 있는 것을 빌미로 반쯤 눈을 뜨고 암송하다가 더러 틀리거나 막히는 대목에 부딪치면 쑥스럽게 눈가며 입가에 주름을 짓곤 했다. 마주 보고 있는 우리들도 입을 가리고 낄낄댔다. 그러면서도 자리에 앉은 우리들은 긴장을 늦출 수 없었다. 언제 선생님이 우리의 이름을 부를지 몰랐기 때문이었다.

교과서에 실린 동요나 동시는 물론이고 산문도 암송하는 데 별 어려움이 없었다. 동요나 동시는 신났고, 산문은 재미있어 외워 읽기는 여간 흥이 나는 게 아니었다. 때로는 중얼중얼 이야기하듯이, 때로는 흥얼흥얼 노래를 부르듯이 외워나갔다. 그러는 사이에 동요나 동시는 가슴에서 울렁대고 산문은 머리에 찍히는 것이었다. 소리 내어 암송할 때 그 글들은 더 이상 남의 글이 아니라 내 속에서 우러난 나의 글이었다.

"외우면 내 글이 된다."

꼬마는 2학년이 되기도 전에 이미 그렇게 마음속으로 다짐해두고 있었던 것 같다.

기억한다는 것, 그건 뭘까? 사실, 친구 이름만 해도 평생 기억하고 있는 게 그리 많지 않다. 두고두고, 오랜 세월에 걸쳐, 30년, 40년, 50년, 아니, 60년에 걸쳐 이름을 외우고 있는 친구라야 진짜 친구일 것이다.

그리운 이나 사랑하는 이의 경우에는 그 이름을 어느 정도의 농도로 기억하는가 말고도, 그 이름이 얼마나 되풀이하여 머리에 떠오르고 입으로 중얼거려지는지를 통해 그 사랑이 얼마나 푸른지, 그 그리움이 얼마나 식을 줄 모르는지 가늠할 수 있을 것이다.

경험은 또 다른 면을 지니고 있다. 평생 겪어내는 하고 많은 일들, 그 숱한 사건들, 백사장의 모래알만큼 지천인 그것들 가운데 평생 기억에 남는 게 몇이나 될까? 참 야릇한 생각이 든다. 잊어버리고 상실하고 분실하는 게 바로 인생 같다는 생각이 드니 말이다.

하지만 그 사건들, 그 일들을 외우면서 우리의 삶은 엮어지고 다듬어진다. 아니, 꼭 그만큼 사는 것이고 살아온 게 되는 것이다. 외운다는 것은 각자 자기 삶의 역사를 부조浮彫하는 일, 조소彫塑하는 일이다. 중년을 훨씬 넘기고서야 간신히 깨달은, 이 기억의 이치! 그 첫 싹, 그 첫 움은 아, 정말이지, 소학교 1학년 때의 외워 읽기에서 비롯된 것이다. 나의 이 믿음에는 절대 변화가 없을 것이다. 그건 내 삶의 기념비 같은 것이기 때문이다.

누워 읽기여 안녕!
_나의 성을 갖다

 암기는 그렇게 중요한 것인데도 얼마 전, 아니, 매우 오래전부터 천대를 받고 있는 것 같다. 학습의 걸림돌이라며 욕을 해대는 소리도 더러 들려온다. 여기에 대해서 두 가지 말을 하고 싶다.
 첫째, 이미 판박이가 되어 있는 단편적인 지식을 암기할 필요는 없다. 온갖 사전에 나와 있는 것들, 웬만한 문서나 기록에 찍혀 있는 조각난 정보들, 그런 것들은 외우고 자시고 할 여지도 없다.
 둘째, 암기만으로 안 되는 공부가 있다. 가령, 수학이나 물리같이 추리를 요하는 과목의 경우 암기가 일방적으로 강조될 수는 없을 것이다.
 하지만 크게는 인문 분야 전체, 적게는 문학 분야에서 외우기는 가끔 절대적인 것이 된다. 특히 문학 읽기에서 작품을 외우는 것은 절대적인 위치를 점한다. 시 한 편, 또는 소설 한 편의 대요를 암기하는 것으로 작품에 대한 이해와 해석이 시작된다. 고전도 마찬가지이다. 우리의 선조들이 공연히 사서삼경을 소리 내어 읽고, 외워 읽고 한 것은 아닐 테니까.

암기의 읽기, 곧 '외워 읽기'는 읽을거리를 통째로 음식처럼 먹고 마시고 삼키는 일이다. 그것은 완벽한 소화를 의미한다. 마음으로 또는 머리로 해내는 지적인 소화 작용 말이다.

이렁저렁해서 나는 유치원과 소학교 1학년을 거치면서 네 가지의 읽기를 익혔다. '듣기의 읽기'를 필두로 '눈으로 읽기', '소리 내어 읽기', 그리고 '외워 읽기'. 그 네 가지 읽기의 재미와 멋! 덕분에 나의 유년 시절과 아동 시절은 그야말로 풍요로웠다.

거기에 책상이 더하여지면서 내 인생은 새로운 전기를 맞았다. 책상은 엎드려서 책을 읽는 '와독臥讀'과 반듯하게 누워서 책을 읽는 '앙독仰讀', 그 두 가지 '누워 읽기'의 전성시대가 바야흐로 지나가고 있다는 신호였다.

와독과 앙독, 그건 내 읽기의 역사에서 당당히 한 페이지를 차지하고 있었다. 얼마나 편하고 녹녹했는가 말이다. 와독을 할 때면 길게 엎드린 채로 머리맡에 우선 책을 세워야 했다. 그러고는 턱 밑에 베개를 고이고는 시선을 책에 박았다. 바닥에 요를 깔았으니 가슴이나 배가 저리지도 않고 그저 편하기만 했다. 겨울이면 뒤통수까지 이불을 뒤집어썼으니 나는 번데기 속의 유충처럼 안락했다. 앞머리를 땅바닥에 박은 채 네 다리를 편하게 뻗은 개구리 같기도 하고, 천하태평으로 졸고 있는 도마뱀

같이도 느껴졌다.

　책을 읽다 말고 문득 반사적으로 입에 군것질거리를 문다. 옥수수튀김도 좋고 마른 과자조각도 좋다. 와작와작 씹고 있노라면 나는 한층 더 그 작은 파충류를 닮아간다. 자세가 편안하니 읽기도 무척 쾌적하다. 그 흔한 책 읽기의 부담감 같은 것은 끼어들 틈이 없다. 느긋하게, 안존하게 책 읽기를 계속할 수 있다.

　그렇지만 겨울에는 문제가 있었다. 혹독한 일제 말기라 땔감이 아주 귀했고, 그러다 보니 방에 군불을 때는 것도 수월치 않았다. 내의를 입은 채로 두툼한 요와 이불에 묻히다시피 해서 간신히 냉기를 이겨내는 꼴이었다. 그러다 보니 손을 이불 바깥으로 내밀어서 책장을 넘기는 것은 얼음물에 손을 적시는 것이나 다를 바 없었다.

　견디다 견디다 더 이상 견딜 수 없으면 베개에 얹은 고개를 조금 앞으로 내밀고 때로는 입술로, 때로는 혀끝으로 책장을 넘기기도 했다. 그렇지만 한동안, 와독을 하고 있으면 가슴팍이 저려오고 베개에 괸 턱이 아려온다. 그러면 별수 없다. 이젠 앙독의 차례이다. 반듯하게 돌아눕는다. 천장이며 번쩍이는 전등이 올려다보인다.

　한동안 그 자세로 요지부동! 눈을 감는다. 조금 눈알이 찝찝하다. 서너 번 눈을 떴다 감았다 해본다. 눈물이 배어나온다. 동공이 젖고 생기를 되찾는다. 됐다! 눈을 크게 뜬다. 곧게 뻗은 두 손으로 펼쳐진 책을 곧추 잡는다. 활자들이 말갛게 보인다. 올려다보아서 그럴까? 글자들이 별처럼 반짝인다. 방바닥에 내리 쏟아졌다가는 위로 반사되는 전등 불빛이 책갈피에 번지기 때문이다. 밤하늘의 별무리를 우러르듯이 활자들을 우러른다. 느닷없이 책갈피가 작은 하늘이 된다.

그런데 이제 책상이 그 모든 것에 변화를 일으킬 테니, 나는 적잖이 걱정이 되었다. 학교에 들어가면서 내 방에 들여진 책상, 그건 엄청난 것이었다. 나만의 세상이 거기 있었다. 그 앞에 떡하니 버티고 앉으면 나는 성주城主가 되었다! 내 첫 책상은 일국의 영주나 가지게 될 느낌을 나에게 주었다. 어른이 되어 처음으로 내 집을 갖게 되었을 때에도 성을 갖게 되었다는 느낌은 들지 않았는데!

공부하다 말다 책상 끝에 턱을 고이고는 깜박 단잠이 든다. 내 책상의 용한 최면술에 나는 속수무책으로 취하곤 했다.

서랍은 또 어떻고? 그것은 내 성 안의 가장 깊숙한 곳에 자리 잡은 비밀 고방과도 같았다. 거기에는 연필이며 지우개 따위의 문방구만 간직된 것이 아니었다. 그것들 말고도 이미 폐물이 된 낡은 장난감, 곱게 개켜놓은 손수건들도 들어 있었다. 뿐만 아니다. 쓰다만 동전 몇 푼이 구석에 곱게 모셔져 있었으니, 서랍은 내게 금고나 다름없었다.

책상이 비로소 열어준 나의 세계는 여기서 끝이 아니었다. 책상 맨 안쪽, 한가운데에 벽을 등지고 모셔진 그 작은 책꽂이는 어떻고! 크기는 밑바닥 길이가 대여섯 뼘, 높이는 교과서의 키와 어금버금했다. 하지만 산술(셈본)까지 해서 세 권의 교과서, 그것에 더해서 공책 세 권을 맞추어 꽂고도 미처 반도 차지 않았던 그 책꽂이는 무슨 기념 건물처럼 나를 반기곤 했다.

책꽂이 앞에는 필통 하나가 놓이기 마련이었고, 필통 안의 연필을 깎는 재미는 별난 것이었다. 조그만 칼로 연필을 깎는 것은 어린아이에게는 위험한 일이기도 했다. 연필보다 손가락을 깎는 날이 더 잦았기 때문이다. 그런데도 흐르는 피를 혀끝으로 핥으면서 계속 칼질을 했다. 사각, 사각! 그 울림에 귀가 간지러울 지경이었다.

그 당시 일본에서 만든, 잠자리 상표가 찍힌 '톰보 연필'은 목질이 워낙 좋아서 깎이는 소리만이 아니고 향도 무척 좋았다. 향긋한 냄새가 코 안으로 스며들면 나의 심호흡은 깊어지곤 했다.

그 당당한 성에서 성주는 바로 등을 곧추 세우고 앉아서 책을 읽고 글을 쓰는 버릇을 들여 나갔다. 왕이 옥좌에 바로 앉듯이…….

마지막 조선어 수업
_서러운 을사늑약

　소학교 3학년 때 제2차 대전을 목전에 둔 그 무서운 시기, 일본의 군국주의가 발악을 해대던 그 가혹한 시절에 참담한 일이 학교에서 벌어졌다.
　'조선어 시간'이 없어지게 된 것이다. 더 이상 학교에서 조선말을 배울 수 없게 된 것이다. 하긴 그때까지만 해도 '고구고國語'라면 일본어였다. 그렇게 변두리에 물러나 있던 조선어는 그 변두리에서마저 영영 모습을 감추게 된 것이다. 비통하게도 그게 현실이었다.
　당시 '고구고 조요國語 常用'는 우리말로 읽으면 '국어 상용'이었지만 실상은 '일본어 상용'이었다. 우리끼리 조선말을 쓰다가 들키면 혼벼락이 나곤 했다. 게다가 성도, 이름도 일본인처럼 바꿀 것을 강요당했다.

조선 이름은 지워지고 조선말은 침묵했다.

그런 파국적인 시대에 마침내 맞이하게 된 조선어 마지막 수업, 그 사형 선고! 소학교 3학년 때의 일이었다. 그때 우리는 누구나 '프란츠'가 되어 있었다. 프랑스 작가 알퐁스 도데Alphonse Daudet의 〈마지막 수업〉에 등장하는 주인공 소년의 이름이 프란츠이다. 프랑스의 알자스로렌 지방이 독일에 점령당하면서 교과목에서 추방당하게 된 프랑스어 마지막 수업. 우리도 그와 똑같은 상황에 처해 있었다.

소학교 3학년, 그 어린 나이에도 여간 황당했던 게 아니다. 우리말을 우리가 공부 못하게 되다니! 도무지 무슨 말인지 알아들을 수가 없었다. 다들 작은 가슴이 미어지는 듯했다. 그래서인지 그날 마지막 수업은 지금도 생생하게 기억에 남아 있다.

"자! 오늘이 마지막이다. 너희들이 우리 조선말을 공부하는 것도."

조선인인 조선어 선생님도 울먹였다. 한 시간 내내 눈물을 머금고 가르쳐주시던 그 한 토막의 글! 그건 귀한 유언遺言과도 같은 것이었다. 지금도 사뭇 어제인 듯이 그날 그 순간의 정경이 되살아나곤 하는 것은 바로 그 때문이다.

한 나그네가 길을 가고 있었다. 배가 고프던 차에 마침 장거리를 지나다가 입을 거리며 먹을거리를 파는 상점 앞을 지나치게 되었다. 그러자 나그네의 시장기는 더욱 심해졌다.

문득 멈춰 선 나그네는 상점에 들어가려다가 돈이 한 푼도 없는 게 마음에 걸려서 머뭇댔다. 궁리해보아도 별수가 없었다. 그렇다고 그냥 지나가버릴 수도 없었다. 어떻게든 시장기는 면해야겠는데, 그는 텅 빈 돈주머니만 만지작거렸다.

그렇게 상점 앞에서 미적대는데, 마침 문 앞까지 나와 있는 주인이 눈에 들어왔다. 나그네는 수작을 걸기 시작했다. 나그네는 상점 어귀에 걸린 옷을 가리키면서 대뜸 물었다.

"이게 뭣이오?"

"옷이오(오시오)."

주인의 대답이 떨어지기 무섭게 나그네는 쑥 상점 안으로 들어섰다. 그러고는 두리번거리는데 마침 잣이 눈에 띄었다. 나그네는 그걸 가리키며 물었다.

"이게 뭣이오?"

"잣이오(자시오)."

너무나 당연한 대답이 돌아오자, 나그네는 이것저것 마구 '자시기' 시작했다. 그것까지는 참 좋았다. 동전 한 푼 없는데 값은 어떻게 치른담? 잠시 어릿대는데 한쪽 벽에 걸린 갓이 눈에 띄는 게 아닌가! 나그네는 옳다구나 하고는 주인에게 손짓하며 물었다.

"저것이 뭣이오?"

"갓이오(가시오)."

주인이 소리치자 꾀보 나그네는 뒤도 안 돌아보고 가버렸다.

이런 줄거리의 재미있는 이야기 한 편! 그것으로 조선어 마지막 수업은 마무리되었다. 온 교실이 웃음바다로 출렁이자 반사적으로 선생님의 눈에서 줄줄 눈물이 흘렀다. 그제야 겨우 제정신이 든 우리 조선인 학생들은 입을 가리고 눈을 감았다. 마침 종이 울리고 교실을 나가는 조선어 선생님의 등은 흐느적대고 있었다.

그 뒤 우리는 적어도 학교 안에서는 더 이상 조선어를 말하지도, 쓰지도, 읽지도 못했다. 근 다섯 해가 지나고서야 조선어가 '국어'가 되었다. 1940년 조선어 교과서는 인쇄된 교과서가 아니었다. 선생님이 손수 프린트해서 나누어주던, 그 '등사판謄寫版 교과서'. 그러나 그마저도 더 이상 볼 수 없었고, 조선어는 광복 이후에나 다시 우리를 찾아왔다.

신나는 웃음 읽기
_코미디 입문

앞서 소개한 나그네의 멋진 말재주, 겨레의 운명과는 별개로 그의 재치는 '말의 재미', '말의 맛'을 십분 일깨워주었다. 더불어 읽기의 또 다른 묘미도 만끽하게 해주었다. 모르긴 해도 '웃음'이나 '익살'을 읽어내는 데는 그 나그네가 스승이었던 것 같다.

물론 그 이전에도 만화를 읽으며 더러 웃음에 겨워한 일이 아주 없지는 않았다. 가령, 《노라쿠로》라는 만화 시리즈가 그랬다(기억은 확실치 않지만 시리즈로 10권 이상 나와 있었던 것 같다).

'노라쿠로'는 만화 주인공인 강아지의 이름이다. 군인인 이 강아지가 이끌어가는 줄거리는 그야말로 흥미진진, 여간 재미난 게 아니었다. 그는 여러 가지 미덕을 갖추고 있었지만 그중에도 특히 익살이 돋보였다.

나의 유년 시절, '코믹 센스'라고 할 만한 것은 모두 이 강아지가 선사한 귀한 선물이었다. 덕분에 인생을 보는 눈이며 세상을 보는 시각이 새롭게 열렸다. 훗날 내가 문학 작품을 읽으면서도 특히 익살과 웃음에 정성을 쏟게 된 것도 바로 이 강아지 때문이었을지 모른다.

한국인은 대체로 웃음에 인색하다. 초등학교에서부터 고등학교까지 국어나 문학 교과서에 여전히 웃음 흉년은 계속되고 있는 게 아닌지 모르겠다. 그렇다면 여간 딱한 일이 아니다. 정히 그렇다면 하루 빨리 교과서들이 웃음으로 와자지껄해지길 간절하게 빌어본다.

아이들의 '웃음 읽기'가 만족스럽지 못하면, 머리도 덜 돌아가고, 그 회전 속도도 느릴 수밖에 없다. 그리하여 결국에는 지능지수도 제자리걸음을 할 수밖에. 웃음 읽기는 인류의 지능 발달에만 도움을 주는 게 아니라 감정을 풍요롭게 하고 감각을 날카롭게 하는 데도 도움이 된다. 더 나아가 신경 조직도 더더욱 단단해지고 민감해지게 한다.

그러니 초등·중등·고등학교에 걸쳐서 국어 교과서며 문학 교과서에 웃음 읽기를 위한 내용이 드물거나, 심지어 없다시피 하다는 것은 인류에 대한 역적질과 다름없다. 그런 의미에서 한국인과 한국문화가 웃음 읽기에 인색한 것은 여간 불행한 일이 아니다. 그러니 우리는 김선달과 정수동을 아주 특출하고 영특한 한국인으로 존경해야 한다. 그들을 위인 명단에 올려야 한다. 벼슬이나 해먹은 자들의 이름만 높다랗게 내걸면 햇빛을 가려서 국민 건강에도 해롭다.

하지만 이들 두 웃음의 천재를 알기 전, 어린 내가 웃음 읽기에 이미 익숙했다는 사실은 내가 남달리 조숙하고 성숙했다는 의미는 아니었을지! 그런데 조선어 마지막 수업과 《노라쿠로》로 기틀이 잡힌 나의 코믹 센스를 결정적으로 연수研修시키고 단련시켜준 일이 벌어졌다.

소학교 4학년 학예회學藝會 때였다. 나는 짤막한 코미디극의 주인공으로 학교 강당에 마련된 무대에 오르게 되었다. 내가 난생 처음 스타가 된 것이다. 그건 여간 화려한 스타 탄생이 아니었다.

주지 스님은 매일 혼자 숨어서 꿀을 먹어댔다. 나와 또 다른 상좌는 그걸 숨어서 지켜보면서 침을 삼키곤 했다. 그러던 어느 날 우리가 엿보는 걸 눈치 챈 주지 스님이 우리 둘을 무릎 꿇리고는 꿀단지를 가리키면서 엄중하게 경고했다.

"너희들, 이걸 입에 대기만 해도 큰일 난다! 어른은 괜찮지만 어린 것들이 먹으면 죽는단 말이야. 독이야 독! 알겠어?"

우리 둘은 정중하게 "예"라고 대답하면서도 스님 몰래 서로를 마주 보고는 빙긋 웃었다.

"치! 우리가 무슨 바보 천친가?"

그러던 어느 날 스님이 멀리 외출하게 되었다. 주지 스님은 우리 둘을 불러 앉히고는 그 '독'을 먹어서는 안 된다고 거듭 다짐을 시켰다.

주지 스님이 절을 나서자마자 내가 먼저 꾀를 부렸다. 다른 상좌를 꾀어내서는 스님이 애지중지하던 큰 화병을 뜰로 들고 나가 박살냈다. 그러고는 둘이서 스님이 깊이 숨겨둔 꿀단지, 아니 독단지를 꺼내서는 한 방울도 남기지 않고 싹싹 긁어먹고 핥아먹었다. 그러고는 마루에 벌렁 드러누웠다. 이내 둘은 기분 좋게 잠이 들었다. 머리맡에는 보란 듯이 독단지를 세워두고는…….

느지막하게 주지 스님이 돌아왔다. 주지 스님은 우리를 흔들어 깨웠다. 노기충천한 주지 스님은 독단지를 휘둘러댔다. 금방이라도 우리의 머리통을 박살낼 기세였다.

"그렇게 일렀건만 이 꿀단지, 아니 독단지를 비우다니?"

내가 짐짓 잠이 덜 깬 듯이 눈을 비비면서 대답했다.

"스님이 아끼시는 꽃병을 씻다가 그만 실수로 깨뜨렸지 뭡니까. 그래서 우리 둘 다 죽으려고 그 독단지에 든 독을 모두 먹어치웠습니다. 그러자 이내 눈이 감겨서 마루에 두 다리를 뻗고 누웠지요. 이제는 죽어서 죄를 씻게 되나 보다 하고요."

할 말이 없어진 스님은 독단지를 휙 내던졌다. 독단지가 박살나는 소리에 우리 둘의 눈은 샛별처럼 빛났다.

연극을 지켜보던 전교생이 깔깔댔다. 강당 안이 떠나갈 듯했다. 나는 그때 새타이어satire, 즉 풍자의 웃음으로 모든 관객의 배가 터지고 허리가 끊어지게 한 공로로 우리 학교의 찰리 채플린으로 등극했다.

그 뒤로도 나는 웃음 읽기를 할 수 있는 글이며 만화를 계속 찾았다. 세상은 점점 밝아져갔다. 덕분에 나의 어린 시절은 내내 쾌청했다.

눈물과 함께 찾아드는 울음 읽기
_비극 입문

어린 시절의 웃음 읽기가 새삼 그립다. 앉아서 글을 읽을 때면 깔깔거리다 못해 아예 뒤로 벌렁 넘어가 팔다리로 방바닥에 북을 쳐댔다. 장판이 들썩거리면서 장단을 맞추었다. 새침데기에 부끄럼 잘 타고 겁 많던 아이는, 한순간에 온데간데없이 팔랑개비처럼 날아갔다.

'약골', 내게 따라다니던 그 꼴사나운 별명이 그럴 때면 무안해서 멀리 숨어버리곤 했다. 활기는 해일처럼 솟구치고 생기는 화산처럼 폭발했다. 그게 웃음 읽기의 크나큰 공덕이었다.

하지만 세상에 양지가 있으면 음지가 있기 마련이라는 철칙이 나의 읽기에도 예외일 수는 없었다. 예외라니 어림도 없는 소리였다. 그래서 '눈물 읽기'가 찾아들었다. 어쩌면 '웃음 읽기'보다 더 강하게 나를 사로잡았는지도 모른다.

 소학교 6학년 때 일본의 제국주의는 맹독을 피우고 있었다. 읽는 것은 온통 일본말로 된 것뿐이었다. 거기에 군국주의 교육 지침이 내려와서 우리가 읽을 만한 소설류는 모두 일본의 위인들과 메이지유신 이후의 전쟁 영웅에 관한 것뿐이었다.

 우연히 뒤진 우리 집 책궤 밑바닥에 숙부들이 읽던 《흙》을 비롯해서 이광수의 작품이 몇 권 숨겨지다시피 묻혀 있었지만 꼬마가 그걸 읽을 처지는 못 되었다. 일주일에 한 시간씩, 겨우 3년 동안 배운, 이른바 '언문諺文' 지식으로는 감당할 수 없었다.

 일본의 스가와라 미치자네菅原道眞의 위인전을 어떻게, 어떻게 해서 손에 넣었다. 당시 교과서도 배급을 받아야 할 정도였으니 시중에서 책을 사는 건 하늘의 별 따기였다. 부산 인구는 20만 명 안팎. 그러니 시중에는 책방도 드물었다. 비교적 번화가였던 부평동에 자리한 우리 집에서, 지금의 중앙동에 자리한, '하쿠분도博文堂'라는 책방까지 꼬마 걸음으로는 왕복 두 시간이었으니 그건 고행길이나 다를 바 없었다. 기억은 확실치 않지만 스가와라 미치자네의 위인전도 그러한 고행 끝에 간신히 사들인, 땀의 보람이었을 것이다.

 한반도에서 건너간, 이른바 귀화인의 후손이라는, 주인공 스가와라 미치자네는 학덕과 인품이 높은 벼슬아치였다. 그러나 당파 싸움에 휘말려서 억울한 누명을 쓰고는 당시 수도였던 교토京都에서 멀고 먼 남녘 땅, 규슈九州로 귀양을 가게 된다. 그는 집을 떠나면서 뜰 안의 매화나무에게 노래 한 수를 바친다.

> 온풍溫風 불거든 향기를 피워내라, 매화꽃이여
> 주인이 없다한들 봄이야 잊을쏜가

우리의 시조를 제법 닮은, 이 '단가短歌'에 매화나무는 어떻게 응답했을까? 다른 나무보다 먼저 꽃을 피워 머나먼 땅에 유배 가 있는 주인에게 천리만리 향기를 전하리라 마음먹었을 것 같다. 무고하게 멀리 떠나가는 고난과 역경의 길, 돌아올 기약도 없는 고독한 여정을 앞두고 그는 매화 고목이 봄에 꽃을 피울 것에 은근히 빗대어 자신의 재기를 기원한 것이다.

가슴이 찡해왔다. 꼬마에게 찾아든 그 페이소스, 그 비창함에 가슴이 메었다. 물론 그 이전에도 이미 동화나 만화에서 눈물겨운 장면을 만나지 않았던 것은 아니다. 독사과를 먹고 잠이 든 백설 공주, 계모에게서 구박받는 신데렐라와 콩쥐, 그리고 늑대에게 잡아먹히는 빨간 모자 등에게 향하던 어린 동정심은 문학 읽기에서 경험하게 될 비창의 감정이 무엇인지를 웬만큼 일깨워주었던 것이다.

그런 동화를 읽을 때면 내가 흘린 눈물로 책장이 얼룩지곤 했다. 그러나 동화에서 주인공이 겪는 고난과 역경은 하나같이 한때의 일에 그치고 만다. 그들은 눈물 어린 고난 끝에 결국에는 해피엔딩을 맞는다.

하지만 스가와라 미치자네의 전기는 끝나지 않는 고난이 가득했다.

그 전기는 위대한 인물이나 선량한 인물일수록 비극의 주인공이 되기 십상이라는 원칙을 용케도 지켜내고 있었다. 이것으로 나의 '눈물 읽기' 또는 '비극 읽기'는 보다 더 본격적인 경지로 들어선 것이다.

그런데 이 때문에 묘한 일이 벌어질 줄이야! 공교롭게도 옆집 누나가 이 책을 빌려갔다가 한참 만에 돌려주었다. 누나가 책을 돌려주면서 한숨지으며 하던 말!

"얘, 나 울었다."

그러자 우리 사이에 뭔가가 통하는 것 같았다. 누나는 나보다 세 살이나 위인데, 내가 4학년 되던 해와 5학년 되던 해에 연달아서 중학교 입시에 낙방했다. 철이 덜 든 데다 공부 좀 하는 걸 대단히 자랑스러워하던 내게 그 누나는 가끔 놀림을 받곤 했다. 그런데 그런 누나가 나와 같은 책을 읽고서 나와 마찬가지로 울었다니!

나는 더 이상 그 누나를 '바보 누나'라고 놀리지 않기로 결심했다. 홀연 누나는 '예쁜 누나'가 되었다. 우리 사이는 훨씬 도타워졌고 누나는 다음 해 나와 함께 중학교 시험에 나란히 합격하여 원하던 학교에 들어갔다.

"그 책을 읽고 나만큼 슬퍼할 줄 알면 중학교에 붙고도 남지!"

소학교 시절 나의 울음 읽기는 이렇게 좋은 열매를 맺었다.

도둑 읽기
_"나는 의적이다"

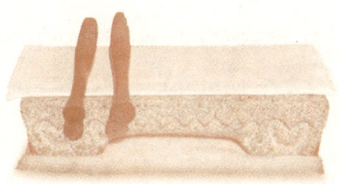

꼬마 시절에 소설이나 동화를 읽으려면 어른들의 눈치를 많이 봐야 했다. 소설이나 동화를 읽다가는 곱지 않은 시선을 받기 십상이었고, 심하면 불량 학생 취급을 받을 수도 있었다. 그 재미있고 신나는 소설이나 동화를 읽다가 어른에게 들통 나면 혼나기 일쑤였다.

"이 녀석이 공부는 하지 않고 소설만 읽는구나!"

그러고는 책을 압수당하기 마련이었다. 소설이나 동화를 읽는 건 공부를 하지 않고 노는 것과 다를 바 없었다. 당시 어른들은 왜 그렇게 문리가 통하지 않았을까? 소설이며 동화는 오락거리, 장난거리에 불과하다고 여겼던 것은 그분들이 대학자여서 그랬을까? 지금은 안 계시는 그분들에게 여쭈어보고 싶다.

나도 곧잘 부당하게 욕을 먹었고, 더 나아가 당치도 않는 벌을 받기도 했다. 어른들은 소설이며 동화를 압수하고는 이렇게 소리치곤 했다.

"벌이다. 꿇어앉아서 책이나 읽어!"

그 말 속에는 소설이나 동화는 아예 책 축에도 끼지 못한다는 생각이 들어 있었다. 그런데 그 정도는 아무것도 아니었다. 여러 번 소설과 동화를 훔쳐 읽다가 들키면, 어른들은 전과자 다루 듯했다.

"바지 걷어!"

회초리로 붉게 멍든 종아리를 만지면서, 어디 숨어서 도둑 읽기 할 만한, 홍길동의 소굴 같은 피난처가 없을까, 꼬마는 두리번거리곤 했다. 그렇게 부당한 시련을 겪다가 제갈량 뺨치는 묘안을 고안해냈다.

어머니가 내 방에 갖다놓은 다듬잇돌이 내 난공불락難攻不落의 진지陣地, 어떤 적이 쳐들어와도 능히 막아낼 요새가 되어주었다. 널따란 다듬잇돌 밑에는 움푹 팬 구멍이 있었는데 그게 제법 폭이 넓은 데다 깊이가 깊었다. 그 다듬잇돌 위에 얇은 보를 깔아둔 어머니는 당신도 깨닫지 못하는 사이에 내 '도둑 읽기'를 도운 공범이 되고 말았다.

방바닥에 배를 깔고 누워서는 몰래 소설을 읽다가 옆방에서 인기척이 나면, 후다닥 읽고 있던 소설을 그 다듬잇돌 밑에 있는 나의 요새에 깊숙이 들이밀었다. 누가 문을 열고 고개를 삐죽 내밀어도 들킬 턱이 없었다. 미리 얇은 보로 다듬잇돌 전체를 감싸다시피 했으니 나는 번번이 싸우지도 않고 침략자를 물리치곤 했다. 나의 전략은 매번 성공이었다.

집에서는 그렇게 도둑 읽기에 대승했지만 학교에서는 그리 만만치 않았다. 수업이 시작되기 전에 미리 책상 밑에다가 소설이나 동화를 숨겼다. 그러고는 선생님이 칠판을 향해 돌아서기만을 호시탐탐 노렸다. 읽을 부분은 미리 펼쳐놓았으니, 꺼내기만 하면 그만이었다.

　책머리는 책상 속에 아래쪽은 무릎 위에 고정시키고 도둑 읽기는 시작되었다. 두 눈을, 반쯤은 책에, 반쯤은 선생님의 등에 박자니 여간 힘든 게 아니었지만 차츰 익숙해지면서 자동 조절이 가능해졌다.

　그러나 언제나 나의 도둑 읽기가 성공적이었던 건 아니다. 하필이면 도둑 읽기 하는 그 대목이 유난히 신나는 게 탈이었다. 정신이 거기 팔리자, 내 눈도 책으로만 쏠렸다. 그러니 선생님이 칠판에서 돌아선 것을 알아차릴 리가 없었다.

　난데없이 쾅 하고 뭔가가 내 머리를 아래로 내리눌렀다. 이미 늦었다. 선생님은 책을 빼앗아서 살피더니 뒤로 가서 그 책을 들고 서 있으라고 했다.

　다행히도 수업 시간이 거의 끝나갈 무렵이라 벌을 오래 서지는 않았다. 종이 울리자 선생님은 방과 후에 교무실로 오라고 엄포를 놓았다. 죽을 시늉을 하며 자리에 앉자 선생님이 다가오더니 내 이마에 가볍게 꿀밤을 한 대 먹였다.

　"야, 이 녀석, 이 책벌레야, 수업 중에는 안 돼! 다른 때는 얼마든지, 많이많이 읽어!"

　"야단을 치시는 겁니까? 칭찬을 하시는 겁니까?"

　웃으면서 교실을 나가는 선생님 등에다 대고 나는 소리 없이 물었다.

8.15 해방_본격화된 문학 읽기
해방과 더불어 일본인들이 버리고 간 서양책들.
토마스 만, 헤르만 헤세, 도스토예프스키 등등.
그들과의 만남은 나의 지적, 정서적
변신을 의미했다.

광복 학기_조국을 향해 달려라
해방과 더불어 찾아온 국어 시간!
박태원의 《아름다운 풍경》을 읽으며
우리는 해방된 조국을 향해 달렸다.

동맹휴학_도서관에서 보낸 달콤한 일주일
중학교 시절, 도서관은 내 청소년기의
축소판이자 둘도 없는 보물 궁전이었다.

찬연한 사주팔자_읽기는 나의 운명
내가 읽은 작품 속에 그려진 세계는
모두 나의 영지이고 영토가 되어갔다.

- 셋 -
몰입의 유혹 - 소년 시절

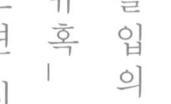

책은 또 하나의 세계_읽기로 희망과 동경을 키우다
나에게 독서는 희망과 동경이라는
양과 음의 전극이 만나 만들어낸
불빛과도 같은 창조물이었다.

친화력의 읽기_"사랑해, 우린 하나야!"
뜨거운 마음과 마음이 오고 가는 친화력!
카로사의 《유년 시절》에서 나는 한국인의
정을 발견했다.

방랑하는 영혼_신발의 의미를 읽다
고독한 떠돌이 크놀프!
그의 유일한 벗은 낡을 만큼 낡은 신발이었고,
나는 그에게서 방황과 고독을 배웠다.

읽기의 세 가지 신기술
_되풀이 읽기, 돌려 읽기, 번개 읽기
해방 직후 책은 우리에게 너무도 귀한 존재였다.
우리는 번개처럼 읽고 다시 읽으면서
친구들과 돌려 읽곤 했다.

차마 하지 못한 이야기
_깡패가 가르쳐준 교훈
영화관에 출입했다가 깡패에게 혼쭐났지만
그래도 그의 말은 일리가 있다.
"공부하기 싫으면 머리맡에 책을 놓고 자!"

나의 첫 번째 시_달콤 짭조름한 첫사랑의 맛
난생 처음으로 산 《이준 시집》.
그 감동은 나를 시의 세계로 인도했고,
후에 문학을 공부하게 했다.

8.15 해방
_본격화된 문학 읽기

책 읽기와 관련해서 8.15 해방은 내게 별난 선물을 안겨주었다. 그것은 여간 엄청난 선물이 아니었다. 덕분에 내게 조국의 광복은 남들보다 더 감격적인 것이었다.

패전 다음 날부터 일본인들은 한국 땅에서 쫓겨나게 되었다. 한반도에 거주하던 일본인들은 거의 대부분 부산으로 몰려들었다. 부산과 일본 시모노세키 사이를 오가던 연락선을 이용하여 제 나라로 돌아가기 위해서였다.

그들은 작은 이삿짐을 가지고 있었다. 그런데 어찌 된 영문인지 몰라도 그 짐들이 오늘의 부평동 국제시장에서 경매에 붙여지는 일이 잦았다. 글쎄, '적산敵産', 그러니까 적의 자산이라고 몰수당한 것인지 아니면 선임船賃이 궁해서 스스로 팔아넘긴 것인지 그 소상한 사정은 알 수가 없었다.

당시 '고리짝'이라고 부르던 짐들이 수도 없이 경매에 붙여졌다. 일본인들이 한자로 '行李'라고 쓰고 '고리'라고 읽던 것들이었다. 고리는 긴 나뭇가지나 질긴 넝쿨 같은 것으로 돗자리 엮듯이 만든 일종의 통 같은 것인데 위아래 두 짝으로 되어 있었다. 그런데 그걸 미처 풀어보지도, 열어보지도 않은 채 경매를 해댔다. 낙찰이 되면 경매꾼이 소리 질렀다.

"돗따!"

일본말로 뭔가를 땄다거나 손에 넣었다는 뜻이다. 나중에 그 일대가 본격적인 시장거리가 되면서 '도떼기시장'이라는 이름이 붙은 것도 그래서였다.

'돗따' 한 사람이 고리짝 뚜껑을 열고는 비로소 내용물을 챙기곤 했는데 별별 것이 다 쏟아져 나왔다. 옷가지에 살림살이에 연장 등등이 주였지만 뜻밖에 돈뭉치라도 섞여 있으면, 구경꾼들까지 탄성을 질러댔다. 그 허름한 짐짝이 순식간에 보물 상자로 둔갑했던 것이다. 그런데 그 모든 광경을 지켜보고 있는 몇 안 되는 중학생들에게 고리짝은 또 다른 의미의 보물 상자였다.

사람들은 고리짝 안에서 더러 책이 나오면 재수에 옴이라도 오른 듯이 패대기쳤다. 우린 그걸 노린 것이다. 책이 내던져지면 내던져지는 대로 우리는 주워 모았다. 난데없이 돈벼락이 아닌, 책벼락을 맞은 꼴이었다.

처음에는 그랬었다. 그러다가 뒤늦게야 뭘 좀 알아챈 것일까? 그렇게 저렇게 쏟아진 책으로 졸지에 책방이 차려졌다. 맨 땅에 책꽂이 몇 개 세운 게 고작이었지만, 책 파는 가게는 가게였다. 그러다가 좀 더 세월이 가면서, 한길 건너편의 보수동 골목에 본격적으로 헌책방이 줄지어 들어서게 되었다. 덕분에 나는 꽤 많은 책을 공짜로 또는 아주 싸게 얻을 수 있었다.

"조국 해방 만세!"

책이 굴러 들어올 때마다 소리 없이 외쳐댔다. 제2차 대전 말기, 중학교 1, 2학년 때 교과서 이외의 다른 책을 사는 건 어림도 없는 일이었다. 그런데 이제 가뭄이 가시고 책의 대풍년이 찾아든 것이다. 《고등대수》, 《해석기하》, 《고등 물리》 등 참고서도 제법 많이 얻었다. 어려운 과목들이었지만 2년 정도만 지나면 배울 게 뻔했으므로 미리 완전 무장을 한 셈이었다.

가령 하인리히 슐리만 Heinrich Schliemann의 《고대에의 열정》을 챙긴 것은 우연찮은 행운이었다. 중근동 일대의 선사시대 유적 발굴을 다룬 책이었는데, 중학교 2학년밖에 안 된 나를 묘하게 사로잡았다. 덕분에 선사고고학이라는 말도 처음 알게 되었고, 비로소 '학문을 향한 동경'도 움트게 되었다. 장차 학자나 교수가 되기를 꿈꾼 것도 그때가 처음이었던 것 같다. 슐리만의 《고대에의 열정》은 내게 '학문에의 열정'이 되었는지도 모르겠다.

그런데 그 경매장에서 구한 책은 이게 다가 아니었다. 경매장에서 얻은 책 중에는 뭐니 뭐니 해도 문학 책이 제일 많았다. 몇몇 일본 문인의 작품집이야 이미 학교에서 그 이름을 들어서 익히 알고 있었으니, 반갑기는 해도 신기할 것은 없었다.

그러다 토마스 만, 헤르만 헤세, 한스 카로사, 앙드레 지드André Gide, 아나톨 프랑스Anatole France, 도스토예프스키Fyodor Dostoevskii 등등과 무더기로 첫 대면을 하게 되었을 때 뭐가 뭔지 몰라도 가슴이 설레었다. 현장에서 별로 멀지 않던 집까지 그들을 더러는 가슴에 품고 더러는 겨드랑에 끼고는 날듯이 걷곤 했다. 그것은, 내게 비로소 시작된 서구 문학으로의 행보였고 전진이었다.

동화를 떠난 지는 오래되었지만 이제 바야흐로, 정든 소년소설들과도 작별하게 된 것이었다. 이제 그야말로 세기의 문호들을 대상으로 한 나의 '문학 읽기'가 본격적으로 시작된 것이었다.

정말 탐독했다. 정신이 나가고 넋이 나가도록 읽고 또 읽었다. 내가 위대한 정신을 읽어내고 위대한 영혼을 읽어내고 있다는 느낌이 어슴푸레하게나마 들곤 했다. 그때 읽은 그들의 작품 대부분은 지금도 그 느낌은 물론이고 줄거리까지 훤하게 기억난다.

주인공들을 흉내 내듯이 내 인생을 엮어가고 싶었다. 그들처럼 느끼고 생각하고 또 행동하기를 꿈꾸었다. 감정이입 정도가 아니었다. 인격이입이며 정서이입을 간절히 바랐다.

읽는다는 것은 '아는 것'도 '아는 짓'도 아니었다. 그건 '되는 것'이었다. 내가 나 아닌 다른 뭔가가 되는 것. 그렇게 나만의 세상이 만들어지는 걸 실감하곤 했다. 그것은 문학 읽기에서만 얻어낼 수 있는 위대한 경험이 아닐까 한다. 문학 작품은 새로운 인격이나 인성의 탄생을 위한 모태일지도 모른다.

 작품을 읽는 중간 중간 눈을 감는 것은 바뀌어가는 나의 모습을 지켜보기 위해서였다. 한 작품을 다 읽고 나면 눈을 뜨고도 꿈을 꾸었다. 내 주위의 세계는 더 이상 보이지 않았다. 달라진 내가 나도 잘 모르는 신세계를 거니는 모습이 감고 있는 눈망울에 비쳐졌다.

 그것은 단순한 정서적인 또는 지적인 성장만을 의미하지 않았다. 그건 새로이 무엇으론가 바뀌는 것이었다. 변신變身이었다. 나는 크눌프가 되고 토니오 크뢰거가 되어가고 있었다. 읽기는 나의 재창조였다. 아니 신생新生이었다.

 그런데 그 신생을 부추기듯이 하늘이 기적을 내렸다. 어느 여름 날 느닷없이 소나기가 쏟아졌다. 웅덩이 주위에는 피할 곳이 없었다. 어찌할 바를 모르고 쩔쩔매는데, 보다 만 책들에 억수같이 비가 퍼붓고 있었다. 순간, 나는 책들 위로 몸을 던졌다. 마치 어미 닭이 달걀을 품듯이 온 가슴으로 책들을 감쌌다. 다행히 소나기는 서둘러서 지나갔다. 그러나 나는 한참을 그대로 누워 있었다. 그때 달걀이라도 된 듯이 뭔가가 부화孵化하는 게 느껴졌다.

 그렇게 부화하는 건 책이 아니었다. 바로 나였다. 품은 것은 내 가슴인데, 품긴 책의 정기를 받아서 내 가슴이 새로 부화하고 있었다.

광복 학기
_조국을 향해 달려라

해방하고 2주일도 지나지 않아서 가을 새 학기가, '광복 학기'가 시작되었다. 그 첫 시간, 절반이 넘던 일본인 동급생이 빠져나간 교실은 썰렁했다. 미우니 고우니 해도 일 년 반 동안, 한 반 친구들이었는데……. 그 가운데에는 개인적으로 아주 친한 녀석도 있었다. 그 빈자리에 그 친구들의 얼굴이 어릿대곤 했다. 일본 식민주의가 그 때문에 더 미워졌다. 하지만 새로운 역사가 돋트고 있었다.

국어 시간이었다. 이제 더 이상 일본어는 국어가 아니었다. 조선어 선생님이 들어오셨다. 몇 해 만이던가? 소학교 3학년 때 조선어와 헤어지고는 근 5년 만에 재회한 국어 시간!

"자, 이제부터 첫 국어 시간을 시작한다."

교실 안이 숙연해졌다. 나는 눈물이 그렁그렁했다. 나만이 아니었다. 옆에 앉은 친구는 눈시울을 닦고 있었다. 한참 우리를 내려다보던 선생님이 우리더러 눈을 감으라고 했다. 다들 고개를 숙였다. 교실 안은 오직 침묵뿐!

"자, 이제 함께 빌자. 우리 국어여, 조선말이여, 영원하소서!"

선생님은 성직자처럼 말씀하셨다. 우리도 다들 따라 기도했다. 조용조용, 그러나 엄숙하게, 경건하게……

그 거룩한 의례를 마친 다음 선생님은 손수 프린트한 교재를 나누어 주었다. 달랑 두 장짜리 교재였다. 하지만 우리는 그걸 무슨 상장賞狀이라도 되는 듯이 우러러 받들었다. 우리 손에 들린 교재는 나풀대고 있었다. 조금 더운 날씨 탓에 창문을 열어두어서만은 아니었다. 미처 교과서가 간행되기 전에 급조되었던 임시 교재는 그토록 거룩했다.

"자, 너희들 오래, 오래, 너무나 오래, 조선말에서 특히 조선글에서 떠나 있었지? 그래서 오늘은 내가 이 글을 너희들에게 읽어주마."

선생님은 아주 천천히 또박또박 낭송하듯이 읽어나갔다.

"악박골로 향하는……."

바로 전 학기만 해도 조선어 선생님은 없었다. 그러니 모르긴 해도 급히 어디선가 모셔온 분 같았다. 오래지 않아서 그만둔 그분이 한글학회 회원이란 건 뒤늦게야 알게 되었다. 선생님의 낭독을 따라서 우리의 눈은 뚫어져라 한글에 꽂혀 있었다.

"악박골로 향하는 전차는 으레 만원이었다."

광복 후, 첫 국어 시간, 우리가 받아든 교재의 내용은 그렇게 시작하고 있었다. 지은이를 박태원이라고 했지만 그게 누군지 우리가 알 턱이 없었다.

선생님은 그의 작품인 《아름다운 풍경》을 모두 읽더니 지은이가 소설가이고, 대표작으로 《천변 풍경》, 《소설가 구보 씨의 1일》 등이 있다고 타이르듯이 일러주셨다. 그러고는 우리더러 각자 소리 내어 읽어보라고 하셨다.

우리는 고래고래 소리를 질러댔다. 그건 읽는 게 아니었다. 절규였다. 아니, 함성이었다. 교실이 떠나갈 듯했다. 아니, 학교 건물이 들썩였다. 1945년 8월 15일, 그날 거리마다 울려 퍼지던 함성이 다시 메아리친 것이었다.

뒷짐을 지고는 연신 고개를 갸웃거리면서 교단 위를 오락가락하던 선생님이 "그만, 그만!"이라며 손을 내저었다. 그러더니 한참 동안 교실 안을 두루 살피며 우리의 얼굴을 하나하나 들여다보았다. 침을 삼키고 숨을 크게 내쉬었다. 새삼 말문이 막히는 것 같았다.

우리는 아까의 함성은 온데간데없이 숨을 죽였고, 선생님이 다시 수업을 시작한 건 한참이 지나서였다. 그런 글은 수필이라고 한다는 것, 악박골은 서울 서대문의 독립문 일대를 지칭한다는 것 등을 일러주었다.

뒷날 서울살이 하면서 집이 은평구에 있었던 탓에 거의 매일 독립문 앞을 지나다니면서, 북은 현저동 고개, 동은 인왕산, 서는 이화여대 뒷산으로 에워싸인 골이라서 악박골이라는 이름이 붙었다는 사연을 알게 되었고, 그 후로는 남들은 몰라도 나는 언제나 그곳을 악박골이라 부르게 되었다.

겨우 중학교 2학년이던 어린 우리를 줄곧 '악박골로 향하는 전차' 처럼 광복한 조국을 향해서 내달리게 한, 그 한 편의 글! 선생님은 더 많은 것을 설명해주었으나 나머진 기억에서 사라졌다.

얼마 후 수업의 끝을 알리는 종이 울렸다.

"그래, 너희들은 악박골이 아니라 새로운 조국을 향해 달려라. 그러려면 우리 글을 열심히 읽고!"

그렇게 수업은 마무리되었지만 그 마지막 한마디는, 읽기가 문제가 되고 화제가 될 때마다 언제나 생생하게 되살아나곤 한다.

동맹휴학
_도서관에서 보낸 달콤한 일주일

중학교에 다닐 즈음 소설 등의 읽을거리를 구하는 건 하늘의 별 따기였다. 친구들끼리 서로 책을 돌려 읽거나 아니면 대본 가게에서 책을 빌려 읽는 게 보통이었다. 일제 식민지 시대는 물론이고 해방 후에도 마찬가지였다. 그러니 자연스럽게 도서관 출입이 잦아졌다.

당시 부산에는 시립 도서관이 달랑 하나! 말뿐인 도서관이었다. 부산 시내의 용두산 공원에 자리하고 있던 작은 시립 도서관에는 열람실도 한 칸뿐이었다. 그나마 학교 교실의 절반 정도나 되었을까? 그러나 그곳은 내게 둘도 없는 보물 궁전이었다.

중학교 2, 3학년 때 거기서 참 많은 책을 읽고 또 읽었다. 해방 직후라 아직 우리말로 된 책은 없었다. 《삼국지》도, 《수호지》도 모두 일본어로

읽었다. 덧붙여서 우리의 시조와 비슷한 일본의 단가를 읽고 암송하는 것도 큰 즐거움이었다. 물론 일본의 천재 작가로 일컬어지던 아쿠타카와 류노스케芥川龍之介의 작품도 단골 중의 하나였다.

그러다 운수 대통해서 일주일 내내 도서관에 다닐 수 있게 되었다. 그동안은 겨우 수업을 마치고 집으로 돌아오는 길에 또는 주말에 들리곤 하는 게 고작이었는데 바야흐로 한을 풀게 된 것이다.

해방 직후 좌우익의 갈등에 중학교까지 말려들었다. 그 못난, 철딱서니 없는 정치패들이 노리고 한 짓이었다. 뭘 어쩌자고 당시 6년제이던 중학교의 학사 일정까지 엉망으로 만들면서 그따위 짓을 한 것인지. 그런 짓은 좌측에서 더 많이, 더 자주 한 것으로 기억된다. 어린 학생들의 공부를 망치는 것쯤, 그들은 안중에도 없었던 것 같다.

여러 차례 '동맹휴학'을 하던 차에 좌측에서 이른바 '국대안國大案 반대'를 기치로 일어났다. 경성제국대학교 후신으로 남아 있던 서울 문리

대, 공대, 의대 외에 각기 별개의 전문학교나 고등학교로 존재하던 상과계, 농업계, 약학계를 통합하여 국립 종합대학을 만들겠다는 정부 방침에 반기를 들고 나선 것이 '국대안 반대'였다.

아마도 남로당이나 학생동맹(좌파 학생 단체)의 지령에 의한 것이었을 텐데, 덕분에 내가 다니던 학교도 일주일에 걸쳐 동맹파업, 아니 동맹휴학을 하게 되었다. 정말 무지막지한 폭거였다. 방학도 아닌데 무려 일주일이나 놀다니!

그러나 3학년밖에 안 된, 철없던 시절이라 나는 이게 웬 떡이냐고 쌍수를 들고 반겼다. 그러고는 매일 도서관에 가서 《아라비안나이트》, 《보물섬》, 《톰 소여의 모험》, 《레미제라블》, 《바보 이반》 등에 넋을 팔았던 것으로 기억된다. 그 책들은 '몰입하는 읽기'로 나를 사로잡았다.

당시는 밥값이며 용돈을 얻어 쓰던 시대가 아니었기 때문에 이 책들을 읽으면서 나는 꽤나 배를 곯았다. 고픈 배에서 나는 꼬르륵 꼬르륵 소리가 묘하게 즐겁게 들리기도 했다. 머리나 가슴이 채워지면 배가 고픈 것쯤이야 얼마든 참을 수 있었다. 내게 동맹휴학은 일종의 '헝거 스트라이크Hunger Strike'가 된 셈이었다.

특히 셜록 홈스의 탐정 소설은 완전히 새로운 경험이었다. 줄거리를 따라가면서 앞일을 미리 내다보는 일! 그건 그냥 피동적으로 읽기만 해서 가능한 일이 아니었다. 그건 내가 직접 나서서 줄거리를 꾸며가면서 읽는, 이를테면 '창작 읽기'였다.

나의 추리가 용케 들어맞으면 들어맞는 대로 좋았다. 하지만 틀린다 해도 괜찮았다. 작가를 나무라면서 우쭐댈 수도 있었기 때문이다. 그래서 창작 읽기는 '추리 읽기'를 겸하는 것이었으니 나는 또 다른 홈스가 되곤 했다.

그것은 좀 더 어린 시절에 하곤 했던 '술래잡기'의 연장 같은 것이었다. 이를 계기로 사람이 몸으로만 노는 게 아니란 것, 머리로도 신명 나게 또 진지하게 놀 수 있다는 것을 터득했다. 그래서 '창작 읽기'며 '추리 읽기'는 내게 읽기의 신기원을 열어주었다.

동맹휴학 기간이 그렇게 꿈같이 지나고, 다시 학교에 등교한 제2의 홈스는 그만 크게 혼나고 말았다. 학교 당국에서는 일주일간 정학 처분을 내린다고 했다. 학생들 대부분이 약속을 어긴 것이다. 배신자들. 일주일이라는 날짜를 꼬박 지킨 학생은 그리 많지 않았다.

나는 급해졌다. 그래서 단골 병원으로 달려갔다. 일주일 내내 글자만 들여다본 탓인지 눈이 좋지 않았다. 핏발이 서고 어쩐지 껌껌했다. 그걸 핑계 삼아 일주일 내내 병원 치료를 받으면서 눈이 못쓰게 되었다는 '진단서'를 받았다. 의사는 빙긋 웃으면서 진단서를 건네주었다.

만일 일주일간 도서관에서 책을 읽은 덕분에 눈병이 난 것이라면 나는 결과적으로 도서관 덕을 단단히 본 셈이다. 이래저래 고마운 나의 부산 시립 도서관, 그 덕에 나의 전 학력을 통틀어 유일한 전과 기록이 될 뻔했던 정학 처분을 면할 수 있었다.

그렇게 잔꾀를 부려서 죄를 면한 것도 따지고 보면 내가 웬만큼 추리 읽기의 달인이 된 덕분은 아니었을까.

찬연한 사주팔자
_읽기는 나의 운명

학년이 올라가면서 내 학교생활은 꼬이기 시작했다. 몇 과목 빼고는 모든 과목이 싫어졌다. 더욱이 내가 다니던 공업학교의 기계공학 과목은 넌더리가 났다. 과목 자체를 탓하는 건 아니다. 소질에 안 맞았다는 얘기이다. 소질 정도가 아니었다. 체질적으로, 거의 본능적으로 싫었다.

일본 식민지 시대, 부산 시내에는 조선 학생이 들어갈 만한 학교가 공업학교뿐이었다. 인문계 학교는 아예 없었고 상업학교조차 전시체제를 핑계 삼아 공업학교로 바꾸어버렸기 때문이다.

그런데 입학 동기야 어떻든 전공과목이 악착같이 싫어진 것이다. 인문 사회계의 교양 과목이나 수학 과목 말고는 교실에 앉아 있기도 역겨웠다.

4학년 때까지는 그래도 기를 쓰고 참아냈다. 다행히도 전공과목이 두 가지 정도로 많지 않았기 때문이다. 게다가 학교 안에 있던 기계 공장의 실습 조교는 나를 기계 근처에는 얼씬도 못하게 했다. 내가 기계를 만졌다 하면 못 쓰게 되었기 때문이다.

"낙제점은 면하게 해줄 테니까, 기계에는 손도 대지 마!"

그건 천행이고 복음이었다. 게다가 제도製圖라는 과목이 있었는데, 기계를 대충 스케치하고는 설계도를 그리는 과목이었다. 그런데 스케치나 설계도를 그리는 게 내 서툰 손재주로는 어림도 없는 일이었다. 그래서 이 과목도 낙제점을 면제시켜주고 출석도 따지지 않겠다는 약속을 선생님으로부터 얻어내게 되었다. 이를테면 제도권 안에서 치외법권을 누린 셈으로 지금도 그 두 분 선생님에게는 고마운 마음뿐이다.

그럭저럭 4학년을 넘기고 5학년으로 올라서자 전공과목이 부쩍 늘었다. 오전은 인문 사회계 과목과 수학, 물리, 화학 같은 이수학理數學계 과목이라 괜찮았다. 하지만 오후만 되면 온통 기계, 기계, 또 기계……. 골치가 빠개지는 것 같았다. 진저리가 났다. 더는 견뎌낼 재주가 없었다. 그래서 결국 탈출을 계획했다.

오전 수업이 끝나기 무섭게 도시락과 책 몇 권을 챙겨서는 철조망을 빠져나가 학교 뒷산으로 탈출한 것이다. 낮은 언덕 하나만 넘으면 비교적 큰 저수지가 나타났다. 사람들은 외진 그곳을 목골이라고 불렀다.

저수지 둑 위에 자리를 잡고는 대개 혼자서 도시락을 까먹었다. 그러고는 오후 내내, 그러니까 수업이 끝나고 다들 돌아갈 때까지 나는 그야말로 유유자적했다. 내 멋대로였다. 여태껏 그 시절, 그 시간처럼 자유분방하게 살아본 적이 없다. 정말이지, 마을이며 거리에서 멀리 떨어진, 제법 깊은 산속 저수지에서 독야청청했다.

낮잠을 자도 좋았고 저수지 주위를 산책해도 좋았다. 여름이면 수영을 하는 재미가 천하일품이었다. 산골 속의 저수지라서 저절로 물뱀을 벗 삼게 되었다. 머리를 들고 앞으로 나아가는 그들과 나란히 나도 물살을 갈랐다. 모든 게 쾌적했다.

그렇게 잠시 즐기고 나면 책 읽기에 골몰했다. 소설과 시집이 압도적이었지만 영어 원서도 비교적 자주 읽곤 했다. 그러니 방학 기간을 빼고 나면 일 년 내내 오후 시간은 학교에서도 독학을 한 셈이다. 6학년이 된 후에는 여기에 수학이 가세했다. 대학에 가기 위해서였다.

그런 나의 행동은 학교 측에서 보면 무단 조퇴무退이고 방종이었을 것이다. 그런데도 그냥저냥 말썽 없이 넘어갔다. 그 당시만 해도 학교며 학제가 엉성했기 때문일까? 그것만은 아니었다. 5학년 때에는 이른바 '학도 호국단'의 '문화 선전부장'이란 어마어마한(?) 직분을 누리고 있던 터라서 인문계에 기운 소질대로 방자하게 구는 것을 선생님들이 관대하게 보아주기도 했다.

실제로 그걸 증명해줄 일이 있다. 우리 학교 기계과를 졸업한 후, 괴물 작가 이상이 다녔던 경성고등공업학교를 마치고는 곧장 모교로 부임해 온, 선배 선생님이 어느 날 나를 교무실로 끌다시피 데려갔다. 그러더니 학적부를 내보이면서 소리쳤다.

"너, 수학이랑 이과 과목은 이렇게 잘하는 주제에 기계 과목 성적이 말이 아닌 걸 보면, 일부러 공부 안 하는 거지?"

평소에 나를 아끼시던 분이라 나는 말없이 웃고 말았다. 그 뒤로는 제법 당당하게 오후 독학을 계속했다. 물론 앞에서 말한 대로 문학 읽기가 태반이었다. 적어도 6학년이 되기 전까진 그랬다.

그렇게 독학을 하면서 나는 대학에서 문학을 공부하겠다고 마음먹었다. 작가가 되든, 시인이 되든, 아니면 평론가가 되든 그건 둘째 문제였다. 문학 읽기에 그리고 문학 공부에 전념한다는 것이 가장 큰 목표였다.

인적이 드문 푸른 산기슭, 푸른 호숫가에서 시와 소설을 읽는다는 것! 그것도 방학을 제외하고 일 년 내내 그런다는 것! 그건 누구나 누리는 복은 아닐 것이다. 나는 문득 책을 읽다 말고 내가 누리던 천행天幸에 감사드리곤 했다. 이렇게 해서 읽기는 차츰 나의 천운天運이 되어갔다. 읽기는 하늘이 내린 나의 찬연한 사주요, 팔자 같은 것이었을지도 모른다.

한 작품을 읽을 때마다 나의 세계는 하나씩 늘어갔다. 나는 이미 점이 아니었다. 나의 존재성은 점으로 찍히고 말 것은 아니었다. 나는 좀 더 넓은 무엇인가로 변모해가고 있었다. 내가 읽는 작품 속의 세계는 모두 나의 영지고 영토가 되어갔다. 나의 존재는 드넓은 공간, 확대된 공간으로 그 영역을 넓혀갔다. 그건 훗날 대학에 가서 읽게 된 릴케Rainer Maria Rilke의 말대로 나의 '순수 공간'이고, 나만의 '세계 내 공간'이었다.

숲과 호수, 그 자연 속에 작품이 있었다. 나 또한 다만 '읽는 자'로서 자연 속에 있었다. 어느새 읽는 일이 사는 일이 되어가고 있었다.

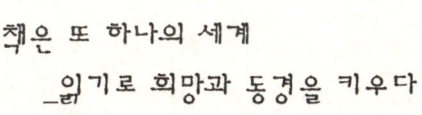

책은 또 하나의 세계
_읽기로 희망과 동경을 키우다

문학 읽기를 통해 나는 홍길동처럼, 손오공처럼 변신하고 둔갑했다. 마음의 둔갑. 문학 읽기란 그런 것이다. 희망, 동경 같은 낱말들이 나를 매혹하기 시작한 것도 그 덕분이다. 어느 주인공이 되기를 희망하게 되었고, 또 어느 인물이 이룩한 세계를 동경하게 되었다.

물론 머나먼 경지였다. 섣부르게 다가설 수 있는 곳이 아니었다. 까마득하고 또 아득하기도 했다. 이상한 일이었다. 그들 누구나 친근하게 느껴지는데도 그렇게 먼 곳에 자리하고 있었다. 등성이 너머, 산 너머, 아니 그것도 모자라, 구름 너머, 하늘 너머에 있었다.

그러기에 희망과 동경은 더더욱 간절해졌다. 그들의 속내가 내 것이 되듯이 그들의 세계 또한 내 몫이 되기를 소망하고 동경했다. 그래서인지 줄거리 전체를 놓치는 한이 있더라도 어느 결정적인 순간 주인공의 모습이며 행동만은 머릿속에 깊이 박히는 것이었다. 그게 나의 문학 읽기였다.

어느 날 교장에게 불려갔다. 좀 전에 한 일이 마음에 걸렸다. 시 속에 웬 사랑이 그렇게도 많으냐고, 친구와 둘이서 실제로 사랑을 경험해보기로 한 것이 영 찜찜했다.

우리 둘은 연애편지를 한 통씩 썼다. 물론 가공의 천사 같은 여성을 상대로 한 것이다. 그걸 들고는 공원 근처에 가서 처음 만나는 젊은 여성에게 무조건 바치기로 서로 다짐했다. 그래서 우연히 맞닥뜨린 노처녀로 보이는 여성에게 편지를 바친 것인데, 그녀가 하필이면 교장과 가까운 사이라니! 우리 둘은 언젠가 혼벼락이 떨어질 것을 각오하고 있었다.

나는 교장실로 비실대고 들어섰다. 그러고는 고개 숙여 대죄했다. 그런데 교장은 전혀 뜻밖의 말을 하는 게 아닌가!

"카로사 군, 자네 방에는 밤늦도록 불이 켜져 있다지. 자네가 그렇게 열심히 공부한다고 담임선생이 자랑하셨어. 그래서 네 담임선생께서도 네 방의 불이 꺼질 때까지 책상 앞에 앉아서 책을 읽곤 하셨다더군. 그래서 이걸 상으로 주는 걸세."

그러면서 교장은 사탕 통을 내주는 게 아닌가! 하필 내 방 맞은편이 선생님의 방이었다니, 그래서 이런 횡재를 누리다니! 나는 책을 좀 읽다가 깜빡 잠이 들곤 했기 때문에 불도 끄지 못한 것인데!

그날 이후 나는 일부로라도 불을 끌 수 없었다.

예컨대 이런 대목이 60년도 더 지난 지금까지도 바로 어제 읽은 듯 선명하다. 카로사가 쓴 자전적인 소설 《유년 시대》에는 이것 말고도 기억에 남는 대목이 많다. 뿐만 아니라 《지도와 순종》, 《의사 기온》 등에도 기억에 남아 있는 대목아 많다. 물론 원 작품 그대로는 아니다. 내게서 기억되는 동안 어느 틈엔가 윤색되고 변화한 것이 사실이다. 그러니 기억되고 있는 토막들은 카로사라는, 작가 혼자만의 것은 아니다. 정확하게 비율을 따지기는 어려워도 어느 정도는 나의 작품이다.

작품을 읽고 감동을 받은 부분을 외운다는 것은 반은 창작이다. 읽기가 피동적인 수용으로 머무는 게 아니라 능동적인 창작으로 발전하는 것이다. 다시 말해 문학 작품의 경우 읽기에 더하여진 기억하기는 '반창작'이라고 할 수 있다.

그런데 그게 전부가 아니었다. 내 기억 속에 깊이 각인되고도 여기 소개하지 못한 또 다른 대목들까지 모두 떠올리며 나를 돌아볼 때마다 내가 너무 초라하고 초췌해 보였다는 것도 마저 털어놓는 게 좋을 것 같다. 정말이지, 작품에서 얻어내는 게 많으면 많을수록 나의 삶과 목숨은 허전하게만 느껴졌다.

"내게는 왜 이런 일들이 없었을까?"

몇 번을 묻고 또 되물었다. 그러다가 겨우 눈치 챈 것이 있다. 삶을, 또는 생활을 피동적으로, 그저 타성대로 살아서는 가망이 없다는 것이다. '창조적인 삶'을 살아야만, 그러니까 스스로 뭔가 남다른 것을 찾으면서 창조적으로 살아야만, 유소년기를 회고할 때에도 풍족한 이야깃거리가 생겨난다는 사실을 가까스로 알아차렸다.

하지만 기왕 놓친 것! 어찌하겠는가? 내가 읽은 것을 마음에 새겨서, 상상으로라도 내게 있었던 일로 가꾸어가자! 마음으로 내 것이 되게 하자! 그것은 소년 시절 문학 읽기에서 터득한 깨달음의 하나이다.

친화력의 읽기
_"사랑해, 우리 하나야!"

의사 기온은 환자의 집을 찾아간다. 매일 왕진을 간 것이다. 그중에는 구두를 만드는 젊은이도 끼어 있었다. 그는 결핵을 심하게 앓고 있었다.

카로사 자신이 의사이고 또 의사의 아들이었기에 기온은 카로사의 분신으로 보아도 될 것이다. 어쨌든 기온은 의사의 직무에 충실했고, 환자에게 온 정성을 바쳤다. 하지만 당시 결핵은 거의 모든 환자를 죽음으로 모는 무서운 병이었다. 그 젊은 결핵 환자의 병세는 점점 나빠졌다.

최선을 다하던 기온은 문득문득 자신을 돌아보며 회한에 빠졌다. 그 환자를 왕진 갈 때마다 마음이 아려왔다.

'내가 그 환자의 아픔을 얼마나 이해하고 있을까? 그의 고통을 나의 고통으로 얼마나 받아들이고 있을까?'

기온은 번민했다. 매번 그를 보러 갈 때마다 속을 앓았다. 그러던 어느 날 환자가 의사를 물끄러미 쳐다보더니 나직나직 말을 건넸다.

"제게 오실 때마다 선생님의 얼굴에는 괴로워하시는 표정이 역력합니다. 게다가 그 괴로움이 날로 짙어져가는 게 느껴집니다."

잠시 숨을 돌린 환자가 하던 말을 계속 이어갔다.

"그러지 마세요. 죽음은 제 몫입니다. 받아들이기로 했습니다. 그러고 나니 저는 괴롭지 않습니다."

환자는 의사를 향해서 미소를 지어 보였다.

이것은 소년 시절 카로사를 읽으면서 자연스럽게 가슴에 새겨진 정경이다. 이 정경은 어제인 듯이 지금도 선명하게 나의 뇌리에 박혀 있다. 물론 작품 그대로는 아닐 것이다. 내 머릿속에 그렇게 찍혀 있을 뿐이다.

사경을 헤매는 환자가 의사를 달래다니! 앓는 이가 의사를 위로하다니! 이 대목을 읽었을 때 나는 그 정경에, 그리고 두 사람의 관계에 한참 빨려 들어갔다. 넋을 잃었다. 읽기란 곧 글 속에 빠져드는 것이라는 생각, 그 전에도 더러 하곤 했던 그 생각에 마음을 내맡기고 나는 한동안 책에 머리를 박고 있었다.

환자의 그 한마디, 천금같은 그 한마디는 말할 것도 없이 의사의 돌봄에 대한 응답이다. 서로 마음을 주고받은 것이다. 두 사람의 속내가 서로

에게 메아리친 것이다.

어린 시절 옆집 여자 친구와 소꿉놀이를 하곤 했다. 그러자니 절로 의사 놀이도 했다. 그러던 어느 날 아버지가 그 장면을 보게 되었다.

"얘야, 다른 놀이는 무엇을 해도 좋지만 의사 놀이는 안 돼!"

아버지는 내게 부드럽지만 단호하게 말씀하셨다.

이렇게 기억에 남아 있는 정경은 카로사의 《유년 시대》의 한 대목이다. 훗날의 카로사와 마찬가지로 결핵 전문 의사였던 그의 아버지는 어린 아들에게 의사라는 직업의 근엄성에 대해서 알려주었다. 카로사가 자신의 환자에게 온갖 정성을 바친 것은 이 때문이기도 할 테지만, 그 정성이 환자에게 얼마나 감동을 주었으면 죽어가는 이가 의사를 달래기까지 한 것일까?

뜨거운 마음과 마음의 오고 감, 이걸 독일문학에서는 '친화력'이라고 한다. 괴테의 친화력은 워낙 유명하지만, 카로사의 친화력도 이에 못지않다. 독일어의 '페어반트샤프트Verwandtschaft'는 친화력을 의미하는 단어이다. 이 명사의 동사형인 '페어벤덴Verwenden'은 '친하게 대하다' 또는 '가깝게 접하다'라는 뜻으로도 쓰인다. 그런가 하면 같은 어근에서 파생한 형용사 '페어반트Verwandt'는 여러 뜻을 지니고 있는데, '친척인', '근친의', '관계 깊은' 등의 뜻으로 가장 많이 쓰인다. 이런 점들을 고려해서 친화력을 한국식으로 바꾸면, '정' 또는 '정겨움' 정도가 될 것 같다.

카로사의 또 다른 작품에는 한 남자를 사랑하는 두 여자가 등장하는데, 여기서도 친화력이 드러난다. 친구이던 두 여자는 한 남자를 사랑함으로써 서로를 더 잘 이해하게 되고 더 친밀해져간다. 그리하여 세 사람 사이에는 흔히 볼 수 있는, 서로 반목하는 삼각관계가 아니라 '친밀한 삼각관계'가 형성된다.

그러나 친화력을, 작품 속의 인물과 인물 사이에서만 이야기하고 끝내서는 안 된다. 우리는 '친화력의 읽기'에 대해서도 말할 수 있어야 한다. 독자와 작품 속의 인물, 독자와 작품 속의 사물(또는 세계), 독자와 작가 사이에서도 친화력은 중요하다.

나는 그 친화력의 읽기를 카로사에게서 익힐 수 있었다.

방랑하는 영혼
_신발의 의미를 읽다

중학교 3, 4학년쯤이었을까? 나는 헤르만 헤세에게 반해 있었다. 《크눌프》를 읽고 《청춘은 아름다워》를 연달아서 읽었다.

독일 낭만주의가 뭔지, 그 안에서 헤세가 어떤 자리를 차지하는지 따위는 당시로는 전혀 알 바 없었다. 알려고도 아니했지만 알아볼 데도 없었다. 무조건 읽어대기만 했다.

그런데 그게 다행이었는지도 모른다. 선입견 없이 헤세를 읽을 수 있었기 때문이다. 지금도 무슨 작품을 읽을 때 작가가 직접 쓴 것까지 포함해서 서문이니 해설이니 하는 것을 절대 먼저 읽지 않는, 나의 책 읽기 버릇은 이미 이때부터 시작되었던 것 같다.

물론 대학에 들어가서는 독문학 강의를 듣고 문학사적인 지식도 얻게 되었다. 횔덜린Friedrich Hölderlin, 노발리스Novalis 등 독일 낭만주의를 개척해간 천재들의 이름과 더불어 헤세가 내 마음속에서 눈부신 별자리를 이루게 된 것은 그 후의 일이었다.

헤세를 읽으면서 방랑, 고독 등에 조금씩 관심을 갖게 되었다. 그러면서 동경憧憬, 피안, 그리고 영혼 등의 의미에 대해서도 함께 생각하게 되었다. 내가 비교적 자주 '방랑하는 영혼'이란 말을 쓰게 된 것도 헤세에게서 비롯된 것이 아닌가 싶다.

그렇다. 크눌프는 지금도 내게는 방랑하는 영혼이다. 《크눌프》의 주제가 여행이나 방랑이라는 것을 읽어내기는 어렵지 않다. 마지막에 나오는 죽음의 장면을 빼면 줄거리라고 할 만한 것도, 사건이라고 할 만한 것도 별로 눈에 띄지 않는다. 있다 해도 방랑의 부산물이기 십상이다. 기껏 해야 방랑이라는 주제를 살리기 위한 것이다.

고독한 떠돌이! 그게 크눌프였다. 내게는 김삿갓이 크눌프이고 크눌프가 김삿갓이다. 그들에겐 나그네 길이 곧 인생이다. 작품에서 그의 행적을 읽어가다 보면 어느새 나도 집 없는 아이가 되어 있었다. 그의 방랑벽이 나의 천성이 되기를 바랐고 그 젊은, '방랑의 혼'이 내게도 깃들어주기를 바랐다. 그러면서 차츰 그에게는 발과 신발이 여간 귀중한 게 아니란 사실을 눈치 채게 되었다.

나로서는 큰 발견이었다. 무심코 지나치면 그만일 것, 흔해빠지고 하찮은 것, 그래서 작품 읽기에서 전혀 문제될 게 없는 것이 내 마음을 사로잡았다. 그렇게 나는 소설이라면 그저 줄거리나 파악하면 끝인, 나의 철없고 소박한 읽기를 얼마쯤은 벗어난 것 같다. 소설 읽기가 더 이상, '줄거리 읽기'가 아니었던 것이다.

  작은 글 하나를 읽어도 의미를 찾게 된 계기가 바로 크눌프의 신발, 그리고 발이었다. 그러니까 작품 속의 어떤 사물을, 의미를 지닌 상징으로 받아들이게 된, 가장 대표적인 계기가 헤세의 작품이 아니었을까 하고 지금도 생각한다.

  표면적인 의미 이상의 정신적인 의미, 영적인 의미로 채워져 있는 사물을 상징이라고 한다면 크눌프에게는 신발과 발이 그랬던 것 같다. 그에게는 햇살, 달빛, 구름, 강물, 그리고 산 같은 대자연 말고 마음을 맡길 곳은 없었다. 그는 집도, 일도 원하지 않았다. 고향은 예외일 수도 있었으나 자연을 떠난 고향은 별 의미가 없었다. 그의 옛집, 몇몇 친구의 집, 그리고 사랑을 주고받은 소녀의 집 말고는 고향도 자연이었다.

  대자연 속의 자연물들, 예컨대 나무, 꽃, 열매 등도 그의 여정旅情을 반겨주었다. 그것들은 모두 그의 이정표였다. 그러니 오직 걸음만이 그의 인생 여정旅程이었고, 발과 신발이 결정적인 상징일 수밖에 없었다.

  그는 이틀 아니면 사흘쯤, 어린 시절의 친구인 의사의 집에 머물렀다. 그곳을 나서 여정에 올랐을 때, 그의 병색은 이미 짙어져 있었다. 폐결핵이었다. 각혈까지 하고, 남은 목숨이 그리 길지 못했다.

  다행히도 의사 친구가 고향에 있는 전문 병원을 그에게 소개해주었다. 하지만 크눌프는 의사에게 약속한 것과는 달리 병원을 목적지로 삼지 않았다. 그는 마지막 길인 줄 뻔히 알면서도 오직 고향을 향해서 가기로 했다. 떠나기 전날, 그는 자신의 병세가 나빠진 것을 의식하면서 침상에 오랫동안 누워 있었다.

그러다가 문득 일어나 앉았다. 그러고는 침대 아래로 손을 뻗어 신발을 집어 올렸다. 목이 긴 장화 같은 것이었다. 그는 신발을 마치 구두 수선공처럼 살펴보았다. 낡을 만큼 낡아 있었다. 그런데도 그는 이런 식으로 중얼댔던 것 같다.

"아직은 시월이야. 눈이 올 때까진 견딜 수 있을 거야. 그 뒤에는 어차피 내 삶도 끝나 있을 텐데 뭐!"

또 이렇게도 중얼댔다.

"어쩌면 이 신발이 나보다 더 오래 살아남을지도 몰라!"

그의 방랑의 혼을 위해 더 이상 필요한 것은 없었다. 오직 신발밖에는. 거기에 더하여 그의 발은 신발과 함께 그의 삶을 지탱해주는 버팀목이었다. 다만 걷고 또 걷는 것이 곧 삶이었던 그에게 발은 신발과 함께 삶의 쌍벽이었던 것이다.

그는 병을 앓고 있는 폐보다는 발이 더 마음에 걸렸다. 그리고 발이 신게 될 신발에 더 마음이 쓰였다. 얼마를 더 걸을 수 있을지, 스스로 알 수 없었다. 오래 못 갈 것이라고 번연히 짐작하고 있었다. 그리고 그럴수록 발과 신발이 더더욱 소중하게 느껴졌다.

그렇게 밤을 보내고 여행에 나선 그는 고향에 다다른다. 그러나 그는 고향 마을에 들어가지 않고 그 주위의 강과 언덕을 헤맨다. 친구 집도 일부러 찾지 않고 초막이나 풀 속에서 잠을 자면서 떠돈다. 그는 고향에서도 나그네였던 셈이다.

그러다가 철없이 일찍 눈이 내린 날, 날이 저물어갈 때 최후를 맞는다. 그가 토한 핏자국이 선명한 어느 언덕에서. 숨이 약해져가고 의식이 몽롱해져가는 그의 앞에 신神이 나타난다.

"지금껏 네가 겪은 것, 그리고 지금 겪고 있는 것, 그 모두가 좋으냐?"

신은 죽어가는 크눌프에게 묻는다.

"네, 좋습니다. 모두 받아들입니다."

그 대답이 이 세상에서 그가 남긴 마지막 한마디였다.

어린 나는 이 장면에서 소리 없이 울먹였다. 이해하기 참 힘든데도 가슴이 미어졌다. 삶이 온통 방랑이었던 사람이 자신에게 주어진 그 모든 것을 "네"라고 받아들이다니? 보통 사람이라면 "아니오"라고 부정했을 텐데도 부드러운 긍정이 거기 있다니?

요즘 같으면 두보의 시를 읽으면서 자주 입에 올리는 달관達觀이란 말, 또는 "인생이 너를 부정할지라도 너는 인생에게 '네'라고 긍정하라"던 니체의 절대긍정을 들먹이겠지만, 소년 시절 그건 어림도 없는 일이었다. 다만 비창하기 그지없었다.

그런데 그때 불쑥 작가에게 불만이 솟아올랐다. 왜 크눌프가 눈을 감는 순간에 눈에 묻힌 자신의 신발을 만져보게 하지 않았단 말인가!

'나 같으면 그랬을 텐데!' 그 간절한 생각에 헤세가 동조해주기를 간절히 빌었다. 아니, 누구보다도 크눌프의 영혼, 그 방랑하는 영혼이 내 생각에 고개를 끄덕여주기를 소원했다. 그 마음은 지금도 변함이 없다.

읽기의 세 가지 신기술
_되풀이 읽기, 돌려 읽기, 번개 읽기

앞서도 잠시 이야기했지만 일제 식민지 시대, 부산에는 책방이 아주 드물었다. 그중 한 곳, 당시 부산에서 가장 컸던 책방은 우리 집에서 10여 리 이상 떨어져 있었다. 부평동 네거리에 살던 나로서는 중앙동에 자리 잡은 그 책방이 그림의 떡이었다.

그런데 해방되고는 그 집마저 한동안 문을 닫았었다. 그러니 책은 어떻게 구해서 보겠는가? 그래서 그야말로 궁여지책으로 생각해낸 방법이 세 가지 있었다.

하나는 읽은 책을 읽고, 읽고, 또 읽는 것이었다. 말하자면 '되풀이 읽기'였다. 선택의 여지가 없다시피 한, 궁지窮地 상황이 열어준 드넓은 축복의 세계! 그 덕에 숙독熟讀의 버릇을 들이게 된 것인지도 모른다. 그건

가고 싶은 곳을 자주 가고, 좋아하는 과자를 많이 먹어대고, 즐기는 장난을 자주 쳐대는 것과 조금도 다를 바가 없었다. 아니면 마음에 드는 노래를 입버릇처럼 흥얼거리는 것과도 같았을 것 같다. 자주 대하고 만나면 어느새 서로 친해지듯이 별수 없이 거듭 읽다 보면 그만 애지중지하는 책이 저절로 생겨났다.

또 다른 하나는 친구끼리 책을 서로 빌리고 빌려주면서 돌려 읽는 것이었다. 그것은 우리에겐 여간 중요한 읽기 방식이 아니었다. 그만큼 당시에는 '돌려 읽기'가 본격화되어 있었다.

그리고 마지막 하나는 대본貸本 집에서 책을 빌려다가 후다닥 읽는 것이었다. 굳이 이름을 붙이면 '번개 읽기'라고 할 수 있을 것이다.

이리하여 해방 직후 우리 중학생 사이에는 되풀이 읽기, 돌려 읽기, 번개 읽기가 보편화되어 있었다. 그렇게나 책은 귀한 것이었다. 궁한 가운데에도 풍성하게 읽을 책을 마련한 우리들은 참 꾀 많은 아이들이었다.

되풀이 읽기는 그 대상이 아무리 대중적인 싸구려 책일지라도 읽는 보람을 느끼게 해주었다. 줄거리도 간혹은 삶의 특이한 방식을 다루고 있어서 우리들의 부러움을 샀다. 대중적인 흥미를 노린 만큼 진기한 행동양식이나 사고방식이 두드러졌던 것이다.

되풀이해서 읽자니, 저절로 '꼼꼼하게' 읽는 것도 가능했다는 게 가장 큰 수확이었다. 거듭 거듭 읽다 보면 하다못해 사물이나 인물에 관한 흥미로운 표현을 찾아내게 되고 이런 표현과 맞닥뜨리면 제법 심각하게 생각에 잠기기도 했다.

한편 돌려 읽기는 참 수다스러웠다. 쉬는 시간이면 교실에서 책이 왔다 갔다 했다. 때로는 누군가 책을 흔들면서 크게 소리치기도 했다.

"이거 읽을 사람?"

"이거 하고 딴 책하고 바꿔 읽을 사람?"

그런 책들은 대개 다들 돌려 보고, 또 돌려 본 탓에 헐어빠져서는 걸레 조각처럼 너덜댔다. 마치 무슨 승리의 깃발처럼 말이다.

물론 일본인들이 '서푼짜리 소설'이라고 부르던, 이를테면 대중소설이 압도적으로 많았다. 하지만 우리들은 그 폐품들의 열광적인 팬이었다. 개중에는 누가 베꼈는지도, 누가 지었는지도 모를, 정체불명에 출처불명인, 필사본의 에로소설도 한둘 포함되어 있었다. 그건 포르노 영화와 별로 다를 게 없었지만, 우리들 사이에서는 가장 큰 인기를 끌었던 것 같다. 몇이 모여 앉아서 읽고 있는 꼴이라니, 무슨 도둑질이라도 하는 것 같았다. 대개는 학교 뒤뜰에 숨어 서로 머리를 맞대고 읽어댔다.

그러나 뭐니 뭐니 해도 읽을거리가 가장 풍족했던 곳은 '대본 집'이었다. 책을 빌려주는 것을 업으로 삼고 있던 대본 집은 그나마 많지 않았다. 모르긴 해도 부산의 부평동, 토성동, 보수동 등 중구에 속하는 동네들과 그 서북 지역을 통틀어서 단 한 집밖에 없었던 것으로 기억된다.

다행히 대본 집은 우리 집에서 별로 멀지 않았다. 큰 개울 건너, 해방 전 일본인들만 모여 살던 토성동에 있었다. 책이라고 해봤자, 책꽂이 두세 개에 꽂힌 게 고작이었으니까 100여 권을 넘지는 않았을 것이다. 그나마 그 일대의 일인들이 철수하면서 버리고 간 것을 주워 모은 것일 테니, 일제 시대에 흔해빠졌던, 그렇고 그런 책들이 고작이었다.

가령, 키쿠치 칸菊池寬 같은 인기 대중소설가 따위의 연애소설이 태반이었는데, 더러 쓰레기 더미 속에 보물도 섞여 있었다. 아쿠타가와 류노스케, 또는 구니키타 돗포國木田獨步 등 제2차 대전 이전에 일본을 대표하던 본격 작가의 책도 가끔 가뭄에 콩 나듯이 있었다.

그 대본 집에 가면, 선금을 걸었다. 계약금 같은 것이었다. 그러고는 한 권 빌려 읽고 돌려줄 때마다 빌린 값을 따로 물어야 했다. 하루만 지나도 액수가 달라지니까, 되도록 빨리 읽어냈다. 벼락치기로 읽는 때도 없지 않았다. 그러자니 절로 '속독速讀', 즉 번개 읽기가 버릇이 될 수밖에. 웬만한 소설 한 권은 후다닥 하룻밤에 다 읽었다. 밤을 새우다시피 하면서 벼락치기로 읽어야 그러잖아도 모자란 잡비를 아낄 수 있었기 때문이다.

그 와중에 번개 읽기가 사건 하나를 만들어냈다. 한번은 연애소설을 빌려 읽고 맨 뒤에다 낙서를 한 적이 있다.

"이 책 읽는 사람, 연애 대장!"

그러고는 시치미를 떼고 돌려주었지만 어떤 일이 벌어질지 궁금했다. 며칠 후 대본 집에 찾아가 바로 그 책을 펼쳐보았다. 그러자 뜻밖에도 누군가 내 글에 답을 써놓은 것이 아닌가!

"이렇게 쓴, 연애 대장 만나고 싶네!"

글씨가 또박또박 고왔다. 분명 여학생의 글씨체였다.

"만나서 어쩌게?"

내 글에 며칠 뒤 또 회신이 돌아와 있었다.

"만나면 꿀밤 먹일 거야."

그러나 단 한번도 그 글을 쓴 사람을 대면한 적은 없다. 아, 소설이 맺어준 나의 사랑! 나의 첫사랑은 그래서 얼굴 한 번 못 보고 끝나고 말았다. 대본 집의 책은 아무래도 중매꾼이 되기에는, 큐피드의 화살이 되기에는 모자랐던 것이다.

차마 하지 못한 이야기
_깡패가 가르쳐준 교훈

내가 깡패 스승을 모시게 된 것은 중학교 5학년(고교 2학년) 때의 일이다. 누구나 스승을 모시고 공부하지만, 폭력배를 스승으로 삼은 사람은 매우 드물 것 같다. 아니, 아주 없을 것 같다. 그런데 나는 깡패를, 그것도 조폭을 스승으로 삼았다. 그것은 내게는 정말 별난 학력의 한 페이지이다. 이력서에는 차마 내놓고 밝히지 못하지만, 그건 어엿한 사실이다. 밝힐 것을 안 밝히는 것도 학력 위조에 속한다면 그 비난을 면하기 어렵다.

어느 날 학교가 평소보다 일찍 파했다. 집에 돌아오는 길에 영화관에 들렀다. 아니, 잠입했다. 돈은 냈지만 학생은 영화관 출입이 금지되어 있던 시절이라 모자를 벗고, 고개를 숙이고, 도둑이 남의 집에 숨어들듯이 몸을 숨긴 채 기다시피 영화관 안으로 들어갔다.

영화관에 출입했다가 들키면 정학 처분을 받는, 무지막지한 시대였다. 아무튼 어둠 속에서 몸을 낮추고 한창 영화를 보는데, 문득 장내가 수선거렸다. 보니 몇몇이 도망치듯이 의자 사이를 빠져나가더니 총총히 밖으로 내달리고 있었다. 모두 내 또래였다. '아차! 조사를 나왔구나!'

자리에서 일어서려는데 뒤에서 누가 내 목덜미를 낚아챘다. 약골인 내게는 엄청난 힘으로 느껴졌다. 두 녀석이 나를 끌어냈다. 포로가 된 꼴이었다. 밝은 데 나와 보니, 우락부락한 청년, 아니 깡패들이었다.

결국 나는 어디론가 질질 끌려갔다. 그리고 이내 우리는 어느 건물 앞에 섰다. 'XX 청년단'이란 큰 간판이 걸려 있었다. 온 천하에 악명을 떨치고 있는 우익 단체였다.

그 무뢰한들은 나를 안으로 끌고 들어가더니, '학생부'라고 적힌 작은 방으로 밀어 넣었다. 꼬꾸라지다시피 비틀대다가 간신히 똑바로 섰는데, 눈앞의 책상 너머에 우락부락하게 생긴 녀석이 버티고 앉은 게 보였다. 그를 졸개들이 에워싸고 있었다. 무슨 이리떼 같았다. 한 녀석은 입가에 침이 번지고 있었다. 그가 빠는 혀가 뱀의 혀처럼 나풀댔다. 바로 그 이리 놈이 송곳 같은 어금니를 드러내면서 내게로 다가왔다. 그러더니 미리 끌려와 있던 내 또래들 옆에 나를 꿇어앉혔다.

이리떼의 우두머리는 소리소리 지르면서 학교며 학년을 대라고 했다. 재수 없게도 5학년이던 내가 최상급생이었다.

"이 새끼 너부터 혼나야겠다."

그는 으르렁댔다. 귓전이 칼날처럼 일어서는 게 보였다. 그가 의자를 박차고 내게 다가오더니 멱살을 잡고 일으켜 세우는 듯하더니 순식간에 나를 내던졌다. 나처럼 순한 양을 그렇게 심하게 다루다니. 몇 미터를 날아가던 나는 어깨를 바닥에 대고는 가볍게 구르며 일어나 앉았다. 일제시대에 학교에서 조금 배운 유도 실력이 나도 모르게 발휘될 줄이야!

그러자 이리떼의 괴수가 악을 썼다.

"이 자식 유도하는구나! 그럼 패도 돼."

나는 몽둥이로 흠씬 두들겨 맞았다. 등이고 다리고 엉덩이고 가릴 것 없이 마구 당했다. 나중에는 퍽, 철석 하는 소리만 들릴 뿐, 아픔도 느끼지 못했다. 태어나서 처음이자 마지막으로 당해보는 폭행이었다.

그는 흉악을 떨 대로 떨더니 기진맥진한 듯 다시 나를 꿇어앉혔다. 그러더니 의자에 앉아서는 두 다리를 책상 위에다 뻗었다.

"학생이 공부는 안 하고 영화를 보러 다녀. 야, 이 자식아, 공부 좀 해! 정 하기 싫으면 머리맡에 책이라도 놓고 자!"

다리를 질질 끌며 나오는데 정말 기가 찼다. 깡패 우두머리가 했던 그 말이 연신 귓전에 메아리쳤다.

"뭐야, 이게. 그렇지 않아도 밤마다 책을 읽다가 머리맡에 펴둔 채로 자는데, 뭐라는 거야, 도대체."

집으로 돌아오는 내내 그렇게 씩씩대다가 드디어 결론을 내렸다.

"뭐, 틀린 말은 아니지. 좋아, 앞으로는 더 철저하게 그 말을 지켜주마."

그날 그 폭도의 훈계는 오늘날에도 공자의 가르침보다 더 철저하게 지켜지고 있다.

나의 첫 번째 시
_달콤 짭조름한 첫사랑의 맛

글쎄, 그건 중학교 4학년 때쯤의 일이었던 것 같다. 우리 집에서 가까운 부산 보수동에 새 책방이 문을 열었다. 거기서 비로소 한국 소설이며 시집을 대하고는 경이로워하던 게 지금도 생생히 기억에 남아 있다.

하루는 그 책방에서 이 책 저 책 뒤적이고 있었다. 그러다 문득《이준 시집》이라는 얄팍한 책 한 권이 눈에 들어왔다.

이미 학교에서 정지용, 이용악, 오장환, 이육사 등의 시는 한두 편 읽었는데, 이준이란 이름은 한번도 들어본 적이 없었다. 서울 상대에 재학 중이라는 게 시인에 관한 전부였다. 그래, 호기심이 발동하여 서가 앞에서 책장을 넘기는데 참 재미있는 구절이 내 마음을 사로잡았다.

쌍동밤 혼자 먹으면

남과 싸운대

그러면서 나는

사촌 누이와

쌍동밤

나누어 먹었다

지금껏 외우고 있는 이 대목이 참 멋지게 느껴졌다. 바로 이 대목에 이끌려서 생전 처음 내 돈으로 우리 말 시집 한 권을 사게 되었다.

지금 그 시집은 내게 없다. 그러니 위의 구절이 원래 작품을 얼마나 닮았는지도 알 수 없다. 하지만 원작과 조금 다른 것이 오히려 뜻이 깊다. 외우고 있는 대목은 더 이상 작가의 것이 아닌 '내 것'이기 때문이다.

아무튼 그 대목이 너무나 따뜻하게 느껴졌다. 너무나 정겨웠다. 그러면서도 순진하고 조촐했다. 그렇게 시가 주는 정서에 홀리던 차에 문득 연상되는 정경이 있었다. 그건 소학교 4, 5학년 때의 일이었다.

겨울 방학을 맞아 시골 외가에 갔다. 외할머니께선 모처럼 보는 외손자를 여간 반겨주시는 게 아니었다. 그래서 내가 재미있게 놀 수 있게 이것저것 마련해주셨다. 이웃에 살던 일족을 시켜서 연을 만들게 했고, 자치기할 자도 만들게 했다. 놀 거리뿐만이 아니라 먹을거리도 풍성했다. 달걀 속에 찹쌀을 넣어서 익힌 밥은 지금껏 그 맛이 혀끝에 남아 있을 정도이다. 그런데 특히 기억에 남는 건 침시沈枾였다!

덜 익은 감을 소금물에 재어서 익힌 것이 침시이다. 외할머니는 그걸 썰어서 단술과 함께 먹으라고 하셨다. 달콤 짭조름한 그 맛도 좋았지만 그보다는 그 모양과 색깔이 더 마음을 끌었다. 황금빛에 곱게 물든 하트형의 모양새! 너무나 예뻤다. 나는 내가 조금 더 나이가 들면, 나를 무척 따르던 사촌 누이에 그걸 목걸이 삼아 걸어주리라고 다짐했다. 그 정경을 미리 떠올리면서 나는 한동안 넋을 잃고 있었다.

"얘야, 안 먹고 뭐 하니?"

외할머니 말씀에 겨우 정신이 들었다. 외할머니께서는 손수 젓가락으로 침시를 찍어서 내게 내미셨지만 나는 그걸 받아들고도 한동안 바라보고만 있었다.

사촌 누이와
쌍동밤 나누어 먹으면서
내가 걸어주었던
황금빛 침시 목걸이!

그렇게 나는 이준의 시를 흉내 낸 시를 그 시집 뒤에다 적었다. 패러디로 즉흥시를 한 편 지은 셈이다. 그게 나의 첫 시였다.

내가 태어나서 처음으로 산 시집은 이렇게 나를 시로 인도해주었다. 그리고 대학에서 문학을 공부하게 된 동기도 되어주었다.

영어 원전 읽기_전쟁의 폭음 속에서
한국전쟁이 시작되면서 부산 거리에는
미군이 내다버린 책이며 잡지가 즐비했다.
해방 당시의 문학 읽기처럼 나의 영어 원전 읽기는
장바닥과 길바닥에서 이루어졌다.

단상집 읽기_그 쾌적한 수면제의 맛
격언, 잠언, 축언 등의 배갯머리 책들!
그들은 내게 생각을 부풀리게 하고
때론 단잠을 불러 생각을 쉬게 하는
단꿈과도 같은 존재이다.

—넷—
책 읽기의
미학—
청년 시절

시도집 읽기_수영과 읽기 사이
시도집은 비유와 상징 속에
숨은 뜻을 읽어냈을 때의
묘한 기쁨과 행복을 누리게 해준다.

두보 읽기_비참한 현실, 찬란한 시심
비참한 현실에서 타오른 찬란한 시심.
대학 시절, 두보는 내게 시를 읽는다는 것이
고통이란 것을 처음 알게 해주었다.

고독과 고통과 죽음 읽기_삶의 또 다른 의미
방학 내내 절에 들어가 릴케의 책들만 읽었다.
그는 나에게 삶의 고독과 고통과
죽음을 알려주었다.

영어 원전 읽기
_전쟁의 폭음 속에서

내가 대학에 들어가던 그해, 육이오가 터졌다. 물론 대학도 박살이 났다. 그해 따라 학제가 바뀌어 6월 둘째 주엔가 입학식을 하고는 수강신청이야 뭐야, 유야무야 2주일을 보내고는, 가까스로 강의가 시작된 지 겨우 일주일이 지났을 무렵이었다. 그런데 그만 전쟁이 터지다니!

나는 가까스로 마지막 열차를 타고 부산으로 돌아왔다. 그러고는 한동안 대학이 어떻게 되었는지 알지 못하고 지냈다. 여름 내내 부산 부두에서 미군 수송 부대의 통역을 하고 나니, 겨우 '피난 대학'이 문을 열었다. 서울에서 쫓겨온 모든 대학교가 '전시 연합 대학'이란 이름 아래 하나로 모였다.

글쎄, 학생수가 얼마나 됐을까? 서울에 있던 모든 대학교의 재학생을 통틀어 겨우 100여 명이 고작이었던 것 같다. 그러니 오죽했겠는가! 처음에는 부산 광복동 거리의 동쪽 끝에 있던 영화관을 빌려서 강의라고 했다. 그러다가는 영도 섬에 있는, 일본인이 버리고 간 사찰의 방 하나를 빌려 강의실로 썼다.

더 가엾게도 전시 연합 대학은 자주자주 옮겨 다녔다. 가건물의 한쪽을 빌렸는가 하면, 판잣집 한 칸을 얻어 쓰기도 했다. 모르긴 해도 전 세계의 대학 역사를 돌이켜보아도 '셋방 대학'은 이것뿐이 아닐까 싶다.

그러다가 전시 연합 대학이 해체되고 학생들은 소속 대학으로 돌아갔다. 부산 대신동 산비탈에 '서울대학교 문리과대학' 이라는 나무 간판이 걸린 판잣집 한 칸. 그게 우리 대학이었다. 그나마 그 판잣집은 반으로 나뉘어 한쪽은 도서관, 한쪽은 교수실과 교무처를 겸하고 있었다. 그러니 강의실은 언덕의 풀밭일 수밖에 없었다. 늦가을 햇살이 그나마 큰 축복이었다. 가마니가 몇 개 깔린 노천의 강의실! 하지만 그건 지금도 내게 가장 중요한 강의실, 가장 뜻 깊은 학문의 전당으로 남아 있다.

대한민국이 차지한 땅이라야 겨우 부산과 대구 일대의 경상남북도가 전부였던 판국, 병력이 충분하지 않았을 텐데도 대학생에게는 병역이 면제되어 있었다. 그야말로 '부산 임시 정부'의 엄청난 결단이 아닐 수 없었다. 그런 혜택을 입고 풀밭에 앉아서 듣던 강의라니! 우리는 강의에 몰두했다. 그 전에도, 그 후에도 그만큼 열정에 넘친 강의는 없었던 것 같다.

그러나 피난 온 교수님도 몇 분 안 되어 강의 수는 많지 않았고, 대개 오후가 되면 휴강이었다. 그 틈을 타서 나는 국제 시장으로 갔다. 문방구에는 노트가 없었던 탓에 미군이 버린 휴지며 파지를 구해서 노트로 써야 했기 때문이다.

노천의 고물전에 수북이 쌓인 여러 물건들 가운데 미군이 쓰다 버린 '타이프라이터 용지'를 골라냈다. 앞면만 프린트가 되어 있고 뒷면은 백지라서 여러 장 묶으면 훌륭한 노트가 되었기 때문이다. 그렇게 종이를 훑어내다가 가끔은 뜻밖의 요행수를 만나곤 했다.

십중팔구 미군이 읽다버린 책이며 잡지가 걸려들면 나는 속으로 만세를 불렀다. 그 가운데에는 〈새터데이 리뷰Saturday Review〉 같은 문예 잡지며 〈애틀랜틱Atlantic〉 같은 종합 잡지도 끼어 있었다. 모두 생전 처음 보는 것들이었다. 진귀한 보물이었다.

그 책들을 뒤적이다가 미국의 '신비평New Criticism'을 알게 된 것은 대단한 수확이었다. 〈애틀랜틱〉에서는 영국의 현대시인 T. S. 엘리엇T. S. Eliot이나 오든W. H. Auden 등과 어깨를 나란히 하고도 남을 딜런 토머스Dylan Thomas를 생전 처음 만나게 되었다. 내가 입수한 〈애틀랜틱〉은 하필이면 딜런 토머스가 뉴욕에서 사망할 즈음에 발행한 특별판 같은 것이었는데, 그게 바로 1953년, 그러니까 내가 대학교 3학년 때의 일이었다. 생면부지, 아니 이름도 모르던 귀인貴人과의 기우奇遇! 그건 정말 우연이지만 참으로 절묘한 만남이었다.

한편 광복동 거리에서도 비슷한 일이 있었다. 하루는 돗자리를 깔고 헌책 몇 권 펴놓은 그 '길바닥 책방'에서 글쎄, '무장한 시각' 쯤으로 번역할 수 있는 〈암드 비전The Armed Vision〉을 보고는 그 묘한 제목에 이끌려 후딱 집어 들고 말았다. 책을 펼쳐 들고 보니, '현대 문학 비평 입문'이라는 글이 눈에 띄었다. 그리고 그 옆에는 'USIS 도서관'이라고 찍혀 있었다. 주한 미국 공보원에서 흘러나왔거나 새어나온 게 분명했다. 가뭄에 단비였다! 나는 휴지 값밖에 안 될 푼돈을 집어주고는 집으로 내달렸다.

그 책들은 문자 그대로 쓰레기 더미 속의 장미였다. 훗날 현대시를 주제로 석사 논문을 쓰게 된 첫 동기는 이처럼 장바닥에서, 또 길바닥에서 마련된 것이었다.

그런데 국제 시장의 경우는 참 공교로웠다. 이미 말한 대로 해방되자마자 일본인들이 쏟아놓은 헌책들을 사들인 바로 그 자리였기 때문이다. 거기서 나는 참 큰 행운을 움켜잡았다. 나의 문학 작품 읽기와 문학 이론 읽기는 장바닥이며 길바닥에서 이루어진 것이었다.

풀밭 강의실과 길바닥 책방! 그들은 내 학문의 초창기에 너무도 중요한 역할을 했다.

포항이나 대구에서 '꽝꽝!' 하고 대포 소리인지 폭격 소리인지, 아무튼 전투를 알리는 폭발음이 엷게나마 메아리치곤 하던 그 거리, 그 장바닥에서 나의 영어 원전 읽기가 시작되었다. 그것도 육이오 민족상잔民族相殘의 산물이라고 해야 하는 걸까? 잘 모르겠다.

단상집 읽기
_그 쾌적한 수면제의 맛

베갯머리 책들! 그들은 특별한 대우를 받아야 마땅하다. 내게 그들은 '책 중의 책'이다. 책의 특권층이라 해도 좋을 것이다. 물론 베갯머리에 항상 모셔져 있으니까, 베갯머리 책이라고 하는 것쯤이야 누구나 짐작할 줄 믿는다.

서가에 꽂힌 책, 책상에 놓인 책, 끼니때 밥상 옆에 놓인 책, 어린 시절 가슴에 묻은 책, 방바닥에 흩어진 책……. 책도 차지한 자리에 따라서 신분도, 계급도 달라진다. 그러나 방바닥에 흩어진 책이라고 해서 얕보기만 할 수는 없다. 묘안을 찾아서 이것저것, 몇 권 뒤지다가 그래도 생각이 풀리지 않으면 반듯하게 펴진 채로, 혹은 엎어진 채 한동안 그 자리를 지킬 수밖에 없는 경우도 있고, 권수가 많다 보니 모두 책상에 맡길 수는 없고 도리 없이 방바닥에 펼쳐놓는 경우도 종종 있기 때문이다.

그래도 내가 가장 귀히 여기는 것은 베갯머리 책이다. 사지를 활짝 펴고는 편안하게 누워서 읽다가 펴든 채 잠들어버려도 좋은 책. 일요일에는 눈에 뜨이는 대로 다시 집어서 읽어도 좋은 책. 어린 시절에는 이불 밖으로 머리만 내밀고는 턱은 베개에 괸 채 읽던 그 책들!

베갯머리 책들 중에는 책갈피가 얼룩져 있는 것도 있었다. 감기가 들어서 콧물을 훌쩍이며 책을 읽다 보면 절로 그렇게 될 수밖에 없었던 것이다. 그러기에 그 얼룩은 오염이나 오점이 아니라 꼬마 책벌레의 영예요, 훈장이었다. 베갯머리 책이 아니고는 이런 영예를 누리기 어렵다.

그런데 베갯머리 책 중에는 언제 어디를 펼쳐서 읽어도 괜찮은 그런 것들이 많았다. 갖추어진 줄거리를 따라서 순서대로 읽어야 하는 책, 정해진 논리에 어김없이 순종하면서 읽어야 하는 책 등은 아무래도 베갯머리 책으로는 부적격이었다. 그런 책들은 당연히 읽는 이가 책상 앞에 바른 자세로 앉아 읽어주기를 반 강제적으로 요구하기 때문이다.

그래서 베갯머리 책으로는 단연 단상집斷想集이나 명상집이 안성맞춤이다. 예컨대 파스칼Blaise Pascal의 《팡세》, 노발리스의 《단상집》, 게오르크 지멜Georg Simmel의 《단상집》 말이다.

"인간은 생각하는 갈대이다"라는 명언으로 유명한 《팡세》가 그렇듯이 이 책들은 보통은 한두 줄, 많아야 서너 줄의 짧은 토막글로 채워져 있다. 어떤 대목은 기도문 같고 어떤 대목은 격언이나 잠언箴言 같은가 하면 또 어떤 대목은 무슨 축원祝願 같기도 하다. 뿐만 아니라 어느 대목은 아주 짧은 시 같은 느낌을 주기도 한다.

나는 이들 단상을 세 가지로 분류한다. 그중 대체로 육중하고 진중한 것에는 '심사숙고형의 단상'이라는 이름을 붙였다. 그런가 하면 비수같이 무엇인가의 본령을 질러대는 것도 있는데 이들에게는 '단도직입형의 단상'이라는 칭호가 주어졌다. 또 이들과는 달리 삽상하기가 꼭 맑은 가을 하늘 그대로인 것도 있는데, 이들은 '청풍명월형의 단상'이라고 명명했다. 이 세 가지 단상들은 하나같이 나를 깊이 또 크게 매료했다.

그런데 이들은 모두 짤막한 토막글이다 보니 책의 어디라고 정할 것 없이, 아무데나 닥치는 대로 읽으면 그만이었다. 읽는다기보다는 눈으로 훑어보아도 그만인 이들 단상이나 명상은 책을 대하는 사람을 깊고 깊은 생각에 빠져들게 하는 경우가 많았다.

인생의 이곳저곳에 부치는 사념, 세계며 우주를 비춰 보이는 눈길, 사물을 꼼꼼히 되짚어보는 생각……. 그들은 수시로, 또 무시로 읽는 이에게 그때그때, 새로운 만물상을 펼쳐 보이곤 했다. 그것은 세계와 인간과 사물을 비춰 보이는 만화경萬華鏡이었던 셈이다.

생각에 생각이 꼬리를 물어서 하나의 생각이 일련의 생각으로 끝도 없이 길어지는가 하면, 생각이 부풀고 또 부풀다가 머릿속을 온통 채우고 가슴에 넘치다가 드디어 온몸 가득 번져가기도 했다. 아니, 온 방 안에 소리 없이 메아리가 번져가기도 했다.

이게 단상이나 명상 읽기의 크나큰 매력이고 보람이었다. 덕분에 참 많은 것을 배웠고 그래저래 내 마음과 머리가 풍년을 누릴 수 있었다. 거기에 단상집을 읽는 사람은 읽는 사람대로 단상하고 명상하기 마련이라서 읽은 대목이 이내 읽는 사람 본인의 것으로 수용되곤 했다. 단상집은 읽는 족족 내 것이 되었다. 그래서 길이는 짧아도 단상은 내게 큰 수확이었다.

읽기 반, 생각 반, 그런 읽기를 계속하다 보면, 책을 자주자주 엎어두어야 했다. 팔짱 끼고 고개 숙이고 눈 감고 침사沈思에 빠져들기 일쑤였기 때문이다. 누워 있다면 그냥 두 눈 감고 사념의 깊은 늪에 잠기곤 했다.

그러다가 깜빡 잠이 들면 그건 그것대로 의미가 있었다. 묵직한 생각에 눌리다시피 했지만 그것은 양털 이불이나 솜털 이불과 다를 것이 없었다. 그 상태로 나도 모르게 드는 잠이라 그런지 한없이 깊은 단잠이었다. 꾸벅하다 금방 눈이 떠지기 마련이었지만 깊이를 알 수 없을 정도로 깊고 달게 잠들었던 뒤라 그렇게 상쾌할 수 없었다.

책을 읽다가.어느덧 빠져드는 꿀맛 같은 잠! 그건 단상집이나 명상집에서 얻을 수 있는 엉뚱한 수확이었다. 그 쾌적한 수면제, 단잠을 불러오는 달콤한 수면제! 그 때문에도 단상집이나 명상집은 모두 명작이고 걸작이 아닐 수 없었다.

시도집 읽기
_수영과 읽기 사이

나는 단상집 중에도 노발리스의 《단상집》과 폴 클로델Paul Claudel의 《시도집》을 유달리 좋아한다. 《시도집》이란 일종의 기도 모음으로 보통은 신앙인 각자가 읊는 기도문을 의미한다.

내가 가진 클로델의 책은 공교롭게도 독일어로 옮겨진 것이라서 표지에는 독일어로 《스툰덴부흐Stundenbuch》라고 찍혀 있었다. 직역하면 '시간의 책'일 테지만, 그게 바로 《시도집》이란 의미이다. 현대 프랑스 최고의 가톨릭 시인이었던 클로델이 《시도집》을 남긴 것은 너무나 당연한 일이었다. 참고로 그는 로댕의 제자이자 연인이었던 카미유 클로델Camille Claudel의 오빠였다.

《시도집》이지만 '時禱'라고 한자로 쓰기보다는 '시의 기도'란 뜻으로 '詩禱'라고 써도 좋을 만한 작품성도 갖추고 있다. 그 가운데에는 새삼 말할 필요도 없이 명구들이 수두룩하다. 그런데 누군가 그 보석 가운데 보석을 하나 고르라고 한다면, 나는 단연 다음과 같은 구절을 꼽을 것이다.

비가 내린다
바다 위 바위 끝
소나무 잎에 어린 빗방울 하나
떨어질듯 말듯 머뭇거린다
그러다 마침내 뚝!
떨어진다
물결이 맴돌면서
빗방울을 얼싸 안는다

이건 직역은 아니고 원문이 기억나는 대로 우리말로 번역한 것이다. 비온 뒤 바닷가의 정경을 묘사하고 있는 구절처럼 보일지도 모른다. 물론 그렇게 곧이곧대로 읽어도 한 폭의 매력적인 수채화를 보듯 수작일 것이다.

하지만 여기에는 대단한 우의법寓意法이 쓰이고 있다. 어떤 표현이 겉으로 드러난 것 이상의 깊은 속내, 그러니까 숨은 뜻을 간직하고 있다면, 우의법이 쓰인 것이다. 조금 더 설명하면 구체적인 표현으로 추상적이고 관념적인 내용을 들려주는 게 우의법이라고 생각하면 쉬울 것이다. 우의법에는 대개 비유와 상징이 간직되어 있기 때문에 일반적으로 시와 단상에서 흔히 쓰인다.

자, 그렇다면 앞서 소개한 클로델의 시에 그려진, 비 온 후 솔잎에 어린 빗방울은 무엇에 대한 우의이고, 어떤 상징성을 갖추고 있는지를 이제부터 캐야 할 것이다. 뿐만 아니라 바다에 떨어진 빗방울을 에워싸고 물결이 맴돈다는 건 무슨 의미일까 하고 물어야 할 것이다. 그런 것이 시를 읽는 과정에서는 절대적으로 필요하다. 어쨌든 클로델의 글을 대상으로 이런 작업을 할 때에는 앞서 말했듯이 클로델이 매우 경건한 가톨릭교도였음을 명심하고, 그의 시에도 깊은 신앙심이 배어 있음을 잊지 말아야 한다.

요즘 유행하는 기호론의 용어를 빌리면 주어진 텍스트(작품)의 의미를 읽을 때 그 텍스트와 관련된 외적 상황이나 외적 조건들, 이를테면 작가의 경향이나 사상, 해당 텍스트의 시대 배경 등등이 고려되어야 하는데, 이를 '콘텍스트context'라고 부른다. 가톨릭교 신앙은 지금 우리가 다루고 있는 클로델의 글을 해석할 때 중요한 콘텍스트가 된다.

그럼, 이제 다시 클로델의 글을 살펴보자. 바닷가의 높은 절벽 위에 서 있는 소나무, 그 잎에 매달린 빗방울은 가령 눈이 있다 해도 차마 아래를 내려다볼 수 없을 것이다. 무서워서 벌벌 떨고 있을 게 뻔하다. 다음 순간을 모르는 불안과 눈앞이 아찔한 공포에 휩쓸려 있을 것이다. 그래서 필경 떨어질 게 뻔한데도 머뭇거리고 있다.

그러나 이내 떨어지고 만다. 절망이고 멸망이다. 최후의 파멸이 닥친 것이다. 그런데 그 빗방울이 떨어지면서 작게나마, 잘게나마 파도 사이에 물결이 일 것이다. 그러고는 갓 떨어진 빗방울을 에워싸듯이 물결이 맴을 돌 것이다. 그것이 도대체 무엇을 상징할까?

하찮고 보잘 것 없는 존재, 그것의 최후를 보살피고 감싸주고 포용해주는, 다사롭고 아늑한 손길이 거기에 있다. 그 손길이 누구의 것인지 새삼 말할 필요가 없을 것 같다. 다만 클로델이 독실한 가톨릭교도라는 것, 그리고 이 시가 기도문이라는 것을 거듭 확인하는 것으로 이미 답은 나와 있기 때문이다.

이제는 바다가 신이라고 해도 좋다. 온 대양이, 온 하늘이, 그리고 온 우주가 신이라고 해도 좋을 것이다. 우리를 받아들이는 신이라고 해도 괜찮을 것이다. 신을 가장 작게 표현한 것이 다름 아닌 물결이다. 클로델 같은 가톨릭교도라면 당연히 '천주' 란 말을 쓸 것이다.

그러면 우리는, 우리 인간에게는 특히 영혼에게는 절망도, 파멸도, 멸망도 없다고 클로델의 기도문을 통해서 당당히 말할 수 있을 것이다. 또한 파멸이 오고 있다고 말하는 그 순간이야말로 구원의 시간이란 것도. 클로델은 자신의 기도문에 등장하는 바다의 물결에 의지해서 우리에게 그렇게 말하라고 권하고 있다. 기독교도가 아니고 가톨릭교도가 아니라도 그렇게 생각하라고 이 위대한 시인은 권하고 있다. 그런데 유감스럽게도 중학생 때 내가 직접 경험한 바다는 그렇지가 못했다.

어느 여름 날, 나보다 두 살 많은 이웃집 형과 수영을 하러 바다에 갔다. 둘은 모래사장을 떠나 한쪽에 길게 뻗은 곶까지 헤엄쳐서 갔다 오기로 했다. 왕복 4킬로미터, 그러니까 10리의 물길을 갔다 오자고 작심한 것이다. 그만큼 우리 둘은 수영이라면 물고기 부러울 게 없었다.

형이 앞장을 섰다. 별로 힘들이지 않고 아주 편하게 우리는 400~500미터나 헤엄쳐갔다. 이미 한바다에 들어선 셈이었다. 곶이 차츰 가까이 다가서고 뒤로 보이는 모래사장은 제법 아득해져 있었다. 우리는 이따금 사지를 펴고 바다에 누웠다. 파도에 몸을 맡긴 채 올려다보는 하늘도 출렁댔다. 바람이 조금씩 거칠어지고 있었다. 둘은 그렇게 쉬다가 눕다가 하면서 계속 앞으로, 앞으로 파도를 타고 넘어갔다.

그렇게 50여 미터쯤 갔을 때였다. 그만 큰일이 벌어지고 말았다. 앞서 가던 형이 갑자기 허우적대기 시작한 것이다. 두 팔이 허우적대고 물거품이 어지럽게 흩뿌려졌다. 뜨거운 여름 오후의 햇살도 함께 부서지면서 아찔아찔 어지러웠다. 형의 머리가 자꾸만 가라앉았다 솟았다 했다.

'앗, 쥐가 난 거다!' 순간 그런 느낌이 들어 전속력으로 형을 향해 돌진했다. 이내 형과의 거리가 좁혀졌다. 그러다 문득 나는 그 자리에 멈춰 섰다. 내저어대는 형의 팔이 내게 닿지 않을 만큼 거리를 두고 나는 더 나아가지 않았다. 겁이 난 것이다. 형의 팔에 휘감기면 나도 어떻게 될지 알 수 없었기 때문이다. 그래서 형을 향해 소리만 질러댔다.

"쥐야. 쥐가 난 거야. 다리를 주물러!"

나는 그렇게 고함치면서 형의 주위를 뺑뺑 돌았다. 엄청난 위기에 처한, 둘도 없는 친구의 몸에 손가락 하나 대지 않은 채, 겁에 질린 나는 그렇게 형의 주위를 맴돌았다. 오직 그랬을 뿐이다.

　그러자 내 말이 들렸던 것인지, 아니면 스스로 정신이 들었던 것인지 형이 두 손으로 다리를 주무르기 시작했다. 형이 심호흡을 하고는 물 밑으로 내려가 쥐가 나서 잔뜩 저릴 오금을 주물러대는 동안 형의 허연 등이 둥싯대고 있었다.

　"그래, 그래, 계속해!"

　나는 경적을 울리듯 외쳐댔다. 그것뿐이었다. 여전히 위험에 빠진 형의 주위를, 그나마 형의 손이 미치지 않을 만큼 거리를 두고, 맴도는 것, 오직 그게 전부였다.

　그런 아슬아슬한 위기 상황이 얼마나 계속되었을까? 아득한 시간이 흘러간 것 같았다. 필사의 노력을 계속하던 형이 등을 구부리고 가만히 물 위로 올라왔다. 그러더니 "푸!" 하고는 입으로 물을 뿜어내고, 또 뿜어내면서 길게 숨을 쉬기 시작했다. 순간 모든 게 평화로워졌다. 다만 고요만이 온 바다에 가득했다.

　'됐어!' 그제야 나는 형에게로 다가가 두 다리를 주물러주고 등을 쳐주었다. 한참 동안.

　형이 모래사장 쪽으로 머리를 돌리더니 천천히 헤엄치기 시작했다. 나는 형의 허리에 한쪽 팔을 감고 도와주었다.

　"이제, 괜찮지?"

　형은 내 쪽으로 약간 고개를 돌렸다. 우는 건지 웃는 건지 알아볼 수 없게 형의 입 언저리며 눈가에 얇은 주름이 졌다.

그렇게 긴 시간이 지나갔다. 두 가닥의 나무토막처럼 앞으로 나아가던 우리는 천천히 모래사장에 표착漂着했다. 둘 다 모래 바닥에 배를 깔고 사지를 뻗고는 오래 오래 죽은 듯이 누워 있었다. 등에 내리쬐는 저물녘의 여름 햇살이 그렇게 따뜻할 수 없었다.

그렇게 누워 있던 나는 문득 괴로움에 사로잡혔다. 부끄러웠다. 형의 곁에 누워 있기조차 민망했다. 내가 형에게 더 다가가지 않고 주위에서 맴을 돈 것은 결과적으로는 잘한 짓이었다. 어쩌면 내가 읽은 《수영 교본》의 저자라면 나를 칭찬할지도 모른다.

누군가 물에 빠져 허우적대면 무턱대고 구하려고 하지 말라. 물에 빠진 사람이 구조자에게 매달리면 둘 다 물귀신이 되고 만다. 그러니 구조자는 물에 빠진 사람의 명치를 쳐서 기절시킨 뒤에 물 밖으로 끌고 나와야 한다.

이 절대의 지침을 절반 정도는 지켰다며 저자는 나의 등을 두드려줄지도 모른다.

하지만 내가 그걸 미리 계산하고서 형에게 다가가지 않은 건 아니었다. 다만 겁에 질렸던 것뿐이었다. 비겁했던 것이다. 너무 무정했던 것이다. 나만 살자고 멈춘 것, 그것뿐이었다.

그러기에 위난에 빠진 형의 주위를 헤엄치면서 내가 그린, 동그란 물결은 형과 나의 절연, 단절을 의미했다. 그건 국경선이 아닌, '인경선ㅅ

境線', 이를테면 인간과 인간 사이의, 더는 넘을 수 없는 엄연한 경계선이었다. 이런 생각에 눈뜨자 나는 금방이라도 형의 곁에서 달아나고 싶었다.

나는 클로델의 물결을 읽다가 나의 처량한 물결을 떠올렸다. 그리고 나의 물결이 상징하는 것을 안쓰럽게도 거듭 읽어낸 것이다. 포옹과 수용의 물결 곁에는 단절과 배리背理의 물결도 있는 셈인데 그게 하필 내 것이었다니!

우리는 글이나 책만 읽는 게 아니다. 보는 것, 듣는 것, 냄새 맡는 것, 그리고 만지는 것, 이 모두를 읽는다. 오늘날 기호론은 그걸 가르쳐주었다. 세계, 우주, 하늘, 파도, 그 모두를 읽는 것은 사람이다.

그러나 내가 읽은 나의 물결, 그건 너무나 나의 가슴을 아리게 했다. 그건 타자他者를 껴안거나 품어주는 게 아니었다. 남에게 등 돌리고 돌아선 내 마음에 따가운 쥐가 났다.

두보 읽기
_비참한 현실, 찬란한 시심

    중국문학 강의를 들으면서 이태백李太白, 도연명陶淵明 등의 한시를 본격적으로 읽기 시작했다. 그러나 누구, 누구 해도 내가 가장 깊이 빠져든 것은 단연 두보였다.

    귀거래혜歸去來兮
    전원장무호불귀田園將蕪胡不歸

    자, 돌아가자
    전원에 잡초 우거지니 어찌 아니 돌아가리.

이렇게 줄줄이 암송하곤 하던 도연명의 〈귀거래사歸去來辭〉도 물론 좋았다. 이태백도 대단했다. 그러나 흔히 그러하듯이 두보와 이태백을 나란히 견준다면 나는 두보가 비교도 안 될 만큼 좋았다. 물론 장쾌하고 호탕한 이태백이 높은 기개와 더불어 청정함으로 한때 나의 마음을 사로잡은 것은 사실이다. 하지만 그래도 역시 두보는 두보였다.

두보에게는 무엇보다 삶의 고통이, 그 아리고 쓰라림이 절절히 배어 있었다. 그러기에 처절한 아픔과 함께 전해지는 비장미가 비길 데 없이 좋았다. 두보가 이태백을 우러르며 쓴 작품이 있지만 그래도 나는 둘 중 두보의 손을 들어줄 수밖에 없었다.

사실인지는 모르지만 이태백에게는 재미난 일화가 전해져 내려온다. 당나라 태종이 그 탈속한 시인에게 물었다고 한다.

"원하는 게 뭐요? 벼슬이든 돈이든 뭐든 좋소, 말만 하시오. 다 들어주리다."

시인은 고개를 저으면서 대답했다.

"딴 건 싫습니다. 다만 밤마다 장강 물결 위에 술을 가득 실은 배를 띄울 수 있게 해주십시오."

그래서 이태백은 어느 달 밝은 밤, 술에 잔뜩 취해서는 물에 비친 달그림자를 건져 올리려다 그만 물에 빠져 목숨을 잃었다고 한다. 그렇다. 주태백이라고까지 일컬어지던 그는 술에 취해 달그림자를 안고 정사情死

한 것이다. 전설이긴 하지만 이보다 더 아름다운 죽음이 있을까. 그는 죽어서도 꽃다운 선녀, 항아姮娥를 거느리고 월궁月宮에서 호사를 누렸을 것이다.

그러나 두보라면 황제의 물음에 다르게 대답했을 것 같다. 그는 먹을 거리, 입을 거리 말고도, 따로 약을 구했을 것 같다. 그것은 〈강촌江村〉이라는 시에도 잘 드러난다.

다병소수유약물多病所須唯藥物
많은 병에 얻고자 하는 것은 다만 약뿐이니
징구차외경하구微軀此外更何求
이 천한 몸이 이밖에 더 무엇을 구하리오

그의 노래에는 궁핍과 곤궁이 가득하다. 벼슬살이는 아주 잠시. 동료에게 내린 황제의 부당한 처분에 항의하다가 그만 밥그릇이 달아난 뒤로 그는 줄곧 가난에 시달려야 했다. 속병도 만성적으로 앓았다.

게다가 시대는 마침 안녹산의 난이 일어난 때라서 온 나라가 어지러웠다. 그는 때로는 혼자서, 때로는 아내와 어린아이를 달구지에 태우고는 손수 밀면서 전쟁의 불길을 피해 다녀야 했다. 그는 그토록 착한 남편이었고 어진 아버지였다.

그의 삶의 역정은 이 정도만 이야기하고 시를 살펴보는 게 좋을 것 같다.

고각연변군鼓角緣邊郡

천원욕야시川原欲夜時

추청은지발秋聽殷地發

풍산입운비風散入雲悲

포엽한선정抱葉寒蟬靜

귀산독조지歸山獨鳥遲

만방성일개萬方聲一槪

오도경하지吾道竟何之

오언율시五言律詩 한 편을 외우고 있는 대로 여기 적었다. 선무당 풍악 치듯이 우리말로 옮기면 어떻게 될까?

북소리, 나팔소리 울리는 변두리 고을

강바닥에는 밤의 기척이 자욱하다

가을에 귀 기울이니 대지를 뒤흔드는 울림,

구름 따라 들었다가, 바람 따라 흩어지니 애달프다

나뭇잎에 묻힌 매미 소리 고요하고

산으로 돌아가는 외로운 새는 느리기만 한데

세상에 온통 한 가지 소리밖에 없으니

내 갈 길은 어디인가

풀어놓고 보니 별로 어려울 것이 없다. 하지만 쉽게 넘겨버리면 안 된다. 왜냐하면 이 작품에 두보의 진면목이 드러나기 때문이다.

시는 모두 여덟 줄이고, 두 줄씩 짝을 이루어 절묘한 대조법을 보여준다. 결국 전체가 네 토막으로 다시 묶이는 셈인데 이것 말고 또 다른 구조상의 특색이 있다. 바로 앞의 네 줄과 뒤의 네 줄이 이루고 있는 대구법(대조법)이다.

요컨대 전체가 2+2+2+2로 분절되는 한편, 4+4로 분절되는 구조를 이 시는 보여주고 있다. 이 정도면 시를 읽는 게 얼마나 치밀하고 조심스러워야 하는지를 조금은 눈치 챘을 것이다. 시를 읽을 때는 아무리 조심해도 과하지 않다.

짝을 이룬 두 줄 가운데 뒷줄은 전부 '이' 발음으로 끝난다. 그것만 보아도 두 줄이 한 조를 이루고 있다는 사실을 충분히 알 수 있다.

고각연변군/천원욕야시

어딘가 가까운 곳에서 또다시 전란이 일어났음을 알리는 고(북)와 각(나팔)의 소리. 마침 피난길에 올라 하루 종일 걷고 또 걷다가 겨우 어느 강바닥에 자리를 정하고 가족과 함께 막 잠자리에 든 판이었다. '빨리 피해야지!' 서둘러 가족을 깨우고는 주위를 살피는데 이미 어둠이 자욱했다.

이 정도로 풀이되는 앞의 두 줄에서 무엇과 무엇이 대조를 이루고 있을까? 거기에는 전쟁을 알리는 소리와 고즈넉한 어둠이 대비되어 있다. 강바닥, 그러니까 대자연은 고요하게 잠드는데 거기 몸을 맡긴 인간은 왜 또 잠을 떨치고 길을 나서야 하는가? 이런 물음이 거기 담겨 있다.

추청은지발/풍산입운비

여기 담겨 있는 대비는 쉽게 눈에 들어올 것이다. 추청, 곧 '가을에 귀 기울인다'는 것은 두보 아니면 못할 소리이다. 불안과 공포의 소리가 멀리서 들려오는데, 정확히 어디에서부터 오는 건지 알 수가 없다. 그래서 가을의 공간 그 자체를 온통 살피듯이 귀 기울인 것이 다름 아닌 추청이다.

전쟁을 알리는 소리는 대지를 흔들다가는 이내 하늘로 피어올라 구름에 사무치고 바람과 함께 흔들린다. 거기에는 천지간의 대조가 있다.

포엽한선정/귀산독조지

여기 담겨 있는 대조 역시 쉽게 눈에 들어올 것 같다. 잎에 싸인 채 꼼짝 않고 있는 한선, 즉 늦가을 매미와 둥지를 향해서 천천히 날고 있는 외로운 새 사이에 정과 동의 대비가 역력하게 드러나기 때문이다.

만방성일개/오도경하지

전쟁을 알리는 무서운 소리는 천지사방에 자욱한데 시인이 갈 길을 알려주는 신호는 어디에도 없다. 이 두 구절에 담긴 대조는 독자들의 눈에 재빨리 들어올 것이다.

두 줄씩 짝을 이룬 대구법은 그렇다 치고 네 줄씩 짝을 이룬 대구법은 어떻게 되는 걸까? 나뭇잎에 앉은 한 마리의 매미, 둥지로 돌아가는 한 마리의 새, 별것 아닌 그들에게는 안식이 주어져 있다. 그런데 나라가 있고, 사회가 있고, 가정이 있는 사람에게는 방황과 불안이 있을 뿐이다. 피난길만이 오직 인생길이던, 혼란스러운 시대 상황 속에서 두보의 인생론과 세계관이 이들 대구법에 사무쳐 있다.

처참한 시대에 인간에 대한, 그것도 정치적 압제에 시달리던 서민들에 대한 사랑과 동정을 시심詩心으로 승화시켰던 시인 두보. 그의 진면목을 알고 싶다면 시 구절마다 꼼꼼히 따져 읽는 어려움을 달게 감수해야 할 것이다.

그렇다. 대학 시절 나는 두보를 읽으면서 시를 읽는 게 고생이란 것을 조금씩 알아차리기 시작했던 것 같다. 시의 내용만이 아니다. 시의 형식을 따라잡는 것도 '만방성일개/오도경하지' 그 자체였던 것이다.

고독과 고통과 죽음 읽기
_삶의 또 다른 의미

대학 시절, 릴케를 참 많이 읽었다. 한때 나는 문학이라면 릴케 말고는 아무것도 읽지 않겠다고 우기는, 좀 엉뚱한 고집불통이었다. 내게 시인은 오직 한 사람, 릴케뿐이었다. 한스 카로사는 군의관으로 전쟁에 참전했을 때 모두 젖혀놓고 오직 릴케, 그 한 사람만을 일부러 찾아가 만나보았다는데, 나도 비슷한 경우를 당하면 꼭 그랬을 것 같다.

여름 방학은 으레 동래 범어사에 딸린, 깊은 산속의 작은 암자에서 보내곤 했다. 거기 입산할 때면 책이라곤 달랑 릴케의 것과 독일어 사전만 들고 갔다. 그러니 릴케 읽기는 '입산수도', 바로 그것이었다. 같은 강의를 듣다가 사귀게 된 여자 친구에게 쓰는 편지에도 릴케의 사연이 가득했다. '행여 릴케 때문에 절 잊은 건 아닌지?' 그런 답장을 받을 만도 했다.

울창한 숲 속, 개울에 발을 담그고는 릴케를 읽어댔다. 여울물이 독일어를 아는지 릴케의 시 구절을 소리 내어 읽어주는 것도 같았다.

해질녘이면 멱 감은 몸을 바위에 실었다. 온종일 햇살이 군불을 때듯이 데워놓은 탓에 암상巖床에 배를 깔고 누우면 그렇게 따뜻하고 포근할 수 없었다. 자주 배앓이를 하던 나로서는 마치 입원치료를 받는 것 같았다고 할까. 그렇게 읽는 릴케는 알뜰살뜰한 간호사를 겸하기도 했다.

'피셰라이' 문고에서 낸 《말테의 수기》를 비롯해서 《젊은 시인에게 주는 편지》 등 부담이 적은 것일 때에는 숲길을 걸으면서 읽었다. 하지만 《두이노의 비가悲歌》며 《오르페우스에게 바치는 소네트》는 그렇게 호락호락하지 않았다. 스펜서가 번역한 영어판과 독일에서 간행된 해설판을 참고해야 했기에 숲 속을 걸으면서 읽는 건 어림도 없는 일이었다.

그건 입산수도라기보다는 입산고행 같은 것이었다. 이따금 보리수 아래 앉았던 석가모니의 고행도 이와 같았을까 하고 끙끙대기도 했다.

그렇게 산사에 머무는 동안 땀을 대가로 릴케에게서 얻어낸 건 세 가지였다. 고독, 고통 그리고 죽음.

이것은 그에게서 배운 삼보三寶요, 삼존三尊이었다. 셋 다, 웬만한 사람들은 떨쳐내고 도망치려 기를 쓰는 것들이다. 이를 갈고 미워하는 것들, 치를 떨면서 싫어하는 것들.

음악과 미술과 시에서 각기 20세기 초반을 대표할 세 사람의 거인들, 말러Gustav Mahler와 에드바르 뭉크Edvard Munch와 릴케는 공교롭게도 이 세 가지에 그들 '뮤즈의 혼'을 바쳤다. 그중에서도 특히, 타나토스

Thanatos, 즉 죽음에 헌정하는 몫이 압도적으로 컸다.

말러는 어느 시의 제목을 딴 〈죽은 아이를 그리는 노래〉를 작곡한 뒤, 딸을 잃게 되었고 그때부터 귀신 들리듯이 죽음에 들렸다. 그 후 죽음이 그의 교향곡의 절대적인 주제가 된 것은 잘 알려진 사실이다. 노르웨이의 피카소로 일컬어지는 뭉크의 그림에서도 질병과 죽음이 차지하는 비중은 너무나 크다. 그런가 하면 또 다른 시인 딜런 토머스 역시 자신의 시에서 입버릇, 아니 시버릇처럼 죽음을 읊조린다.

> 몇 사람인가 죽음 곁에 있던
> 마치 불을 지른 것 같은 황혼
> 그대가 가장 사랑하는 사람들이나 낯익은 사람들 가운데
> 하다못해 한 사람은
> 자신의 날아갈 숨결과 이별해야 할 즈음에

이건 〈죽음과 입구〉란 작품의 일부이지만, 그 입구란 게 어쩌면 삶이고 생명일지 모른다는 사실을 읽어낼 수 있을 것이다. '죽음의 입구, 죽음으로 들어갈 문, 그게 삶이다.' 딜런 토머스는 그렇게 말하고 있고, 이런 비슷한 생각은 다른 시에서도 쉽게 찾아볼 수 있다.

> 진실의 이쪽이
> 네게는 안 보이겠지, 아들이여

젊음이라는 눈먼 나라에 있는
너 푸른 눈의 왕이여
죄스러운 일이나 죄 없는 일이나
마음에 걸릴 것 없는 하늘 아래에서
네가 마음이나 머리를
움직이기 전에
모든 것은 이울어가는
죽은 이의 주검처럼
휘몰아치는 어둠 속에
끌려 들어가서는 버려진다

〈진실의 이쪽을〉이라는 이 작품이 누구를 위한 것인지 알면 소름이 끼칠 것이다. 그가 25세 때 갓 태어난 아들을 위해 이 시를 썼다면 누가 믿을까? 정신 나간 아비가 아니고는 그럴 수 없을 것이기 때문이다.

여기서 '진실의 이쪽'이란 바로 죽음이다. 그렇다면 '진실의 저쪽'은 분명 삶일 것이다. 그래서 이 시는 어린 아들에게 삶도, 죽음도 진실이라고 가르치고 있는 셈이다. 무서운 말투로 위협하다시피 죽음에 눈을 뜨라고 어린 아들에게 윽박지르는 아버지! 삶이 죽음의 문이라고 노래하는 것이나, 죽음을 삶과 짝 지워 진실의 이쪽저쪽이라고 읊는 것이나 별다를 바가 없다.

저 여인, 길 가는 저 배부른 여인은

두 발을 가위 삼아서

아이가 입게 될

수의壽衣를 마름질하고 있다

이렇게 기억에 남아 있는 시 구절에서 모태는 무덤과 다를 바가 없다. 딜런 토머스나 릴케나 '죽음의 시인'이지만, 죽음을 보는 시선은 크게 다르다. 딜런 토머스에게 죽음은, 늘 그런 건 아니지만, 대개는 파괴, 멸망, 공포 등의 이미지로 얼룩져 있다. 그런 면에서는 뭉크가 그려 보인 죽음과 흡사하다. 병상에 죽은 듯이 누워 있는 환자를 노려보고 있는 해골을 그린 그의 그림 앞에서는 누구나 전율할 수밖에 없다. 둘은 읽는 사람이며 보는 사람을 두렵게 하고 소름 끼치게 한다. 차이가 있다면 그 매체가 그림과 시라는 것 정도이다.

그런데 릴케를 읽을 때는 달라진다. 경건한 제단祭壇 앞에 무릎을 꿇고 앉은 듯 감회에 젖는다. 그는 죽음을 안존하게 바라본다. 심지어 그가 죽음이 우리 삶의 주춧돌이라고 읊조릴 때 그 죽음으로 삶은 그 생명력을 더하게 된다. 집이 주춧돌과 기둥으로 단단하게 서 있는 것과 마찬가지이다.

물론《말테의 수기》에서 "사람들은 파리에 살기 위해서가 아니라 죽으러 온다" 또는 "저 임신한 여인의 태 속에 죽음이 깃들어 있다"라고 말할 때 거기 두려움이 전혀 깃들지 않았다고는 할 수 없다. 하지만 이건 릴케의 '타나톨로지 thanatology', 즉 '죽음의 이론'에서 그다지 큰 몫을 차지하고 있지는 않다.

어렵고 까다로운 장편 시 《오르페우스에게 바치는 소네트》는 어쩌면 죽음의 찬가讚歌인지도 모른다. 죽음을 긍정함으로써 당당하게 긍정될 삶이 있음을 그는 일깨우고 있다. 그러니까 죽음은 삶의 반대도 아니고 적수도 아니다. 오히려 죽음은 삶의 보호자 같은 것이라고 말하는 게 릴케를 그나마 제대로 읽은 것이다.

바로 그런 타나톨로지를, 죽음의 세계를 다녀온 오르페우스를 통해서 릴케는 우리에게 일깨우고 있다. 릴케는 보통 사람들이 기를 쓰고 부정하고 밀어내는 죽음을 삶의 품속으로 긍정하여 안아 들이는데, 이런 그의 마음 자세는 고독과 고통에 대해서도 지켜지고 있다.

그의 시에서 이 모두를 처음으로 읽어낸 그 무렵, 나는 이 엄청난 시인을, 우리 세기 최고의 시인 중 한 명을 '폐품 수집인' 같다고 생각했었다. 남들이 못 쓰겠다고 버린 것 또는 버리려는 것들을 깔끔하게 챙겨서는 대단히 쓸모 있는 것으로 재활시키는 릴케가 폐품 수집가나 다를 게 없다고 여겼기 때문이다. 죽음을 재활시켰듯이 고독과 고통 또한 재활시킨 것이 릴케의 궁극적인 시 정신이다. 그는 적어도 고독과 고통을 두 팔 벌려 맞으려 했다.

고독만 해도 그렇다. 그건 사람들에게 잔뜩 미운털이 박혀 있다. 증오와 혐오의 대상이기도 하다. 잘해야 유행가에나 담길 센티멘털리즘 sentimentalism으로 찌들어 있는 게 고작이다. 가령, 우리말의 외로움은 어쩌면 그 말의 뿌리가 '외로 되다'의 그 '외'에 있을지도 모른다. 이 경우 외는 잘못되거나 이지러짐을 의미한다. 그러니 외로움이란 말은 뭔가 잘못된 상태인 셈이다.

그러나 폴 발레리Paul Valéry도 경탄한 릴케의 고독은 이와는 다르다. 릴케의 고독은 한 인간이 그 자신으로 익어가기 위해서 절대적으로 필요한 과정일 뿐 아니라, 그 자신의 내면성이 영글기 위해서도 없어서는 안 될 영양소 같은 것이다.

내가 처음으로 그의 고독을 읽어냈을 때 마치 구원을 얻은 듯했다. 내가 서울살이를 스스로 사양하고 한반도 최남단의 외딴 바닷가 마을에서 그럭저럭 잘 견뎌내고 있는 것도 따지고 보면 릴케의 약발 덕분이다.

죽음과 고독을 맞아 "반가워요. 어서 와요"라고 반겼을 릴케이니, 당연히 고통 또한 달게 받아들였을 것이다. 그건 《두이노의 비가》에서 읽을 수 있다. 그런 의미에서 고통에 바친 송가頌歌이기도 한, 이 장편 시는 매우 뜻 깊은 읽을거리이다.

릴케는 짙푸른 아드리아해가 내려다보이는 두이노성에서 창작에 몰두하곤 했는데, 이 시집의 제목은 거기서 유래한 것이다. 이 작품에서 우리는 괴테 《파우스트》의 주인공이나 단테 《신곡》의 주인공처럼 방랑과 시행착오와 순례를 겪어내는 주인공을 만나게 된다.

괴테는 일찍이 《에커만과의 대화》에서 "사람은 무엇인가를 구하는 동안 잘못에 빠진다"라고 했는데, 그게 바로 '파우스트의 정신'이고, 더 나아가 어느 정도는 '단테의 정신'이기도 하다. 그리고 《두이노의 비가》

의 정신이기도 하고.

이 점, 제발 내가 제대로 읽어내고 보아낸 것이기를 바라는 마음 간절하다. 아무튼 기나긴 방황과 유랑流浪 끝에 비로소 구원의 손길, 그것도 여성의 손길을 잡는 건 파우스트나 단테나 《두이노의 비가》의 주인공이나 다를 것이 없다.

방황과 유랑! 그것은 독일문학의 영원한, 그리고 가장 두드러진 징표요, 꽃이다. 노발리스도, 헤세도 이 '꽃다발'을 안고 있기는 마찬가지이다.

그런데 방황과 찾음과 구함에 지친 《두이노의 비가》의 주인공 앞에 나타나서 구원救援의 손길을 내민 여성은 《파우스트》나 《신곡》에 등장하는 여성과는 아주 달랐다. 그녀는 그를 땅굴로 데리고 간다. 이것은 좀 엉뚱하고 괴이한 대목이다. 다른 여인들이 파우스트나 단테를 하늘로 데리고 올라가는 것과는 극단적인 대조를 이룬다.

그래서 이 여인은, 대소 천사들과 함께 구름을 타고 파우스트를 천상으로 데려가는 그레첸처럼 "그대 위대한 여성이여! 영원하라"는 찬미를 받기는 애당초 가망이 없을 것처럼 보인다. 땅속 길을 굽이굽이 내려간 끝에 여인은 주인공에게 막장에 왔다고 일러준다. 그러고는 타이르듯 말한다.

"여기 '원고原稿'의 광맥이 묻혀 있소. 예전에 사람들은 스스로 알아서 원고의 광석을 캐 가곤 했소. 그런데 요즘 사람들은 거들떠보려고도 하지 않소. 이제 여기까지 왔으니 당신이 캐 가시구려."

'원고'란 고통의 원조元祖요, 또 으뜸이란 뜻으로 릴케가 지어낸 말이다. 구원의 나라가 고통의 원광原鑛이라니! 이건 지금껏 모든 종교, 모든 사람들이 외치던 복음 또는 축원祝願과는 정반대이다. 이른바, 구세주 또는 중생을 건져줄 주체가 고통의 덩어리라니, 제정신으로는 도무지 믿기지 않는 말이다.

'고통의 원광석'을 캐내 지상으로 돌아와서 복음과 해탈의 가르침을 전하라. 그게 여인의 속내였다. 그런 속내는, 거의 같은 시기에 나온, 《오르페우스에게 바치는 소네트》에 다음과 같이 단도직입적으로 표현되어 있다.

고통이 싫으면 고통 그 자체가 되라!

하지만 나는 이걸 릴케 혼자만의 금언金言이라고 생각하지는 않는다. 고통을 짊어지면 짊어질수록 베토벤의 음악은 더더욱 장엄해지는 반면 브람스의 음악은 더더욱 숙연해지고 소슬해진다고 말하면 내가 잘못 들은 것일까? 그렇지는 않다고 우기고 싶다.

그래서이다, 베토벤의 〈비창 소나타〉, 아니면 브람스의 〈현악 오중주〉를 틀어놓고 릴케를 읽는 건. 음악이 릴케의 작품 속에 스며드는 게 느껴지면, 나는 눈을 감는다. 그리고 그 리듬, 그 화음 따라서 릴케를 읽는다.

산책하듯 읽기_가다 말다 읽다 말다
노년의 책 읽기는 그야말로 산책과 같다.
천천히 쉬엄쉬엄 읽으며 햇살을 받고 바람을 쐰다.
명상에 잠기듯이, 참선하듯이, 아니면 기도하듯이…

나의 또 다른 동반자_오랜 친구 같은 책들
파스칼과 릴케와 두보, 그들은 어린 시절
나의 연인이자 스승이었고, 일흔을 훌쩍 넘긴 지금은
말하지 않아도 통하는 오랜 친구들이다.

[다섯] 농익은 책 읽기 – 노년 시절

달관과 체념의 읽기_노숙하게, 노련하게
키케로는 나에게 말했다. 나이 든다는 것은
단념과 허무가 아니라 체념과 달관을 의미한다고.
참으로 노숙하고 노련하다.

노년에 찾아온 새로운 읽기_정성과 끈기로
노년의 책 읽기는 절로 숙독이 되고 탐독이 되어
마침내 정독으로 열매 맺게 된다.

완착을 향하여_끝이라는 것
끝내 가야 할 곳, 완전하게 또 온전하게 도착할
완착을 향하는 길목에서 책은
유일한 길동무이다.

산책하듯 읽기
_가다 말다 읽다 말다

  산책하듯이 책을 읽는다. 이제 하루 일과라고 해보아야 키보드 두드리기와 책 읽기와 산책, 그 셋이 전부이다. 그게, 나의 일일삼과—日三課이다! 그 삼과를 제대로 해냈는가, 그렇지 않은가를 돌아보는 것이, 공자를 흉내 내어 말하면 내 '오일삼성吾日三省' 이다.
  그런데 책 읽기와 산책이 서로 짝꿍이다 보니 일일삼과가 아니라 '일일이과' 일지도 모르겠다. 어쨌든 지금은 산책하듯이 책을 읽는다. 하긴 요즘은 삶을 위한 크고 작은 일, 말하자면 삶을 이끌어가는 것, 그 자체가 산책과 별로 다를 것이 없다 보니, 책 읽기도 절로 한가한 길 걷기가 된 셈이다. 저절로 독서가 산책이 되어버렸다. 마감에 쫓겨서 일을 매듭지어야 하는 그런 비상시가 아니라면, 언제나 천천히 아주 천천히, 고분고분 아주 고분고분 걸음을 옮기듯이 이쪽 페이지에서 저쪽 페이지로 눈길을 옮긴다.

군이 시간과 목적지를 정해놓고 걷는 건 산책이 아니다. 가도 그만, 안 가도 그만인 게 산책이다. '산책하듯 읽기'도 그래야 한다. 구태여 이유를 따져가며 읽지 않는다. 최근 나는 그렇게 책을 읽고 있다. 그러다 보니 읽어도 그만, 읽다 말아도 그만인 것, 그게 바로 요즘 나의 글 읽기이다.

흰 구름이 드맑은 가을 하늘을 떠가듯이, 그렇게 걸음을 옮겨야 비로소 산책이다. 최근 나는 거의 매일 글 읽듯이 산책하고, 또 산책하듯이 글을 읽는다. 느긋하게 발걸음을 옮기듯이 책장에 눈길을 던진다. 그러면 나의 눈길은 책갈피에서 꼭 구름 가듯 떠돈다. 그걸로 읽기의 재미를 단단히 보고 독서의 멋을 실하게 누리고 있다. 책갈피는 나만의 창공이다.

그러다 보니, 읽기와 걷기가 절로 겹쳐진다. 가령 한참을 어슬렁대다가 갈림길에 왔다 치자. 어디로 갈까? 망설일 것이 전혀 없다. 왼쪽 손바닥에 침을 뱉고는 오른쪽 손바닥으로 '탁!' 친다. 침방울이 튀는 쪽으로 자동적으로 발길이 향한다. 들고 온 책을 어디쯤 펼칠까 하는 것도 비슷하게 결판이 난다. 바람이 책장을 넘겨주면 거기서부터 읽으면 된다.

그런가 하면 가던 걸음을 멈추고 풀썩 풀밭에 주저앉아 더없이 멍해 있는 것도 산책의 재미이다. 마찬가지로 책을 읽다가 내려놓고는 멍하니 눈을 감고 고개를 숙이는 것도 산책하듯 읽기의 바른 자세이다.

이럴 때 읽는 것은 책만이 아니다. 퍼질러 앉은 나에게 또 다른 것이 읽으라고 손짓하고 눈짓한다. 머리 위에 설레고 있는 나뭇잎들은 나더러 자기들이 지표에 던지고 있는 그림자의 무늬를 읽으라고 속삭인다.

"저걸 상형문자처럼 읽어봐!"

뿐만 아니다. 숲길에서 작은 물웅덩이를 만나면 여린 바람이 잔잔한 물살을 일으키면서 나더러 권한다.

"저 잔주름을 신성문자처럼 읽어봐."

이렇듯이 산책길에는 책 말고도 하고 많은 읽을거리를 만난다. 숲길은 내 서재가 되고 책꽂이가 된다.

그러나 뭐니 뭐니 해도 가장 큰 읽을거리는 책이다. 그러다 보니 책은 산책을 함께하는 길동무가 되기도 한다. 무겁거나 크거나 두꺼운 책은 사양한다. 가볍고 얇은 책, 예컨대 문고본 같은 것을 호주머니에 넣고는 산책을 나간다. 책을 바지 주머니에 넣으면 발걸음을 훼방해서 좋지 않다. 점퍼 같은 윗옷 호주머니에 다독거려 모셔두는 게 좋다. 더러 한쪽 손아귀에 책을 들고는 걸음을 옮길 때마다 더펄거리게 하면 책이 나보다 더 산책을 즐기려 든다.

그렇게 길동무와 함께 걷다가, 아주 한가하고 아늑한 곳에 자리 잡고 앉는다. 늦봄과 여름이면 숲의 그늘에 좌정한다. 늦가을과 한겨울이면 숲가의 양지바른 언덕이 명당이다. 그렇게 자리 잡고 앉아서는 길동무를 펼치고 눈길을 던진다. 그가 즐겨 나와 눈을 맞춘다. 그럴 때면 활자가 유달리 선명해진다.

읽는 게 별로 성에 안 차면 더러 웃통을 벗어젖힌다. 맨살이 햇살을 받고 바람도 쐰다. 그게 나의 '바람 먹 감기'다. 풍욕風浴이라고 해도 좋다.

그런 자세로 책을 펴든다. 책장이 살랑살랑 나풀대면 나는 이내 서방정토로 들어선다. 읽다 말다, 졸다 말다, 이야말로 일거양득一擧兩得이다. 아니다. 일거삼득이다. 일광욕과 풍욕에 책 읽기까지 겸하니 말이다.

햇살을 받아 따스해진 맨살을 바람이 설레고 살며시 문지른다. 그 시원함이라니 비길 데가 없다. 바람도 예사 바람이 아니다. 한바다 해초들의 진액을 삼키고는 낙락장송 소나무의 진한 냄새를 풍기는 바람이다. 정신도 마음도 뒤질세라 맑고 밝아지면 책장이 알았다는 듯이 나풀나풀 손뼉을 친다.

나의 책은 바다 기운을 양념 삼고 산의 정기를 고명 삼아 내 영혼 깊숙이 스며든다. 그러면 문득 눈으로만 읽는 게 아니란 사실을 깨닫는다. 맛있는 음식보다는 향기로운 차를 마시듯 들이켜 삼킨다. 마음으로 삼키는 독서를 향유하다니!

그러면서 이내 영혼으로 공감한다. 때로 짜릿하게, 때로 달콤하게 영혼이 책 맛을 본다. 눈과 머리로만 읽는 게 책이 아니란 것을 홀연 터득한다. 나는 그래서 조금 건방지게도 내게 알맞은 도를 깨우치고 내 나름의 작은 깨달음을 얻어낸다. 그건 황홀한 도취일 수도 있다.

글 한두 마디, 문장 한두 줄을 잘근잘근 씹는다. 이내 입 안에 진액이 고이고 향이 넘친다. 그러고는 영혼 깊숙이 스며든다. 책 읽기로 영혼의 존재를 느끼고 믿게 되는 그 순간의 행복이라니!

물론 영혼은, 우선은 피안을 그려내고, 신비를 그려내고, 초월적인 존재를 실감케한다. 그것들을 실존實存으로서 지금 당장 이 자리에서 향유하게 하는 것이 다름 아닌 영혼이다.

　그렇게 일광욕과 풍욕에 더해서 책까지 읽다 보면, 문득 영혼이 기지개를 켜는 것 같은 기척이 느껴진다. 그래서 나는 야인이자 도인이라고 은근슬쩍 책에다 대고 수군거린다.

　이 모든 것이 산책하듯 읽기에서 맛볼 수 있는 커다란 보람이다. 서가 앞, 책상 앞에 앉아서는 어림도 없는 일이다. 그러니 나의 길동무로는 벅찬 책, 꼬치꼬치 따져야 하는 책은 자연히 멀어진다. 가볍되 은근하고, 마음이 놓이되 포근한 책이 이젠 단골이다. 뻐기고 우쭐대는 책들, 예컨대 베스트셀러니 뭐니 하면서 목에 힘주는 책들, 또는 문제작이나 뭐니 하면서 기세등등한 책들은 모른 척하는 게 마음 편하다.

　수다분하기가 옛날 고향 마을의 옆집 소녀 같은 책, 나의 아픈 배를 만져주시던 할머니의 약손 같은 책! 그들은 대개가 내 평생에 걸친 지기지우知己之友, 이를테면 나를 알아서 반겨주는 친구들이다. 이런 책을 읽을 때는 눈을 부라리면 안 된다. 책에 구멍이 날까 겁난다. 반쯤 감은 눈으로 순하게 어루만지듯 눈길을 주어야 한다. 그래서인데 좀 과하게 말한다면 명상에 잠기듯이, 아니면 참선하듯이, 아니면 기도하듯이, 되도록 그렇게 책을 읽으려 하고 있다.

나의 또 다른 동반자
_오랜 친구 같은 책들

오랜 친구는 모처럼 만났다 해도 새삼 인사치레를 할 필요도, 굳이 수다로 시간을 때울 필요도 없다. 입가며 눈가에 얇은 주름을 잡으면서 싱긋 웃어주면 그걸로 충분하고도 남는다. 요즘 나는 그렇게 오랫동안 정든 책을 골라서 읽는 편이다.

오래 읽어온 책, 두고 두고 읽어온 책에는 나의 손때가 묻어 있다. 손때만은 아니다. 읽고 또 읽어서 나의 눈때까지 엉겨 있다.

그래서 옛 친구 같은 옛 책을 반겨 맞는다. 글자마다 줄마다 눈에 익은 것이 새삼 정겹다. 예전에 밑줄 쳐둔 것이 거듭 정답다. 그들은 모두 오랜 구면들이다. 파스칼의 《광세》, 릴케의 《말테의 수기》, 두보의 시집, 이들이야말로 옛 친구 같은 옛 책들이다.

편지 모음도 좋고, 일기면 더욱 좋다. 편지 모음, 즉 서간집(書簡集)은 되도록 친한 사람끼리 흉금을 터놓듯이 주고받은 것이라야 한다. 가령 《안네의 일기》라든가, 토마스 만과 북유럽의 세계적인 신화학자 케레니 Károly Kerényi가 주고받은 서한집이면 더 바랄 게 없다.

여보, 난 지금 아무것도 가진 게 없소. 달랑 강아지 한 마리와 책 몇 권이 다요. 장미 한 송이 살 돈이 없소.

릴케가 아내에게 보낸 편지를 보고도 나는 가난이 토하는 죽는소리라고는 생각하지 않는다. 가진 것이 없기에 오히려 더 단단히 견뎌나가는 고운 생명의 소리가 잔잔하게 전해져왔기 때문이다. "장미 한 송이 살 돈이 없소"라니 그게 누구나 할 말은 아니다.

이 편지를 쓸 무렵, 젊은 릴케는 조각가 로댕의 비서 노릇을 하고 있었다. 그 인색한 고용주는 그를 마구 부려먹었다. 하루에도 여러 통씩 편지를 대필시키면서 혹사시켰다.

그는 혼자였다. 끼니도 제때 못 챙기는 가운데, 매양 앓으며 간신히 목숨을 부지하던 릴케는 마침 그 당시 샛별처럼 등단해서 이름을 날리던, 어느 시인의 아파트와 마주하는 곳에서 셋방살이를 하고 있었다.

그 시인의 아파트는 밤마다 불이 휘황찬란하고 사람들의 목소리가 떠들썩했다. 불도 켜지 않은 채, 혼자 우두커니 그걸 내다보곤 하던 릴케는 이름 없는 시인 지망생이었다. 그를 알아주는 사람은 없었다. 고독했다.

그러나 그는 다 참아냈다. 그냥 소극적으로 마지못해 견뎌낸 것이 아니다. 가난이며 그에 따른 고통이 오히려 삶을 지탱해줄 의지가지가 되게, 그리고 고독이 존재의 뿌리가 되게, 그것들의 의미를 묻고 또 물어댔다. 그것이 그의 시를 위한 기틀이 되었다.

그러나 구두쇠 고용주는 결국 피고용인을 내쫓았다. 릴케는 생소한 파리 시내를 유랑하다시피 떠돌았다. 그러면서 아내에게 써 보낸 편지 구절이, 다름 아닌 "장미 한 송이 살 돈도 없소"였다.

이런저런 사연 때문에 나는 "장미 한 송이 살 돈도 없소"라는 그 말을 죽는소리로만 받아들일 수가 없었다. 보통 사람 같으면, "밥 한 끼 먹을 돈도 없소"라고 하기 마련이다. 이건 그야말로 죽는소리이다.

이에 비해 "장미 한 송이 살 돈도 없소"는 아름다운 동경이고 소망이다. 그건 시 구절이다. 이걸 가난한 주제에 응석이나 부린다고 나무라서는 안 된다. 지금 당장 손에 없는 장미 송이처럼 아름답게 들을 수 있어야 한다.

물론 거기에 가난 타령이 영 없다고 말하기는 힘들 것이다. 하지만 그걸 넘어서는 숭고한 정신도 함께 있음을 나는 느낄 수 있었다.

이런 편지의 사연들, 그리고 일기의 토막들을 소처럼 되새김질하면서 걸으면 발이 절로 모차르트의 음률을 타곤 한다. 이러니 정든 책이 친구가 아니고 무엇일까? 오랜 친구, 굳이 입을 열고 말을 걸지 않아도 그의 속내가 집히듯이 오랜 책에서도 비슷한 경험을 하곤 한다.

"아, 이런 구절도 있었던가?" 아니면, "아이고, 이 대목은 그런 뜻이 아니었나?"라고 중얼대는 것도 참 즐겁다. 그러면서 오랜 친구의 손을 잠듯이 오래된 책갈피를 만져본다. 손바닥에 전해지는 책갈피의 촉감! 묵고 오래되고 낡은 책갈피가 마치 주름 잡힌 옛 친구의 얼굴 같다.

그 오랜 친구들 덕분에 가능하다면 나도 노숙老熟하고 싶다. 온통은 바라지도 않는다. 그저 조금만 그랬으면, 싶다. 노숙, 이 말은 노련老鍊, 노성老成 등과 어깨를 맞겨루고 있다. 오랜 경험을 바탕으로 뛰어난 재주를 갖추게 된 것이 노련이고 노성도 이와 비슷한 말이다.

일할 만큼 일하고, 겪을 만큼 겪고, 배우고 익힐 만한 것을 죄다 배우고 익힌 나머지, 솜씨며 재주며 생각이 완성의 경지에 도달해야 비로소 노숙이라고 한다. 나머지 두 낱말도 물론 비슷하다. 그러니까 로老라는 말을 노폐老廢나 노쇠老衰 같은 단어와만 연관 지어 생각할 수는 없다. 오죽하면 '노마지지老馬之智', 즉 '늙은 말의 지혜' 란 말이 있을까!

제齊 나라 환공桓公이 길을 잃었을 때 그를 보필하던 관중이 나이 든 말을 풀어놓아 비로소 길을 찾았다는 데서 유래한 고사성어가 노마지지이다. 이걸 '노마지노련老馬之老鍊' 이라 바꿔보고 내게도 조금은 그런 게 있기를 빌어본다. 말도 나이 들면 지혜로워지는데 하물며 사람이야!

나도 산책을 나갔다가 숲 속에서 길을 잃으면 노마가 되고 싶다. 책을 읽다가 막혀서 더 이상 나아갈 길이 안 보일 때에도 노마지지를 부리고 싶다. 인생살이에서도 그러고 싶다. 삶의 길을 놓쳤을 때 나는 한 마리 노마가 되었으면 한다. 그 소망을 나의 책들이 이루어주기를 바란다.

그런데 노마의 노련 말고 사람의 노련도 있기 마련인데, 나는 그것을 헤밍웨이Ernest Hemingway의 《노인과 바다》에서 읽었다.

나이 든 어부의 낚싯줄에 고기가 걸린 것은 그가 한바다에서 홀로 하루 낮밤을 보낸 그다음 날 한낮쯤이었다. 워낙 큰 녀석이라 끌고 밀고 사투를 벌이면서 다시 하룻밤을 새우고, 다음 날 낮이 되어서야 가까스로 고기를 뱃전에 붙들어 맬 수 있었다.

그러고는 밤늦게 항구로 돌아왔을 때 그에게 남은 것은 상어떼가 뜯어먹고 남은 뼈뿐이었다. 움막 같은 집에 누워 잠든 그는 꿈에서 사자를 보았다.

처음 고기가 걸렸을 때 노인은 워낙 큰 놈이라 웬 횡재냐고 좋아하면서 돈으로 따져보기도 했다. 그러나 지칠 대로 지쳐서 항구에 돌아왔을 때 그는 완전히 빈털터리였다. 그러나 그는 중얼댄다.

"아무것도 아니야, 너무 멀리 나간 것뿐이야."

이틀 밤낮을 걸려서 겨우 얻은 것을 잃고도 그는 그렇게 말할 수 있었다. 그에게는 다만 그의 일에 바친 열정이 중요했을 뿐이다. 소유며 소득은 그야말로 아무것도 아니기 때문이다.

과정만 귀하고 결과에는 관심이 없는, 그 절대의 자유! 이것도 노인이 누리는 노련미라고 여기고 싶다. 그리고 나의 책 읽기도 그러기를 바란다. 무엇을 얻어낼 것인가를 물을 것 없이 다만 읽는 일, 그 자체가 유일한 보람이 되게 해달라고 빌고 또 빈다. 그래서 나도 언젠가는 벼르고 별러서 《노인과 책》이란 소설을, 단편이라도 좋으니 쓰고 싶다.

달관과 체념의 읽기
_노숙하게, 노련하게

　노복老福! 참 좋은 말이다. '늙을 로老' 자가 붙은 말 중에서 가장 근사한 말이다. 로는 '늙을 로' 말고도 세 가지의 복된 의미를 지니고 있다. '어른 로', '노인 대접할 로', 그리고 또 하나, '익숙할 로'이다.
　그러기에 노약, 노쇠, 노망 따위로 흉측하게만 로를 쓰고 말 수는 없다. 노련은 재기 발랄하고 노숙은 완벽하다. 장로長老라면 으뜸가는 어르신을 떠받드는 말이다. 그래서 남들에게 대접받고 잘 단련되어 있고 무슨 일에나 익숙한 것이 다름 아닌 로, 바로 그것이다.

　자연적으로 일어난 일은 뭐든 좋은 일로 치부할 수 있다. 그러니 노인이 죽는 것보다 더 자연스런 일이 또 있을까?

젊은이의 경우라면 이와 다르다. 젊은이의 죽음, 그것은 자연을 어기는 일이기 때문이다. 그래서 나는 새파란 젊은이가 죽는 것은 맹렬한 불길에 엄청나게 많은 물을 쏟아 부어서 억지로 끄는 것과 같다고 생각한다. 거기 비해 노인의 죽음은 탈 대로 탄 불길이 절로 삭아서 꺼지는 것과 같다고 여긴다.

과일의 경우도 비슷할 것 같다. 덜 익은 열매는 나뭇가지에서 억지로 비틀고 뒤틀어서 잘라내야 떨어지게 된다. 하지만 익을 대로 익은 열매는 저절로 떨어지기 마련이다.

인간의 목숨 또한 마찬가지이다. 청년에게서는 폭력을 써야만 목숨을 빼앗을 수 있을 테지만 노인에게서는 그렇지가 않다. 성숙의 당연한 결과로 목숨이 다하게 된다.

노인의 경우 죽음에 가까이 다가가는 것은, 배가 오랜 항해 끝에 드디어 육지를 바라보고 포구에 근접하는 것과 같다.

이것은 '웅변의 제왕' 이라고 칭송받던 키케로의 《노년에 대하여》에 나오는 멋진 말이다. 노인을 또는 노년을 바라보는 그의 눈길은 노숙할 대로 노숙하다. 노련하고도 남는다.

어려운 말로 하면 체념이라고 할까? 아니면 달관達觀이라고 할까? 사물의 이치에 통할 대로 통해서 진실을 보아내는 것이 달관이다. 체념도 워낙은 달관과 거의 같은 뜻으로 쓰인 말이다. 그런데 요즘 사람들이 뭔가 오해를 하고는 체념을 단념과 같은 뜻으로 이지러뜨려놓았다.

키케로가 노년을 보고, 죽음을 본, 그 달관의 눈으로, 그 노숙한 눈으로 나는 이제 책을 보고 글을 대하고 싶다. 삶의 허무, 삶의 무의미! 그런 말은 잊어버려야 한다. 아니, 이젠 떠받들어야 한다. 그것들조차도 키케로가 죽음을 보듯이 보아야 할 것이다. 고통, 비애! 그따위 말도 지워버려야 한다. 아니, 이들을 곱게 받아들여야 한다. 드넓은 품으로 더 한층 따사로운 품으로 안아 들여야 한다. 그게 나잇값이다.

고통이 없었다면 내가 머릿속에, 그리고 가슴속에 뭔가 값진 것을 가지게 되었을까? 그건 어림도 없는 일이다. 눈물을 평평 쏟고, 흐르는 눈물을 지긋하게 두 입술로 받아 깨물고서야 비로소 이렇게 저렇게 뭔가를 머리와 가슴에 갖추게 된 것이니 말이다. 고통의 덕도 보고, 눈물의 은덕도 입으며 살아왔다. 허무 속에서 익은 정서의 열매가 왜 내게 없을까! 무의미에 시달렸기에 가까스로 다져진 정감들이 왜 내게 없을까!

그래서 릴케가 마지막으로 남긴 《오르페우스에게 바치는 소네트》나 《두이노의 비가》를 다시 골똘하게 읽는다. 그는 보통 사람들이 애써 고개를 돌렸거나 모른 척한 것들, 이를테면 고통이며 죽음, 그리고 비애에 정답게 손을 내밀었기 때문이다.

키케로도 죽음이라는 것, 다른 사람들이 모두 등을 돌리는 그것에 믿음을 바친 것은 아닐까! 그래서인지 키케로의 눈은 우리 전설에 나오는 백발의 도사, 또는 신선의 눈을 닮았을 것 같다. 그 눈으로 읽는 보람이 있을 책들을 골라서 읽어야 한다. 그 눈으로 살펴서 비로소 보람이 될 글을 골라서 읽어야 한다. 그래서 더욱 노숙하고 한층 노련해지고 싶다.

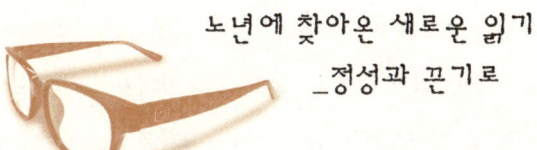

노년에 찾아온 새로운 읽기
_정성과 끈기로

재작년의 일이다. 건강검진을 받으면서 시력 검사를 하는데 담당 의사가 미심쩍어하면서 혀를 찼다.

"왼쪽 눈이 1.5, 오른쪽 눈이 2.0인데, 이건 못 믿겠습니다. 다시 한번 하죠."

그러나 결과는 마찬가지였다. 60대 중반까지 끼던 근시의 안경을 벗어던진 지가 10년 가까이 된 무렵의 일이었다. 뭐, 특별한 약을 먹은 것도 아니고 눈에 약을 넣은 것도 아니었다.

노상 푸른 바다를 내려다보고 항시 푸른 산을 올려다본 덕일까? 그것 말고 시력이 좋아진 이유를 달리 찾을 수가 없다. 내가 '비트윈 블루 앤드 그린Between Blue and Green'이라 부르며 우쭐대는 환경의 덕을 단단히 본 것 같다.

그래서 아직은 맨눈으로 콘사이스 영어사전을 보는 게 별로 불편하지 않다. 찾아온 손님들이 어쩌다 그걸 보고는 기겁하고 놀라기는 하지만.

하지만 쉽게 눈이 피로해지고 건조해지는 건 어쩔 수가 없다. 마른 동공이야, 안약을 넣으면 되지만 피로해진 눈은 그 상태가 오래간다. 그래서 컴퓨터 활자로 쳐서 9포인트쯤 되는 크기의 활자로 인쇄된 책을 읽는 게 힘겨울 때가 더러 있다. 초점이 잘 잡히지 않고 활자가 아물댄다.

그럴 때는 별수 없다. 활자를 하나하나 꼬나보거나 노려볼 수밖에. 눈살을 잔뜩 찌푸리고 응시할 수밖에. 그러다가도 영 마땅치 않으면 도리 없다. 돋보기를 들이댄다. 그러면 활자 하나하나가 또렷하게 또는 덩두렷하게 붙잡힌다. 꼼짝 없이 잡아내게 된다.

나는 그걸 불편해하거나 투덜거리지 않는다. 인격이 높아지고 인덕이 너그러워져서 그런 게 아니다. 노리던 먹잇감을 에누리 없이 낚아챈 독수리가 된 듯한 기분 때문이다. 나는 눈살을 찌푸리고 초점을 모아서는 그렇게 활자 하나하나를 잡아낸다. 여간 기쁜 게 아니다.

가령, "포수는 큰 짐승 한 마리가 저만큼에서 얼쩐대고 있는 걸 보았다"라는 글이 지친 눈에 느닷없이 아물댄다고 치자. 그러면 내가 돋보기를 갖다대는 순간, "포수는 큰 짐승……"이라고 활자가 커진다. '큰'이라는 글자에 다시 초점을 맞추면 '큰'은 당장에 '큰'으로 둔갑한다. 문자 그대로 정말 '큰'이 되고 만다. 그러다 보면 절로 글자 하나하나를 놓치지 않고, 날리지 않고, 꼼꼼히, 또렷이 들여다보게 된다.

"책이 너무 재미있어서, 한 글자도 놓치지 않고 다 읽었어."

흔히들 하는 말 그대로가 된다. 그래서 나의 '나이 든 책 읽기'는 절로 숙독이 되고 탐독이 된다. 눈여겨서 활자 하나하나를 꼼꼼히 읽는 게 숙독이고 눈 부라려서 글자 하나하나를 들여다보는 게 탐독이 아니고 무엇이겠는가 말이다. 그 끝은 당연히 정독精讀으로 열매 맺게 되어 있다. 정성을 다해서 정밀하게, 정세精細하게 읽는 경지에서 나의 숙독과 탐독은 마무리되곤 한다.

그렇다고 속독, 곧 빠르게 읽기나 통독通讀, 곧 단숨에 읽기가 영 부럽지 않은 것은 아니다. 그런 게 과거의 화려한 추억이 되어서 되살아나는 것도 아주 부정하기는 어렵다.

그러나 한 글자 한 글자에 눈이 못 박히듯이 읽어나가는 그 정성과 그 끈기가 스스로 여간 대견한 게 아니다. 한 글자 한 글자가 나의 눈길을 잡아두려고 드는 것이, 마치 책이 내게 보내는 애정 표현 같아서 나는 문득 독서의 지락至樂, 그러니까 글 읽기의 으뜸가는 즐거움을 누리게 되는 것이다. 그런 즐거움이 진하게 느껴지면 때맞추어서 나는 책에 얼굴을, 아니 눈을 묻는다.

완착을 향하여
_끝이라는 것

"이제 끝이다!"

사람들이 자주 입에 올리는 말들이 다 그렇듯이, 이 한마디도 여간 복잡한 게 아니다. 그 뜻하는 바가 한둘이 아니다. 흔하게는 "볼 장 다 보았다"는 투의 의미를 품을 수 있을 것이다. 그런가 하면 "이제 어떻게든 결판이 났다. 더 이상 기다릴 필요는 없다!"라는 식의 단호한 기세로 "이제 끝이다"라고 토해낼 수 있을 것이다. 같은 외마디 말이라도 이렇듯이 그 함축된 의미가, 그러니까 품은 뜻이 다를 수 있다.

그런데 "이제 끝이다"라는 말에는 또 다른 함축성이 있다. 그러니까, "이제 큰 고비는 다 넘겼다. 곧 모든 걸 마무리하고 쉬게 된다"는 의미 말이다. 이쯤 되면, 다리를 길게 뻗고 의자 등받이에 기대 낮잠을 한숨

자도 괜찮을 것 같은 기분이 느껴진다.

  뿐만 아니다. 선두를 달리던, 마라톤 선수는, 저만큼에서 결승선이 보이면, 빙긋 웃으면서 "이제 끝이다"라고 혼잣말을 할 수도 있을 것이다. 저만큼에서 보이는 결승선은, 어린 초등학생들의 귓전에 울리는 종소리, 그날의 마지막 수업이 마침내 끝났음을 알리는 그 종소리를 닮았을 것 같다.

  이처럼 종착終着은 좋든 나쁘든 결산이 되는가 하면, 마땅치 않은 파국이 되기도 한다. 그런가 하면 무사 귀환이 되기도 하고, 목적 달성이 되기도 한다. 뿐만 아니라 종착은 안착安着, 곧 아무 탈 없이 목적지에 도착했음을 의미할 수도 있다. 그러니까 종착은 여간 까다롭고 말썽 많은 말이 아니다.

    나이를 일흔여섯 살이나 먹은 이제야 더 이상 나 자신을 속이는 일을 할 수 없을 듯한 느낌이 든다. 그러나 느낌이 그럴 뿐 꼭 그렇다고 잘라 말할 수 있는 것은 아니다. 솔직하고 담백하게 세상을 바라보고 만사를 흡족하게 여기는데도, 바로 그것으로 무엇인가를 숨기고 가리고 있는지도 모르지 않는가?
    하기야 내게 숨길 게 있는지 없는지, 그것도 알 수가 없지만 말이다. 그러나 내가 나를 칭송하여야 한다면 난 주저 없이 잘난 척하고 나설 게 뻔하다. 부끄러움도 모르고 사뭇 뻔뻔하게 그럴 것 같다.
    하지만 누군가 다른 사람에 관해서 내 의견을 물어온다면 제법 마음을 쓸 것 같다. 그런 경우의 판단은 매우 위험한 것일 수도 있기 때문이다.
    아무튼 잘못이나 허풍이나 거짓말은 사람에게 반드시 따르기 마련이다. 그러니까 남을 두고서 뭔가를 판단하고 의견을 말하는 어리석은 짓은 저지르지 않는 게 바람직하다. 그럴 땐 침묵이 제일이다.
    이런저런 곡절로 나는 이웃과의 접촉을 피하고 숨어 살기로 마음먹은 것이다. 사람과 사람 사이의 관계를 두고 뭔가를 말한다는 것은 주로 이웃 사람의 소행에 대해서 이러쿵저러쿵 쑥덕거리는 것과 관련되기 마련이라 그걸 피하기로 한 것이다.
    그래서 나는 이 나이가 되어서 외로이 홀로 살아가게 된 것이다. 후

회해서 이렇게 말하는 건 아니다. 다만 사실을 말하고 있을 뿐이다.

이제 내가 인생에서 구하는 것은 별것 없다. 단지 홀로 살면서 아무리 사소하고 시시한 것일지라도 나의 흥미나 관심을 끄는 몇 가지 안 되는 작은 일들에만은 내 마음을 온통 기울이는 것, 바로 그것이다.

잉마르 베리만Ingmar Bergman 감독의 영화 〈산딸기〉에서 주인공인 늙은 의사가 독백하듯 노트에 적은 글이다. 이 글을 굳이 어느 한쪽으로 치우쳐 읽는다면 삶의 끝을 향해서 천천히 나아가고 있는 사람의 유언장과도 같지 않을까 싶다. 이 글의 화자는 모든 것에 무척 마음을 쓴다. 자신이 한 말을 되돌아보고 또 되돌아보고, 문득문득 판단을 삼가고 머뭇대는 것은 몸조심, 마음조심을 위해서일 것이다.

그는 사소한 일에도 자질구레한 관심을 기울인다. 아마도 일흔 살을 훌쩍 넘긴 나이에는 무엇에나 이렇게 세심해지는 모양이다. 그런가 하면 바로 그 세심함 때문에 주인공은 이웃과의 교류도 끊고 자기 속에 파묻혀서 마지막 남은 몇 가지 관심거리, 흥밋거리에만 전념하다시피 한다.

70년을 훌쩍 넘긴 세월이 그 혼자를 위한 '고독한 성城' 이자 '절대의 성채城砦'를 에워싼 성벽이 된 것이다. 주인공은 그 성의 성주이다. 그는 새삼스레 혼자서 뭔가를 가꾸고 이룩하는 일에 마치 새 출발이듯이 전념하고자 한다. 그의 끝은 이렇게 새 출발이다.

참 부럽다. 나는 내 70여 년의 세월로 성벽은커녕 얕은 돌담도 쌓지 못한 것 같다. 아니, 얕은 흙담 한 줄도 바르게 모아놓은 것 같지 않다. 안타

깝기만 하다.

하지만 무엇인가 하려고 들면 시간은 지천이다. 하루 24시간, 1,440분, 8만 6,400초! 그게 모두 내 마음대로이다. 누가 "지켜라, 맞춰라!" 할 턱이 없다. 온통 나의 소유이다. 독점물이다. 이제야 겨우 내 인생의 주인이 된 것 같다. 지나간 70여 년은 그렇다 쳐도 이제부터는 나를 위한 시간들이 대하大河처럼 넘쳐난다.

그러나 이제 어쩌랴? 70여 년을 돌이켜보면 나는 허술한 흙담 하나 쌓지 못한 것을. 나는 지금 그 무궁무진한 나의 시간을 얕은 담을 둘러친 성 아닌, 움막에서나마 보람되게 가꾸어야 한다. 이제 마지막 관심거리며 흥밋거리에 사랑을 바칠 수밖에 없다.

'준비!'라는 그 말이 지금처럼 알뜰하고 간곡하게 들리는 때는 일찍이 없었던 것 같다. 중고교 입시 준비도, 대학 입시 준비도 나의 종착지를 위한 준비에 비하면 그야말로 새 발의 피에 불과했다. 그래서 나는 마지막 흥밋거리와 관심거리에 더 정성을 쏟을 수밖에 없다.

남새밭과 꽃밭 가꾸기가 그 첫째이다. 그리고 옛날부터 줄곧 읽어와서 질리기는커녕 오히려 정겨움이 더해지고 새록새록 새로운 샛별이 돋아 보이는 묵은 책장을 넘기는 일이 둘째이다.

그러다 지치면 지상의 천국이 나를 손짓한다. 바닷가로, 들길로, 또는 숲 속으로 산책하는 일이 그 셋째이다. 그럴 때도 놓치지 않는 얇은 책 한 권, 낡은 표지가 내 주름살과도 잘 어울리는 나의 길동무, 그와 나 사이에는 완착完着의 끝이 기다리고 있을 것이다. 이를테면 끝내 가야 옳을

곳, 가야 마땅할 곳에 완전하게 또 온전하게 도착해서 보게 될 끝이 기다리고 있을 것이다.

II

독讀 읽기의 소요유逍遙遊

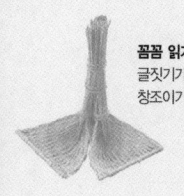
꼼꼼 읽기_창조적인 읽기로 통하는 문
글짓기가 창조인 것처럼 글읽기 또한
창조이기 위해서는 꼼꼼 읽기가 필요하다.

클로즈 리딩_그게 뭔데?
스스로 문제를 찾아내 묻고 따져라.
캐면 캘수록 문제에 가까워진다.

─ 하나 ─
**행복한 지적 놀이,
독서 ─
요령 읽기**

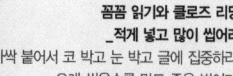

**꼼꼼 읽기와 클로즈 리딩
_적게 놓고 많이 씹으라**
바싹 붙어서 코 박고 눈 박고 글에 집중하라.
오래 씹을수록 맛도 좋은 법이다.

읽고, 읽고, 또 읽고_첫눈에 반한다는 것
읽고, 읽고, 또 읽어라. 책 맛은 오래 묵을수록
깊어지는 청국장 맛이다.

속독과 숙독 사이_하나의 길에서 만나다
속독과 숙독이 절묘하게 어우러질 때,
비로소 우리는 책 읽기의 참 맛을 알게 된다.

삼단뛰기와 장애물경주_읽기에도 비결이 있다
급할 때는 뛰어넘는 것도 방법이다.
삼단뛰기와 장애물경주를 주목하라.

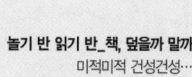

놀기 반 읽기 반_책, 덮을까 말까
미적미적 건성건성…
지루한 부분들은 요령껏 넘겨라.

읽기의 쾌락주의_극과 극은 통한다
가볍게 때론 묵직하게,
책 속의 쾌락을 즐겨라.

꼼꼼 읽기
_창조적인 읽기로 통하는 문

책 따라 한평생! 시골 이발소에서 울리는 유행가 구절이라도 좋다. 교사가 학생에게 일러줄, 잠언箴言이나 금언이라도 좋다.

잠언의 잠은 대바늘이고 대침이다. 그래서 잠언은 따가운 가르침, 매서운 질책의 한마디이다. 그러면서 마음의 아픔을 다스려주는 약발도 보통이 아닌, 짧은 말 한마디, 그게 곧 잠언이다. 단출하지만 약효는 매우 크다. 작은 고추가 매운 것과 같다.

그러니까 다같이 '책 따라 한평생'을 뇐다고 해도 대중가요를 흥얼대듯이 하는 것과 다부진 잠언을 읊듯이 하는 것은 같을 수가 없다. 전자는 놀기 반, 읽기 반이다. "홍도야 울지 마라!"를 노래할 때는 박자나 음정이 좀 틀렸다 해도 괜찮다. 제 흥에 제가 겨우면 그만이니까.

그러나 후자는 그럴 수가 없다. 진지하고 열중해야 한다. 이마에 땀이 송골송골 맺혀야 할지도 모르고 눈에 핏발이 설지도 모른다. 바늘구멍 찾듯이 해야 하고 아니면 여름 하늘의 은하수를 우러르듯 응시해야 한다. 온 마음을 바쳐서 몰입해야 한다. 그러면서 낱말 하나하나 따져야 하고 줄마다 의미를 캐내어야 한다. 그러니까 '꼼꼼 읽기'를 해야 한다.

아니다. 그 정도가 아니다. '쉼표(,)' 하나, '마침표(.)' 하나에도 눈을 박다시피 해야 한다. 쉼표를 만나면 숨을 고르고 마침표를 만나면 숨을 크게 쉬는 게 좋다. 그래야 꼼꼼 읽기를 할 수 있다. 뿐만 아니다. 흔히들 행간行間이라고 하는 것들, 이를테면 줄과 줄 사이의 그 좁다란 빈틈을 채워가면서 읽어야 한다.

배 그림자는 사라져갔다
아득하게
돌아서지 못하는 나
눈길은 수평선을 헤맨다

가령 이런 시가 있다고 하자. 첫째 줄과 둘째 줄 사이, 그리고 둘째 줄과 셋째 줄 사이에는 미처 못다 한 말이 웅숭크리고 있다. 읽는 사람은 왜 돌아서지 못하는가를 물어야 한다. 아니, 그러기 전에 돌아서지 못하는 게 무엇을 뜻하는가도 캐물어야 한다. 뿐만 아니다. 수평선을 헤매는 눈길이란 말에 노래하는 사람이 어떤 뜻을 담고 있는가도 따져 물어야 한다.

그렇게 하지 않고 글자나 낱말을 읽고 모를 것이 없다고 그냥 넘어가 버리면, 모처럼 만난 친구에게 눈길 한번 안 주고 스쳐 가버리는 것이나 진배없다. 그건 꼼꼼 읽기가 아니라 '스쳐 읽기'이다.

그런데 이 정도로 그칠 수는 없다. 활자 뒤에 안 보이는 것 말고도 종이 뒤에 숨바꼭질하고 있는 것도 잡아내야 한다. 꼼꼼 읽기는 술래잡기 같은 것이다.

그러니 글 읽기는 그냥 보는 게 아니다. 또 읽기는 이미 겉으로 드러나 있는 것만을 보아내는 것도 아니다. 읽는 사람이 그 사람 아니면 못 찾아낼 것을 찾아내게 해야만, 비로소 읽기는 참다운 읽기가 된다. 글짓기가 창조인 것처럼 글 읽기 또한 창조이다. 우리의 읽기가 언제나 '창조적인 읽기'가 되도록 마음을 써야 한다. 그건 꼼꼼 읽기가 아니면 가망도 없는 일이다.

꼼꼼 읽기를 통한 창조적인 읽기는 집어내고 캐어내고 찾아내는 것이다. 이는 읽는 사람 자신이 아니면 가망도 없을 것을 뒤져내는 것이다. 그래서 읽기는 찾기이다. 숨바꼭질이다. 예들을 한번 살펴보자.

"정말 네가, 네가 간단 말이냐?"

"정말 네가 네가 간단 말이냐?"

앞에서는 '네가, 네가' 사이에 한숨이 느린 바람결처럼 끼어들 것이다. 그러나 두 번째에는 '네가 네가'를 다그치듯이, 마치 재빨리 물살을 가르고 내달리는 모터보트의 스크루 돌듯이 외쳐야 할 것이다. 이걸 구별 못하는 사람은 자기의 글에 구두점을 찍을 능력이 없는 것이다. 이쯤 되면 '눈뜬 소경' 소리를 들을지도 모른다.

아, 네가 간다. 네가 간다.
드디어, 드디어!

그렇다면, 여기서 두 번 반복되는 '네가 간다'라는 말의 끝에 찍혀 있는 마침표는 어떻게 할 것인가? 옆 사람이 듣기에는 어차피 순간일 테지만 심정을 토로하고 있는 본인으로서는 그 사이에 길고 긴 시간, 영원이 흘러갈 것이다.

이런 게 바로 꼼꼼 읽기의 보람이다. 글 읽기, 책 읽기는 《보물섬》의 주인공이 되는 일이다. 광맥을 캐서 금과 은을 찾아내는 것과 진배없는 일이다.

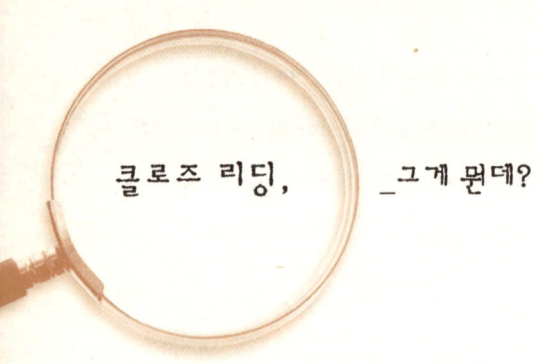

클로즈 리딩, _그게 뭔데?

 이래서 꼼꼼 읽기는 이른바, '클로즈 리딩close reading', 이를테면 '밀착 읽기'가 되어야 한다. 이때 책 읽기는 수수께끼 풀이가 되기도 하고, 가시밭길 헤치기가 될 수도 있다.
 클로즈 리딩은 영국의 유명한 문학 이론가인 F. R. 리비스Frank Raymond Leavis가 만들어낸 용어이다. 그의 뒤를 이어서 미국의 신비평가들은 클로즈 리딩을 높게 평가했다. 곧이곧대로 우리말로 옮기면 '바싹 붙어 읽기'가 될 테지만 그렇게만 풀이하고 말면 클로즈 리딩이란 말 자체를 클로즈 리딩한 게 못 된다.
 클로즈 리딩은 바싹 붙어 읽기인 동시에 '눈 박고 읽기'이다. 동시에 활자로는 표현되지 않은 숨은 뜻까지 속속들이 파헤치고 따져드는 읽기이기도 하다. '캐어서 따져 읽기'도 클로즈 리딩의 조건이다.

논밭 사이를 반 마장이나 올라갔을까? 언덕으로 오른 나는 문득 좁은 오솔길로 접어들었다. 그런데 걸음을 내딛다 말고는 문득 나도 모르게 멈춰 섰다. 길을 가득 덮은 샛노란 은행잎에 눈이 부셨다. 초록색 천에 황금 실로 수를 놓으면 저럴까 싶었다. '저걸 밟고 지나가다니, 말도 안 돼!

그게 언제였던가. 어린 시절 누나가 초록색 천에 수놓은 황금빛 은행잎을 들여다보다가 그만 뜨거운 코코아를 엎질렀던 그 아린 기억! 그때 누나는 소리 내어 울었었다. 불행하게도 일찍 우리 곁을 떠나버린 누나의 모습이 아른거렸다.

나는 바람이 불어주기를 기다렸다. 바람이 황금빛의 잎들을 한쪽으로 밀어내 길을 터주기를 기다린 것이다. 그리고 홀연 내 뜻이 통했던지 갈바람이 일었다. 나풀나풀 잎들이 움직이고 좁은 빈틈이 생겼다.

'옳다구나!' 하고 순간적으로 발을 내딛었다. 그런데 이게 무슨 일이람? 뒤이어서 불어 닥친 또 다른 바람이 잎을 날려 하필이면 내 발밑에 깔리게 할 줄이야! 아삭! 으스러지는 소리에 누나의 울음소리가 들리는 것 같아 나는 그만 주저앉고 말았다.

수필체의 이 글에는 사연이 적지 않게 묻어 있다. 길이에 비해서 속사정이 너무나 안쓰럽고 안타깝다. 또 다양하다. 주제를 뭐라고 잡아야 될까? 크게는 자연에 대한 애틋한 사랑일까? 작게는 뜻하지 않게 은행잎을 밟고 느끼는 아픔일까? 아니면 누나에게 저질렀던 그 결정적인 실수일까? 지금은 딴 세상에 가고 없는 누나에 대한 그리움일까?

헷갈린다. 답이 쉽게 찾아질 것 같지 않다. 그런데 이 정도로 그치면 그나마 다행이다. 궁금증은 더 일어난다.

글쓴이는 마음결이 고운 사람일 것 같은데, 그걸 나약하다고 해야 할지, 섬세하다고 해야 할지 읽는 사람은 머뭇대게 된다. 과민하다고 할 만큼, 신경질적인 속셈도 들여다보인다. 그 어느 한쪽으로 갈피가 잡히질 않는다.

이 모든 물음들이 모두 주제일지도 모른다. 이 모든 궁금증이 글쓴이의 마음 자세와 관련된 것일지도 모른다. 그 모두가 하나로 어우러진 복잡한 덩어리가 주제일 것도 같다. 그 온갖 것들이 함께 글쓴이의 속내를 들려주는 것도 같다.

얼핏 읽고 지나치면 그뿐일 것 같은, 쉬운 글인데도 그 내면이 결코 만만치 않다. 얽히고설켜서 복잡하다. 스쳐 읽기를 한다면 겉만 훑고 지나게 된다는 것을 클로즈 리딩은 일러주고 있다. 스쳐 읽기는 맛있는 과자를 씹지도 않고 꿀꺽 삼켜버리는 것과 다를 바 없다.

클로즈 리딩은 이처럼 읽는 사람이 스스로 문제를 찾아내 묻고 따지는 과정, 심지어 오락가락하고 갈팡질팡하는 과정까지 모두 포함한다. 그것은 어느 경우에는 심지어 쉬운 낱말 하나를 두고도 겪게 될 일이다.

"가만, 쟤가 왜 '글쎄' 라는 말을 하는 거지?"

일상 대화를 주고받을 때에도 더러는 이 같은 궁금증에 사로잡힐 때가 있다. 그럴 경우 '글쎄'라는 그 흔해빠진 낱말 하나가 말썽거리이다. 말을 꺼내기가 민망하단 뜻일까? 아니면 특별히 잘 들어달라는 걸까? 또는 말하는 사람 자신도 긴가민가하고 머뭇대는 걸까? 어느 게 정답인지 잡아내기가 매우 힘들 것 같다.

이지 컴 이지 고Easy come easy go라고 쉽게 얻은 것은 쉽게 나간다. 읽기에서도 마찬가지이다. "땀 흘린 만큼 얻는다"는 말도 있다. 읽기에서도 땀을 뻘뻘 흘릴수록 수확은 크다. 세상에 공짜가 없는 건 책 읽기에서나 글 읽기에서나 마찬가지이다.

꼼꼼 읽기와 클로즈 리딩
_적게 넣고 많이 씹어라

꼼꼼 읽기와 클로즈 리딩은 그게 그것이다. 같은 음식이라도 꼭꼭 씹을수록 맛이 더하기 마련이다. "적게 넣고 많이 씹어라"라는 말이 있다. 그게 몸에 좋다는 의미만은 아니다. 그래야 먹을거리가 제대로 제 맛을 내게 된다는 뜻도 그 속에는 담겨 있다.

책이나 글을 읽을 때에도 마찬가지이다. 책이나 글의 주어진 작은 단락, 또는 하나의 문장, 심지어 한 개의 낱말조차도 머릿속에 새기고 또 새겨야만 뜻이며, 표현의 재미며, 멋이 맛깔스럽게 머릿속에서, 또 마음과 가슴 속에서 소화되기 때문이다.

하늘 위에는 구름이 흐르고

들 위에는 바람이 스쳐간다
들 위에는 내 어머니의 잃어버린 아이가
떠돌고 있다

길 위에는 잎들이 설레고
나무 위에는 새들이 노래한다
산 너머 저 어딘가에
나의 아득한 고향은 있으려니

 헤세의 이 시에는 어려운 말, 어려운 표현은 눈을 씻고 찾아봐도 없다. 하늘, 들, 길, 나무, 산…… 이들은 모두 그곳에 존재하고 있거나 움직이고 있는 무언가의 바탕이, 자리가 되어준다. 이 바탕들 위에 구름, 바람, 아이, 잎들, 새 그리고 고향이 각각 존재하고 움직이고 있는 것이다.
 그러니까 시 전체에 걸쳐서 '어디(자리 또는 바탕)에 뭔가가 있다(움직인다)'고 말하는 셈이다. 그나마 매우 단순한 움직임 또는 상황이 묘사되어 있거나 지적되고 있을 뿐이다. 조금만 교외로 나가면 누구나 쉽게 목격하게 될 정경들을 읊고 있는, 쉬워도 여간 쉬운 표현들이 아니다. 한번 훑고 나면 그걸로 그만일 수도 있다. 그러나 그렇게만 넘어가면 그야말로 주마간산走馬看山이다. 그렇게 해서는 안 된다.
 첫 번째 연이나 두 번째 연이나 두 토막으로 갈라진다. 앞의 두 줄과 뒤의 두 줄이 서로 대조적이기는 마찬가지이다.

첫 번째 연에서 구름은 있을 자리에 있고 바람은 불어야 할 자리에 불고 있다. 구름도, 바람도 본래의 모습이며 구실을 다하고 있다. 있어야 할 곳, 놓여야 할 곳에 자리하고 있다.

그런데 노래 부르는 사람, 흔히 '서정적 자아'라고 부르는 그 사람은 그렇지 못하다. 어머니에게서 멀리 떨어져 있고 고향에서 멀리 떨어져 있다. 고향은 제2의 어머니이고 어머니는 제1의 고향일 수도 있는데, 시적 자아는 그들과는 멀리 떨어진 채 외로움에 빠져 있다. 뿌리 잃은 나무이고 어미 잃은 병아리 꼴이다. '보호받지 못하는 존재', '뿌리를 잘린 존재'로서 시적 자아는 자신을 바라보고 있다. '구름만 못하고, 바람만 못하고, 새나 나뭇잎만도 못한 자아'를 두고 시적 자아는 잔잔한 엘레지 élégie, 이를테면 비가를 읊고 있다.

어쩌다 보니 시 읽기와 관련된 글이 시 읽기보다 몇 배는 더 길어지고 말았다. 이래서 독일인들이 시를 의미하는 '게디히테 Gedichte'의 어원을 '압축'이라는 단어에서 찾는지도 모르겠다.

다시 본론으로 돌아가면, 이런 기나긴 사연이 시를 읽는 동안에 읽혀져야 한다. '자연 속에서는 모든 게 제자리에서 제구실을 하고 있는데 나는 왜 혼자이고 외따로인가?' 시적 자아는 이같이 자신에게 묻고 있다.

이만큼 읽어내지 못한다면 꼼꼼 읽기는 어림 반 푼 어치도 없는 일이다.

읽고, 읽고, 또 읽고
_첫눈에 반한다는 것

흔히 "첫눈에 반했다!" "한눈에 반했어!"라는 말들을 한다. 정말 멋진 말이다. 가령, 단테가 베아트리체를 평생의 연인으로 삼은 것도 한눈에 반했기 때문이었다. 실제로 맺어진 게 아닌데도 영원한 절대의 연인으로 삼을 수 있었던 것도 바로 한눈에 반하고 첫눈에 반했기 때문이었다. 그렇지 않았더라면 그의 대표작인 《신곡》도 탄생하지 않았을 것이다. 꽃의 도시 피렌체에 흐르고 있는 아르노강의 베키오 다리. 이곳에서 베아트리체를 딱 한번 본 것이 단테의 영원한 짝사랑의 유일한 동기가 되었다면 누가 믿을까?

한눈에 반하기는 말하나마나 상대방을 단 한번 보고는 그대로 홀딱, 뿅 하고 가버리는 것이다. 시력이 0.5 이하라서 그런 건 물론 아니다. 첫

눈에 반하기도 비슷하다. 처음 눈길이 마주치는 순간 아찔해지는 게 첫눈에 반하기이다. 두 번, 세 번 고쳐 보고 되살펴보고 할 것 없이 처음 눈길이 가는 순간, 넋이 나가버리는 것이다.

한눈에 반하기나 첫눈에 반하기나 모두 눈 깜박할 사이에 시작되는 사랑이기는 마찬가지이다. 이처럼 사랑은 '한눈' 일수록, '첫눈' 일수록 근사할 수 있다. 이런 사랑은 하늘이 준 영감 같은 것으로, 또는 신이 내린 계시 같은 것으로 받아들일 수도 있을 것이다. "운명적이야!" "나의 숙명이야!" 하고 수선을 떠는 게 오히려 좋아 보일 수도 있다.

첫눈의 휘황함이나 한눈의 번쩍임은 번갯불 같지만, 번갯불은 절대 오래가지 않는다. 번쩍임이 클수록 사라지는 것도 눈 깜박할 사이이다. 사랑의 한눈, 사랑의 첫눈은 번갯불을 닮았을 수도 있다.

그러나 책은 그렇게는 안 된다. 물론 책도 첫눈에 반하는 사랑, 한눈에 반하는 사랑이 없을 수는 없다. 서점의 서가에서 빼들고는 표지 한 번 훑어보고 목차 한 번 스쳐보는 것만으로 홀딱할 수도 있다. 그래, 값을 치르고 책을 사자마자, 어머니가 아기를 품듯이 가슴에 안고 집으로 가져온, 아니 모셔온 경험들도 있을 것이다.

그러나 책에 대한 한눈에 반하기는 차츰차츰 읽기가 반복되면서 '끈질긴 반하기'로 변모해간다. 단테는 실제로 단 한번도 베아트리체와 접촉한 적도 없으면서 그녀를 계속 사랑했다지만 책의 경우는 다르다. 읽고, 읽고, 또 읽으면서 책에 대한 사랑은 깊어지고 또 짙어져간다. 책에 대한 사랑은 질기다. 차진 엿가락처럼 끈질기다.

한눈에 반하기는 사랑의 경우 첫 순간이 그대로 계속될 수도 있을 것이다. 단테처럼 말이다. 하지만 책의 경우에는 그럴 수가 없다. 한눈이 두 눈 되고, 세 눈이 네 눈 되면서 책에 대한 반하기는 기하급수적으로 늘어가기 마련이다. 늘 끼고 다니며 보고, 늘 곁에 두고 보면 책을 보는 눈은 농익어가기 마련이다. 책은 깜박 사랑으로 시작했다고 해도 한번 반하고 나면 맛있는 음식을 곱씹듯이 '곱 읽기'를 하게 한다.

그런데 남녀의 경우 한눈에 반한 사랑이 언제나 단테의 사랑 같을 수는 없다. 한눈에 반한 사랑일수록 금방 변해갈 수 있기 때문이다. 첫눈에 반한 사랑일수록 두 번, 세 번은 몰라도 네 번, 다섯 번까지는 안 갈지도 모른다. 언제 보았냐는 식으로 물 건너 갈 수도 있다.

그러나 책의 경우 한눈에 반하거나 첫눈에 반했다고 금방 변할 것 같지는 않다. 남녀 간의 사랑처럼 변덕을 부리는 것도 아니고 변심을 일으키는 것도 아니다. 더러 예외가 없지는 않지만 그건 드문 편일 것 같다. 읽으면 읽을수록 새록새록 새로운 정이 들고 덩달아 묵은 정이 짙어지는 게 '책 사랑'이기 때문이다.

그래서 '책 맛'은 묵은 된장 맛이다. 오래 묵을수록 깊어지는 청국장 맛이다. 핫도그나 감자튀김 따위의 인스턴트 음식은 질색이다. 포도주는 오래될수록 향이 짙어지고 맛은 감치게 된다. 책의 향과 맛도 마찬가지이다. 책은 예외 없이 '십년지기+年知己', 이를테면 10년, 20년 두고두고 사귄 친구 같은 것이다.

책의 미덕은 또 있다. 낡을수록 더 좋은 게 책이다. 몇 번이고 거듭해서 두고두고 오래오래 읽다 보면 책장이 헐고 낡아 더러 구김이 생길 것이다. 어쩌다가 그만 표지가 너풀대는 수도 있다. 그런데 참 묘하게도 책의 그 늙은 얼굴이 더 정겨워진다. 그게 남녀 간의 사랑과는 엄청나게 다른 점이다. 어린 시절 동화를 읽어주시던, 그 정다운 할머니의 얼굴을 책은 쏙 빼닮았다.

꽃은 새로울수록 좋고 정은 묵을수록 좋은 것! 책은 양수겸장兩手兼將이다. 금방 사서 펴든 새 책에서는, 갓 핀 장미의 향이 난다. 오래오래 읽고 묵힌 책에서는 폴폴 정의 냄새가 끼친다.

속독과 숙독 사이
_하나의 길에서 만나다

 가끔은 책을 그냥 쭉 한번 훑어 읽고는 다 읽은 것처럼 시치미를 뚝 떼는 경우도 있다. 그 엄청난 속독, 이를테면 빨리 읽기는 그것대로 여간 큰 재능이 아니다. 속독은 대개 통독을 겸한다. 여우에 쫓기는 토끼가 풀밭을 달리듯 책갈피를 넘겨서는 토끼굴까지 쾌속으로 내달리면 그건 속독이고, 또 통독이다. 속독은 마음이 시원해서 좋고 통독은 마음이 통쾌해서 좋다. 속독에 통독을 겸하면 책과 독자 사이에 절로 속이 통하게 된다. 그러기에 속독을 모조리 '날림 읽기'라고 비방할 수는 없다. 아니면 '후딱 읽기'니 '날치기 읽기'라고 면박을 줄 수도 없다.
 음속 이상의 속도로 날고 있는 인공위성을 보고 날치기로, 또 날림으로 난다고 퉁을 놓을 수 없는 것과 마찬가지 이치이다. '초음속 읽기'는 요즘 같은, 이른바 정보화 시대에는 더 한층 절실하게 제 구실을 해낼 것이다. 인터넷을 검색하고 이메일을 읽어내고 동영상을 보아내려면 그럴 수밖에 없다.

그래서 우리에게는 숙독, 이를테면 천천히 '익혀 읽기'와 속독이 한결 절실해진다. 집게손가락 끝에 침을 묻히고 차근차근 페이지를 넘기면서 눈알이 빠질세라 눈여겨서 책장을 들여다보는 숙독은 잠으로 치면 숙면熟眠과 같다.

과일이 숙성熟成하려면, 그러니까 익으려면 봄, 여름, 가을 세 계절에 걸쳐서 온갖 풍상을 겪어야 한다. 그래야 우리들이 숙과熟果, 그러니까 익은 과일을 맛보게 된다. 숙독은 과일이 숙성하듯 책을 읽는 것이다. 책이 그리고 글이 숙독을 통해서 점점 맛과 향을 더하게 된다. 천천히, 꼼꼼히, 정성을 기울여서 읽는 게 숙독이다. 두세 번 겹쳐 읽다 못해 연필로 줄을 치고 몇 자 써넣으면서 시간 가는 줄 모르고 읽는 것이라야 숙독이다.

1885년 2월 싸락눈이 내린 어느 날 아침, 나는 토론토 북쪽의 숲을 헤매고 있었다. 그때 나는 언제나 내 발길을 멎게 했던 것과 또 맞닥뜨렸다.

동물의 선명한 발자국. 그건 꼬리긴흰토끼의 것이었다. 나는 덩싯대는 흥미를 느끼면서 그 자국을 찬찬히 뒤따라갔다.

그것은 키가 작고 우거진 관목 숲 아래에서 시작되고 있어서 나는 토끼가 눈이 내리기 전, 그러니까 어젯밤에 거기서 갈색의 낙엽들을 침상 삼아서 잠을 잤으리라 짐작했다.

그런데 낙엽 더미 바깥쪽에 유독 발자국이 날카롭고 산뜻하게 찍혀 있는 곳이 있었다. 눈이 멎었을 때 토끼가 잠자리에서 훌쩍 뛰쳐나와 거기 그 자리에 앉아 있었던 것이다. 그리고 그 녀석은 둘레를 살펴본 것 같았다. 토끼의 길쭉한 뒷다리가 선명하게 발자국을 남겼고 그 뒤에는 꼬리를 내리깐 자취도 새겨져 있었다.

그런데 이내 토끼는 무엇엔가 겁을 먹고는 재빨리 도망친 것이 분명했다. 갑자기 껑충 뛸 때 그런 것처럼, 뒷다리 자국이 앞다리 자국 앞으로 쑥 내밀어져 있었던 것이다. 토끼는 빨리 뛰면 뛸수록 뒷다리를 앞다리 앞으로 쑥 내미는 버릇을 가졌다. 토끼가 무서운 적을 피해 여기저기 어지럽게 나무들 사이로 뛴 자국이 사방에 선명했다.

어니스트 T. 시턴Ernest Seton의 《동물기》이다. 이 글에서 지은이의 시선은 놀랍다. 싸락눈, 그나마 많이도 내리지 않은 눈 위에 나 있는 짐승 발자국을 다른 것도 아니고 굳이 토끼의 것이라고 보아낸 것만 해도 보통 사람으로서는 엄두도 못 낼 일이다.

뿐만 아니다. 가만히 앉았던 자국과 뛰어간 자국을 서로 갈라놓고 있는 데다 무엇엔가 쫓겨서 허겁지겁 도망친 자국까지 구별하고 있다니, 보통 사람으로는 너무하다는 생각이 들 정도이다.

무서운 시각으로 눈 위에 난 토끼 발자국을 그는 숙독하고 있다. 우리도 책장에 찍힌 글들을 이만큼은 읽어낼 수 있어야 한다. 지은이가 이 대목을 쓸 때 내쉰 숨결, 저 대목에서 토해낸 한숨, 그런 것이 피부에 와 닿을 만큼 느껴져야 숙독은 제구실을 하게 된다.

지은이는 토끼 발자국을 숙독하고 있다. 무서운 포식자에게 쫓긴 토끼가 책벌레가 속독하듯이 속사포같이 내달린 자국을 그는 숙독하고 있다. 속速과 숙熟이 절묘하게 어우러져 있다.

우리들이 책이며 글을 읽는 경지도 이 정도에 이르기를 삼가 바라고 싶다. 그래서 속독과 숙독, 어느 한쪽만 그 손을 들어줄 수는 없다. '날아 읽기'며 '단거리경주 읽기', 꼼꼼 읽기며 '마라톤 읽기', 이들 두 가지의 책 읽기는 나름의 장점을 갖추고 있다.

이들 극단적으로 다른 두 가지 책 읽기 중, 어느 것을 골라야 할까? 어느 한쪽만 떠받들고 다른 한쪽은 본척만척해야 하는 걸까? 어느 하나는 꿀 마시듯 하고 다른 하나는 쓰레기 버리듯 해야 하는 걸까?

아니, 그럴 수는 없다. 여기에 흑백의 잣대를 들이댈 수는 없다. 옳고 그름을 가리듯 양자택일을 할 수도 없다. 굳이 그렇게 하는 건 어리석은 짓이다. 무엇보다 책들이 눈살을 찌푸릴 게 뻔하다.

두 갈래 서로 다른 길을 다 가야 한다. 이 길을 가다가 저 길로 옮겨가야 한다. 그러다가 드디어는 두 갈래 길이 한 가닥으로 모일지도 모른다.

삼단뛰기와 장애물경주
_읽기에도 비결이 있다

기왕 속독, 이를테면 내달려 읽기에 대해 이야기한 김에 내쳐서 또 다른 육상경기에 견줄 만한 책 읽기에 대해 말해볼까 한다. 하나는 삼단뛰기이고, 또 다른 하나는 장애물경주이다.

어쩌다 보면 책을 서둘러 읽어야 할 경우가 생기기도 한다. 가령, 밤을 새워도 모자랄 만큼 숙제가 많다고 치자. 주어진 과제는 하나 혹은 둘밖에 안 되지만 읽어야 할 책이 여러 권이라면 어떻게 할까? 그런 조급한 상황, 위기 상황 속에서 놀기 반 읽기 반, 그렇게 늑장을 부렸다가는 다음 날 학교에서 혼쭐이 날 건 자명한 이치.

다그쳐 읽어야 하고, 도리 없이 날려 읽어야 한다. 그래서는 안 되는 줄 뻔히 알지만, 워낙 사태가 급하다 보니 비상수단, 아니 초비상수단을 쓸 수밖에 없다.

　그럴 때 삼단뛰기로 책을 읽어야 한다. 어정뱅이가 될 수는 없다. 날렵하고 신속하게 뛰어야 한다. 그러니 앞뒤 두루 이어서 꼬박꼬박 읽다가는 숙제고 뭐고 물 건너가고 만다. 한 권의 책을 읽어야 하는 경우에도 도리가 없다. 껑충 뛰어넘을 건 사정없이 뛰어넘어야 한다. 그래서 삼단뛰기식의 책 읽기가 요긴해진다.

　경우에 따라서 다르지만, 많은 책을 다 읽어야 하고 두꺼운 책을 골고루 살펴야 비로소 숙제를 할 수 있다면, 그 무거운 짐을 지워준 분에게 분풀이하는 심정으로라도 응급수단을 써야 한다. 그럴 때 핵심은 대개 책들의 결론에 나와 있기 마련이다. 그러니 서론과 본론은 슬쩍 통과하는 게 상책이다. 아! 하마터면 빠뜨릴 뻔한 게 있다. 책의 차례이다.

　그러니까 정리해보면 차례—서론(도입부)—본론(발전부), 이 세 부분을 펄쩍펄쩍 뛰어넘다시피 하니까, 그게 삼단뛰기가 아니고 무엇인가 말이다. 안 보고 넘기라는 건 물론 아니다. 후다닥하고는 요점만 빨리 짚어내고 지나가라는 뜻이다. 그러면 삼단뛰기는 완벽해진다. 그러고는 차근차근 결론을 살펴서 삼단뛰기 한 것 중 요긴한 대목과 연관 지으면서 그 요점만 두세 문장 정도로 잡아내면 그만이다.

　그렇다면 장애물경주를 하듯이 읽는다는 건 뭘까? 장애물경주는 다들 알겠지만 달리기 코스에 일부러 심술이라도 부리듯이 장애물을 설치하고 이를 뛰어넘게 하는 육상경기이다.

　책 또는 글을 읽다 보면 성가시게 구는 대목을 만나게 된다. 중요한 것 같기는 한데 무슨 소리인지 얼핏 잡히지는 않는 대목을 만나기 마련이다. 이론 수준이나 지식 수준이 높을수록, 그런 대목은 자주 복병처럼 웅숭크리고 있기 마련이다. 그런 어려움을 무릅쓰고 읽기에 '장애물경주식의 읽기'라고 이름 붙여도 좋을 것 같다.

에펠탑이 탄생하기 이전에도 19세기는 (그중에도 미국과 영국에서) 놀라울 정도로 높이 치솟은 건물을 꿈꾸고 있었다. 이런 말을 하는 것은 이 세기가 기술 만능주의 시대였고, 창공을 정복하는 데 사람들의 정신이 또다시 팔려 있던 시대였기 때문이다. (중략) 콕토는 진작 에펠탑을 일컬어서 좌안左岸의 노트르담 사원이라고 말한 적이 있다. 실제로 파리의 대성당인 노트르담 사원은 파리의 하고 많은 기념비 중 가장 높은 건물이 아닌데도 (폐병원廢病院, 판테온 사원, 샤크레쾨르 성당은 훨씬 더 높다) 에펠탑과 함께 하나의 상징적인 커플, 파리 하면 곧장 에펠탑과 노트르담 사원을 연관 짓는, 옛적부터의 관광적인 습관으로 인정된, 하나의 상징적인 커플을 형성하고 있다. 에펠탑과 노트르담 사원은 과거 (중세는 언제나 두터운 시간의 층을 형성하고 있다)와 현재의 대립을 초월해서, 뿐만 아니라 이 세계와 동일할 정도로 오래된, 묵은 돌과 현대성의 상징인 금속(철)의 대립을 초극해서 결연되어 있는 상징이다.

롤랑 바르트Roland Barthes의 〈에펠탑〉에서 발췌한 글이다. 이렇게 말해서는 안 되겠지만 그까짓 철탑 하나 가지고, 그 낡은 철탑 하나 가지고 무슨 수선이 그리도 심한가 싶을 정도이다. 게다가 문장들이 모두 지루할 만큼 긴 데다가 문맥 또한 어설프다. 우리 시대의 대표적인, 그나마 잘 알려진 철학자 또는 인문학자의 글치고는 영 싱숭생숭 갈피를 잡기가 어렵다. 특히 끝에서 두 번째 문장은 보통의 지식인이나 지성인의 것이라 해도 창피할 지경이다. 문맥을 따라가기가 어지러울 지경이다.

그런데도 바르트는 20세기 후반, 인류의 지성에 충격을 준 철인 중 한 명으로 일컬어진다. 그러니 그의 글을 읽다 말고 내팽개치기는 어렵다. 애써서 읽어내야 할 그 무엇인가가 그의 글에 있을 것이라 기대하면서 어려움을 뚫고 나아가야 한다. 장애물경주하듯이 읽어나가야 하는 것이다.

부분적으로 짧게 인용한 위의 글만 해도 하나의 사원과 하나의 철탑을 두고 그는 시대정신을 말하고, 역사적인 징표를 논하고자 한다. 시대와 역사의 개성과 움직임을 꿰뚫어보고자 한다. 그러니 더욱 내던질 수는 없다.

이런 요긴한 내용 또는 주제라는 '골라인'에 다다르자면 표현이나 문장상의 장애는 어떻게든 뛰어넘고 내달려야 한다. 영락없이 장애물경주하듯 읽어 나가야 하는 것이다.

놀기 반 읽기 반 _ 책, 덮을까 말까

삼단뛰기가 아무리 장쾌하고, 장애물경주가 아무리 신난다 해도 늘 그런 식으로 책이며 글을 읽을 수는 없다. 때로는 놀기 반 읽기 반, 그렇게 책과 글을 대할 수도 있다. 그러면 책이 금세 정겨워지고 다사로워진다. 아무리 겉모양이 모난 사각형이라도 그것이 주는 느낌은 둥그스름하게 푸근하다. 책장마다 정든 이의 손길이 느껴진다.

원칙적으로는, 숟가락으로 밥을 떠서 입에 넣고 젓가락으로 나물을 집어서 입에 넣듯이 해야 하는 것, 그렇게 음식을 먹듯이 읽어야 하는 책도 있는 법이다. 숟가락, 젓가락 그 둘을 함께 놀리듯이 우리는 단거리경주식의 읽기와 마라톤식의 읽기, 이 둘을 다 해내야 한다.

그런데 읽기에는 여태 보아온 것 말고도 서로 상반되면서도 서로 어울릴 수 있는 읽기 방법들이 또 있다. 놀기 반 읽기 반의 독서와 '잠언을 섬기듯 하는' 독서, 이 두 가지가 그렇다. 그중 어느 하나만 편애해서는 안 될 것이다. 앞의 것은 느릿느릿 산책하듯이 글을 읽는 것이다. 가도 그만 안 가도 그만인 게 산책이다. 책을 읽을 때에도 그런 기분으로, 읽어도 그만 안 읽어도 그만인, 그래서 꼭 산책하듯 읽는 경우도 있는 법이다.

그래야만 잠언을 읽고 외우듯이 글의 가려진 속내가 겨우 잡히기도 하는 것이다. 앞서 이야기했듯이 '잠箴', 즉 침이 바르게 꽂히듯이 말이다. 읽기란 이렇게 절묘한 것이다. 읽기에서는 모순과 모순이 둘도 없는 친구가 될 수도 있다.

놀기 반 읽기 반의 독서! 듣기만 해도 마음이 편하다. 그러나 놀이가 반이고 읽기가 반이라고 해서 업신여길 수는 없다. 얕잡아 보거나 깔볼 수도 없다. 그건 그것대로 '독서삼매讀書三昧'이기 때문이다.

물론 내일 기말시험을 앞둔 학생이 놀기 반 읽기 반으로 공부를 할 수는 없을 것이다. 그러나 평소라면 얼마든 놀기 반 읽기 반 할 수 있다.

그런데 그 느긋함이 오히려 글의 숨겨진 경락經絡, 이를테면 침놓을 자리를 드러내 보이고 그래서 글의 핵심을 잡아내게도 하는 것이다. 바쁠수록 돌아가라는 말도 있다는 것을 새삼 강조하고 싶다.

여자는 일어나서 정거장까지 걸어갔다. 건너편에는 보리밭이 펼쳐지고 가로수들이 강을 따라 줄 서 있었다. 강 건너 산줄기가 길게 이어져 있었다. 구름이 보리밭을 가로지르고 지나가자 여자는 나무들 너머로 강을 내려다보았다.

"그런데 이 모두를 우리 것으로 만들고 싶다면 안 될 리가 없지." 여자가 말했다. "뭐든 우리 것으로 만들 수 있는데도, 우리는 하루하루를 허비하고만 있으니."

"무슨 말이야?"

"무엇이든 우리 것이 될 수 있다는 거지, 뭐."

"그래, 뭐든 우리 거야."

"아니야, 그렇지 않아."

"온 세계가 우리 거라니까."

"아니, 그렇지 않아."

"어디든 갈 수 있단 말이야."

"아니야, 그렇지 않아. 이젠 내 게 아니야."

"우리 거야."

"아니야, 한번 놓치면 돌이킬 수 없어."

"아냐, 그렇지 않아. 아직은 놓친 게 아니지."

"이제 곧 알게 될 거야."

"그늘로 가자." 남자가 말했다. "그런 식으로 생각하면 안 돼."

"어떤 식으로든 생각 안 해." 여자가 말했다. "그냥 알고 있는 거지."

"하고 싶지 않으면 안 해도 좋아."

"내게 안 좋은 일도 말이지." 여자가 말했다. "알고 있다고. 맥주라도 한잔 하는 게 어때?"

"그래, 마시자고. 그러나 제발 알아줘."

"잘 알고 있다고." 여자가 말했다. "더 이상 얘기하지 마."

둘은 테이블 앞에 앉았다. 여자는 저 건너 골짜기의 깡마른 비탈을 바라보고 남자는 여자를 쳐다보았다가 다음에는 테이블을 쳐다보았다.

"이해해줘." 남자가 말했다. "하고 싶지 않으면 안 해도 좋아. 당신에게 뜻있는 일이라면 나는 뭐든 기쁘게 받아들일 수 있어."

"당신에게도 뜻있는 일이야. 우리 둘은 어떻게든 해나갈 수 있어."

"물론 뜻이 있지. 그러나 나는 당신 말고는 누구도 바라지 않아. 다른 사람은 필요 없어. 게다가 그 일은 정말 간단하잖아."

"으응, 정말 간단하다는 건 나도 알아."

"당신이 그런 식으로 말해도 그건 당신 마음이야. 나는 잘 알고 있다고."

"여보, 부탁이 하나 있는데?"

"당신을 위해서라면 뭐든 좋아."

"제발, 제발 입 좀 닫아줘."

남자는 아무 소리도 안 하고 정거장에 둔 가방을 보았다. 둘이서 며칠 밤을 보낸 호텔의 벨 소리가 멀리서 들려왔다.

"그러나 당신이 그걸 알아주기를 바란단 말이야." 남자는 말했다. "어떻게든 말이야."

"소리칠 거야." 여자가 말했다.

술집 여인이 커튼 너머로 맥주를 두 잔 가지고 나와서 젖은 테이블보 위에 놓았다.

"기차는 5분 안에 온대요."

"뭐라고 했죠." 여자가 물었다.

"기차가 5분 안에 온다니까요."

여자가 술집 여인에게 밝게 미소 지으면서 고마움을 전했다.

"정거장 저쪽으로 가방을 옮겨놓는 게 좋겠어." 남자가 말했다.

여자는 남자에게 웃음을 지어 보였다. "좋아요. 그다음에 맥주를 마시자고요."

남자는 두 개의 가방을 들어올려 반대편 플랫폼으로 옮겼다. 남자는 선로의 저쪽을 살폈지만 기차는 보이지 않았다. 남자는 사람들을 헤치고 돌아왔다. 여자는 테이블에 앉은 채 그에게 웃음을 건넸다.

"기분, 좋아졌어?"

남자가 물었다.

"응, 기분 좋아요." 여자가 말했다. "이젠 아무렇지도 않아. 기분 좋아."

헤밍웨이의 《여자 없는 남자》에서 인용한 내용이다. 그런데 이 부분을 읽는 내내 궁금해진다. 그리고 지루하다. 읽는 사람이 딱 신경질이 날 만한 글이다. 짤막짤막 내뱉듯이, 아니 한숨 토하듯이 주고받는 말인데도 웬 반복은 그리 많은지. 답답해진다. 무엇 때문에 나누는 대화인지,

무슨 이유로 둘이 옥신각신하는지 짐작이 안 간다. 사건 내용도 안개 속이다.

거기다 풍경도 단조롭기 이를 데 없다. 거기서 맥주를 마셔보아야 시원할 턱이 없다. 인물들도 별로 다를 게 없다. 남자는 무뚝뚝하고 여자는 매몰찬 것 같아서 바위와 돌이 대화를 나눠도 이보단 나을 것 같다. 읽다가 내던지기 십상이다. 헤밍웨이의 문체는 워낙 단조롭고 밋밋하기로 이름났지만 이건 해도 너무 했다.

남자와 여자는 왜 이러고 있는 걸까? 뭘 가지고 옥신각신하는 걸까? 두 사람은 여행을 결심하기 이전부터, 그리고 여행을 떠나기 위해 정거장으로 오는 내내 주고받은 이야기를 또다시 나누고 있는 것이다. 그러나 천만 번 얘기를 주고받는다 해도 그저 옥신각신일 뿐, 달리 결론이 날 이야기가 아니다. 그건 다름 아닌, 원하지도 않는 애를 여자가 갖게 되자, 남자와 여자는 그 애를 낳을 것인가 말 것인가, 떼어버릴 것인가 말 것인가를 두고 설왕설래하는 것이다. 둘 다 마음이 흔들리고 있긴 마찬가지이다.

그야말로 덴마크의 철학자 키르케고르 Søren Kierkegaard가 아니라도 "이것이냐, 저것이냐, 그것이 문제로다"라고 할 수밖에 없는 상황에 빠졌지만, 시종일관 이것이기도 하고 저것이기도 한 한편, 저것도 아니고 이것도 아닌 딱한 지경에서 둘의 마음은 허우적대고 있었던 것이다.

둘은 어느 순간 입으로는 낙태수술 또는 임신중절수술이 간단하다고 내뱉고 있지만, 마음은 시종 갈팡질팡하며 늪 속을 질척대고 있다. 그런 주제에 맥주 한잔에 기분이 상쾌해졌다고 내뱉고 있다.

결국 큰 도시에 있는 병원을 향해 여행을 나서기는 하지만 그건 두 사람 스스로 한 행위가 아니라고 봐야 한다. 그보다는 기차가 해준 일이라고 하는 게 보다 적절할 것 같다.

읽다 보면 이 지경이다. 지겹고 고깝고 넌더리가 난다. 독자라면 누구나 읽을까 말까, 마음을 잡기 어려울 것이다. 그런데 책 읽는 사람은 이 때문에 작품에서 눈을 떼서는 안 된다. 느긋하고 차분하게 소설을 따라가야 한다. 요컨대, 하품을 토하듯이, 아니면 산책이나 하듯이 유유자적해야 한다.

작가는 일부러 그러고 있다. 노려서 그렇게 작품을 쓰고 있다. 주인공, 두 사람이 골백번 이야기해보아야 끝이 나지 않을 캄캄한 이야기를 작가는 그 주제며 분위기에 딱 들어맞을 말투며 글투로 독자들에게 전해주고 있다. '그 내용에 그 문체!'라고 해도 좋다. 그래서 작품이 실감 나게 살아 있다. 문체의 '신건이'가 오히려 '짠지'가 되어 있다.

이걸 알아내기까지 독자는 제법 고생을 해야 한다. 책을 던질까 말까 갈팡대야 한다. 그 갈팡댐이 없이는 이 작품을 제대로 읽는다고 할 수 없다.

지루한 문체가 남녀 두 주인공의 심리와 발언의 고리타분함과 절묘하게 짝을 이루고 있다. 그러니까 글을 읽는 것도 늑장을 부릴 대로 부리고, 미적댈 대로 미적대야 한다. 서두르지 말고 심지어 졸듯 말듯 졸눌하게 읽어나가야 한다. 달리지 말고 뛰지 말아야 한다.

이렇듯이 책을 읽다 보면 책갈피 사이를, 그 행간을 눈으로 산책하는 듯한 느낌이 들 때가 있다. 그래서 책이 문득 마을 가까운 숲정이 같다는 생각을 하게 된다. 알맞게 우거진 그 오솔길을 뒷짐 지고 천천히 거닐듯이 책 읽기를 즐기고 있다는 생각을 하게 된다.

  그러나 이처럼 산책하듯 책을 읽을 수 있다고 해서 굳이 서서 읽자는 것은 아니다. 놀이 반 읽기 반은 누워서 하는 것이 천하일품이다. 팔다리를 펴고 편안하게 누워서 읽어야 제격이다. 그게 안성맞춤이다. 더러 사탕이나 쿠키 따위의 군것질거리를 지근지근 씹어댈 수도 있다. 가벼운 음악이 독서의 반주자가 되면 그야말로 금상첨화이다.

  그러다가는 언제 책에 홀렸던가 싶게 베갯머리에 책을 엎을 수도 있다. 아니면 읽다 만 책으로 얼굴을 가리고는 설핏 잠에 빠져도 좋다. 그럴 때 종이 냄새와 활자 냄새가 어우러진 그 싵곽한 책 냄새에 풋잠이 익은 잠이 되었던 경험을 누구나 갖고 있을 것이다. 여름 한낮, 거기에 대청마루라면 익은 잠의 단내가 더 한층 절실했을 것이다. 아! 책이라는 그 기막힌 수면제여!

  얼마나 잠에 빠졌던 걸까? 문득 눈이 떠진다. 길게 켜는 기지개라니! 몸이 가볍고 머리가 한결 상쾌하다. 몇 번 껌벅대니 눈도 사뭇 산뜻하다. 베갯머리에 엎어져 있던 책을 다시 집어 든다. 읽다 만 대목에 다시 눈을 박는다. 아! 그건 헤어졌던 임과의 재회와도 같은 것! 포옹하듯 책 읽기가 또 시작될 것이다. 그러니, 읽기 반 놀기 반의 책 읽기야말로 '독서 쾌락주의'의 정수일지도 모른다.

읽기의 쾌락주의 _극과 극은 통한다

쾌락은 참 성가시다. 그 개념을 다 잡아내기가 쉽지 않다. 별것이 다 쾌락이란 이름, 향락이란 명분을 뒤집어쓰고는 나부대기 때문이다. 그 품종이 많은 만큼이나 그 질도 매우 별나다. 흥분과 도취가 쾌락의 알맹이인가 하면, 안정과 고요도 유락愉樂이고 열락悅樂인 경우가 많다. 덥적대고 날치는 게 향락인가 하면, 차분해지고 가라앉는 것이 쾌락으로 치부되기도 한다. 극과 극인데, 그 극끼리가 서로 통한다. 그래서 독서의 쾌락도 이 양단을 자유자재로 오갈 수 있다.

아우성치는 즐거움이 책 읽기에서 폭포처럼 쏟아질 수 있다. 그와는 달리 숲 그늘의 산들바람이 되어 우리를 달래줄, 책 읽기의 쾌락도 있을 수 있다. 가벼운 쾌락으로 책을 대할 수 있는가 하면 묵직한 즐거움으로 독서를 대할 수도 있다.

그리스에서 쾌락주의 철학의 길을 개척한 에피쿠로스는 이 같은 '쾌락의 양단兩端'을 멋지게 넘나들었다. 창부들과의 교분을 즐겼는가 하면, 전원에서 유유자적하는 것을 큰 낙으로 삼기도 했다. 심지어 수양하고 품성을 닦는 것도 그와 그의 추종자들에게는 쾌락이었다. 얼핏 보면 그는 큰 모순을 저지른 것 같다. 그에 대한 당대의 철학자들, 그리고 후대의 철학자들의 평가가 들쑥날쑥 하는 것도 바로 이 때문이다.

하지만 쾌락에도 그 무게의 가벼움과 무거움이 있다는 것을, 그래서 인간이 누리는 즐거움에 양단이 있다는 것을 놓치지 말아야 한다. 잘 익은 사과 한 알의 향내가 입 안 가득 번질 때의 그 즐거움! 손에 땀을 쥐고 일에 골몰할 때의 그 기쁨! 둘 다 쾌락의 보배이다. 사랑하는 이와 푸른 들길을 걷는 그 기쁨! 마라톤 경주에서 승리한 선수의 그 기쁨! 즐겁기는 둘 다 마찬가지이다.

그렇다. 책 읽기, 글 읽기의 즐거움에도 양단이 있기 마련이다. 놀기 반 읽기 반의 독서와 진지한 독서는 서로 등지고 있는 한편, 서로 손잡고 있기도 하다. 그러니 둘 다 우리들의 쾌락, 우리들의 향락이다.

하지만 오늘날 부분적으로라도 독서가 괴로운 것, 재미없는 것으로 박대받는, 딱한 현실에 대해서는 뭐라고 말해야 할까? 이제 글 읽기도 엔터테인먼트가 될 수 있어야 한다. 그러려면 생활에 쫓기는 고달픈 사람들에게는 놀이 반 읽기 반의 독서가 조금 더 강조되어야 하는 게 아닌지 모르겠다. 우리 모두 책 읽는 쾌락주의자가 되었으면 한다.

- 둘 -
카타르시스의 발견 — 의미 읽기

게임을 하듯이_실마리를 잡아라
의미를 캐고 따지고 물어라.
탐정이 범인 잡듯이, 승자가 게임 하듯이.

물고기를 잡듯이_하나도 놓치지 말라
그물을 펼치듯이 폭넓게 읽어라.
대의大意를 발견하고 큰 윤곽을 잡는 것이 먼저다.

이를 잡듯이_구석구석 뒤져라
꼼꼼히 세부 의미를 따져 물어라.
한 치도 놓치는 것이 있어서는 안 된다.

고양이가 쥐를 가지고 놀듯이_재미를 찾아라
때론 긴장을 풀어라. 책 읽기는
행복한 지적 놀이다. 고양이가 쥐를 가지고 놀듯이,
책에서 재미를 찾아라.

사금을 캐듯이_까불고 솎아내라
광부가 사금 캐듯이 솎고 솎아내라. 그래서
걸러지고 남은 글줄과 문맥,
그것이 독서의 수확이자 광부의 사금이다.

게임을 하듯이 실마리를 잡아라

글 읽기는 즐거움이어야 한다. 재미가 쏠쏠 해야 한다. 흥청망청해야 한다. 물론 그 지경에 올라서려면 제법 긴 연수며 훈련을 거쳐야 한다. 땀도 많이 흘려야 하고 고생도 꽤나 해야 한다. 기합도 단단히 받아야 한다. 그건 단단히 각오해야 한다.

그러다가 드디어 고생 끝에 낙이 오기 마련이다. 그렇게 되면 어려운 낱말이며 구절의 뜻을 족집게로 털 뽑듯 하게 된다. 숨어 있는 뜻을 빨리 벗겨서 꺼낼 수도 있게 된다. 제 딴에는 오기를 부리고 끝까지 아등바등 정체를 가리려는 글도 마침내 백기를 들게 된다. 그러면 적을 완전히 때려 부순 것이나 다름없으니, 읽는 사람은 승리의 깃발을 내걸어도 좋다. 환호하고 춤이라도 추면서.

그러니 글 읽기와 PC 게임은 사돈 간이다. 아니, 사촌 간이다. 어쩌면 친형제 간일지도 모른다.

게임에 넋을 잃으면서 누구나 숱한 장애를 넘어서야 한다. 미로를 꾸불꾸불 헤쳐 나가야 하고 태산을 넘고 한바다도 건너야 한다. 그러면서 훼방꾼도 처치해야 한다. 적의 앞잡이들을 요리해야 하고 마침내는 적의 진지를 박살 내고 그 못된 적의 괴수를 타도해야 한다. 그렇게 죽을 고비를 아슬아슬 넘긴 횟수만큼 성공의 약발은 클 것이다.

그런가 하면 게임을 하는 사람은 명탐정이나 수완 좋은 형사라야 한다. 실오라기 같은 단서 하나 없어도 온갖 시행착오를 겪어낸 뒤 드디어 결정적인 단서를 잡아 범인을 지목하고는 호랑이가 토끼를 잡듯이 낚아채야 한다.

승리, 쟁취爭取, 획득, 성취! 이게 게임의 궁극이라면 그건 인생의 축소판이다. 책 읽기, 글 읽기도 이와 다를 바 없다. 정말이다. PC 게임에 능숙하면, 책 읽기도 문제없다. 그 생각으로 이제 읽기에 달라붙어보자.

고향에 돌아온 날 밤에
내 백골이 따라와 한 방에 누웠다.
어둔 방은 우주로 통하고
하늘에선가 소리처럼 바람이 불어온다.

이건 누구나 익히 알고 있을 윤동주의 〈또 다른 고향〉이란 시의 첫 대목이다. 뭐가 뭔지 잘 모르지만, 으스스하고도 신비롭다. 괴이하고 얄궂다. 그런데 이 대목에는 뭔가 모호하게 읽는 사람의 마음을 사로잡는 게 있다. 사뭇 궁금해진다. 하기야 모든 시가 독자를 궁금증 속으로 몰아넣어야겠지만, 이 시의 경우에는 그 궁금증의 강도가 대단하다.

그중 읽는 사람을 가장 궁금하게 하는 것은 다름 아닌 '백골'이다. 시를 읽는 사람은 '그게 뭘까?'라고 저절로 묻게 된다. 백골이 어떻게 따로 올 수 있을까? 판타지소설 저리 가라 아닌가. 무시무시해지기도 하고 불안해지기도 한다. 그래서 더 한층 그 정체를 밝히고 싶을 것이다. 이제 캐고, 묻고, 따지면서 찾아내야 한다.

유학 중이던 낯선 땅, 일본에서 북간도 용정의 고향집에 돌아와 누운 윤동주! 그가 얼마나 고향에 돌아와 어머니와 함께 밤하늘의 별을 우러르고 싶어 했던가. 그러니 당연히 잠자리가 편하고 아늑했어야 한다. 안식이 온 방에 가득해야 그게 정상이다. 그런데 그가 편하게 누운 그 이부자리 속에 백골이 또 누워 있다니! 섬뜩하다. 그야말로 모골이 송연悚然하다. 소름이 끼친다. 공연히 고향에 돌아왔는지도 모를 일이다.

그런데 이건 역설이다. 뭔가 거꾸로 뒤집힌 것이다. 상식이나 정석이 엎어진 것이다. 그런데도 시적 자아, 즉 시를 읊고 있는 본인은 제 옆에 나란히 누운 백골을 실감하고 있다. 현실로는 있을 수 없는 그 환상!

백골은 도대체 뭘까? 점점 더 궁금해진다. 마음이 쓰인다. 다잡아서 물어야 하고 따져야 하고 드디어 캐내야 한다. 탐정이 범인 잡듯이 꼬집어 내야 한다.

백골은 죽음의 강박관념强迫觀念이다. 싫고 꺼리는데도 영 악착같이 달라붙어서 놓아주지 않는 어떤 무서운 생각, 소름 끼치는 생각 등을 강박관념이라고 한다. 마음에 족쇄를 채우고 항쇄項鎖를 채운 상념想念이라고 해도 좋을 것이다.

가장 편안해야 할 그 환경, 그 시간에 오히려 더 발악을 하는 죽음이라는 것! 그 생각! 그게 백골이다. 이럴 때는 고향도, 귀향도 아이러니(반어)가 되고 만다. 앞뒤 다르고 겉과 속이 서로 어긋나는 그런 고약한 관계가 고향과 시적 자아 사이에 끼어든 것이다. 안식이 넘쳐야 하는데도 불안에 떨게 되는 곳, 그게 윤동주의 고향 방이다. 그 불안이 백골 모양으로 윤동주 눈에 삼삼했던 것이다.

이제 겨우 우리는 백골의 정체를 잡아냈다. 시 읽기는 이래서 탐정이 범인을 잡아내는 것과 비슷하고 그래서 PC 게임과 같아지는 것이다. 그렇다. 게임이 한창 진행 중인 모니터를 들여다보듯 이제 글을, 그리고 책을 들여다보자. 재미있게 들여다보자. 들여다보는 도수만큼 책과 글은 응답할 것이다.

물고기를 잡듯이
_하나도 놓치지 말라

 개울이다. 흐르는 물결이 싱그럽다. 덤벙덤벙 물살을 헤치고는 거침없이 들어선다. 철벅철벅! 세찬 물결이 온몸을 쓸어갈 것 같다. 무릎 위로 한참을 걷어올린 바짓가랑이가 젖는다. 자세를 바로 잡고 선다. 버티다시피 우뚝 선다.
 친구와 둘이 양손으로 두 가닥의 막대 끝을 맞잡고는 반두를 바닥에 가라앉힌다. 가만가만 물 안을 살핀다. 물결 따라 신나게 헤엄치는 피라미떼가 눈부시다. 그 조금 아래 붕어 무리가 날렵하게 꼬리를 치고 있다. 물밑의 돌 사이에 숨어 있는 꺽지도 슬쩍 몸을 솟구친다.
 숨도 제대로 쉬지 않고 죽은 듯이 서서 기회를 노린다. 호시탐탐 벼른다. 그러기를 한참, 녀석들이 그물 안으로 몰려든다.

"됐어!" 하고 소리친다. 와락! 그물을 낚아챈다. 푸른 물살이 샘솟더니 산산이 흩어진다. 물방울이 자지러진다. 쏴! 그물이 물 밖으로 떠오른다. "가득이다!"

그물 바닥 가득 물고기들이 요동친다. 약동한다. 번쩍이는 은비늘! 눈이 부시다. 이게 바로 반두질로 물고기를 잡는 정경이다. 글 읽기, 책 읽기도 이래야 한다.

처음에는 망라網羅하듯이 읽어야 한다. 망網이나 라羅나 다 그물이다. 하지만 나는 '그물질할 라' 또는 '벌여놓을 라'라고도 읽는다. 그래서 '뭔가를 망라한다'면 모조리, 깡그리 휩싼다는 의미가 된다. 읽기의 시작은 그런 뜻에서 망라와 맞닿아 있다.

우선 주어진 한 편의 글 또는 책의 한 대목을 죽 한눈에 훑듯이 읽는다. 눈결을 그리고 관심을 던져 그 모두를 감싸 안아야 한다. 남김없이 휩쓸어야 한다. 구석구석, 줄줄이, 마디마디 어느 하나 빠뜨리지 말고 휩싸 안아서 받아들여야 한다. 그물에 걸린 물고기를 몽땅 떠내듯이 눈과 마음의 그물에 모두 잡아내야 한다.

그러나 꼼꼼히는 아니다. 눈을 크게 뜨고 관심을 넓게 가지고 통 크게 읽어나가야 한다. 그건 훑어 읽기라고 해도 좋을 것이다. 그런데 이때 세 단계를 거치는 게 좋다.

우선은 대충 글 전체의 윤곽부터 잡는다. 이는 '대의大意 잡기'라고 해도 좋다. '아, 크게 보아서 대충 이런 뜻이구나!' 하는 게 눈에 들고 머리에 잡히는 것으로 대의 잡기는 충분하다. 두 번째 단계는 전체가 몇 토막이고, 그것들이 각기 무엇을 말하고 있고, 또 어떻게 연관되어 있는가를 알아내는 것이다. 세 번째 단계는 두 번째 단계를 토대로 첫 번째 단계에서 잡아낸 대의를 다시 살펴 바로잡는 것이다. 그 결과는 가능하면 한둘이나 두세 문장으로 적어내는 게 좋다. 그게 '망라하듯 읽기'의 마무리이다.

이를 잡듯이 _구석구석 뒤져라

그물을 던져서 물고기를 잡듯이 글의 큰 윤곽을 잡고 나면 다음은 꼼꼼히 세목을 읽을 차례이다. 이때에는 이 잡듯이 해야 한다. 한때 많이들 쓴 말, '이 잡듯이' 라는 말은 지금도 책 읽을 때는 유효하다.

지금부터 40~50년 전만 해도 겨울이면 사람들 몸에 이가 득실댔다. 옷의 두 폭을 맞대어 이어 붙인 솔기에 줄줄이 이가 박혀 있었다. 솔기에는 꿰맨 실밥 자국이 아주 좁다란 골을 이루기 마련인데 그게 이의 소굴이 되었다. 깊은 골짜기에 빨치산이 숨어들듯이, 어깨, 겨드랑이, 목 그리고 소매 따위의 솔기마다 이가 잠복해 있었다.

이는 그런 은밀한 곳에 틀어박히듯이 숨어 있는 데다 흰빛이라서 내의의 흰빛에 묻혀 찾아내기가 쉽지 않았다. 그러나 그 악당들을 잡지 못하면 물리고 할퀴고 해서 밤잠을 설치게 된다. 그래서 저녁밥을 먹고 난 다음 가족끼리 모여 앉아서 속옷을 벗어 들고는 이를 잡는 게 밤의 일과이다시피 했다.

시골에서는 초롱불 곁에서, 도시에서는 전등불 아래에서 '이 퇴치작전'이 펼쳐지곤 했다. 솔기마다, 그 갈피마다 뒤지고 벌려서 이를 잡아내야 했다. 그래서 생긴 말이 '이 잡듯이' 이다.

글을 읽을 때에도 마찬가지이다. 글과 글 사이, 줄과 줄 사이, 갈피와 갈피 사이에서 모르는 낱말, 알듯 말듯 한 구절을 그대로 내버려두면 안 된다. 어떻게든 찾아내고 잡아내고 또 집어내야 한다. 아리까리하고 알쏭달쏭한 것을 책갈피에서 잡아내야 한다. 남들은 쉽게 못 알아보고 낌새를 못 차리는 구석진 응달을 깊숙이 파고들어야 한다.

사람들은 모르긴 해도 살기 위해서 파리로 몰려들 것이다. 하지만 사실 그들은 죽기 위해 이 도시로 모여든 것이다. 바깥나들이를 하고 돌아왔는데 내 눈에 띈 것은 병원뿐이었다.

이렇게 《말테의 수기》는 시작한다. '무슨 소리야!' 하고 미심쩍은 생각이 들게 하는 구절이다. 주인공 말테가 세상을 보는 눈이 뒤집혀 있음을 눈치 채게 된다. 그런데 뒤이어서 한층 당돌한 대목을 만난다.

버려진 것 같아 보이는 허름한 유모차에 잠들어 있는 젖먹이를 보왔다. 포동포동한데도 얼굴이 푸르죽죽한 녀석은 크게 벌린 입으로 소독약 냄새와 감자 튀기는 냄새와 불안의 냄새를 아무렇지도 않게 들이마시고 있었다.

파리, 그 화사한 도시에서 하필이면 이 세 가지 냄새를 맡다니? 굳이 이 세 가지 냄새를 두고 말테는 무슨 엉뚱한 생각을 하고 있는 걸까? 젖먹이조차 들이마시고 있는 불안의 냄새라니, 시인은 예민해도 병적으로 예민한 걸까? 신경과민일까?

그걸 잡아내야 한다. 무엇 때문에, 무슨 불안이 냄새를 피우고 있는가를 찾아내야 한다. 하지만 원칙적으로 냄새가 없는 게 불안인데, 그 불안의 냄새를 맡았다니 도대체 무슨 소리인지 집어내야 한다. 이 구절의 갈피마다 솔기마다 뒤적여보아야 한다. 이 잡듯이 해야 한다.

소독약 냄새는 병원 냄새이다. 흉측하게 코를 찌르는 질병의 냄새이다. 감자 튀기는 냄새는 사람들이 살기 위해 필요한 냄새이다. 구수한 향기이다. 그래서 둘은 앙숙이라야 하는데, 서로 등지고 있어야 하는데, 웬걸, 말테는 그 둘을 어깨동무시키고 있다.

앞에서 말한 대로 사람들이 살아가고 있는 게 아니라 죽어가고 있는 도시에 가득한 것은 질병의 냄새이고 살기 위한 몸부림의 기척이다. 뒤죽박죽이고 엉망진창이다.

그 두 가지 냄새는 서로 겹친다. 질병의 냄새와 음식의 냄새가 한통속이다. 끼니를 먹는 건지 질병을 먹는 건지 알 수가 없다. 결과는 미처 어떻게 될지 모른다. 바로 그러기에 마음은 바늘방석이다. 불안하다.

그건 그만큼 작품 속 표현의 솔기를 뒤져서 찾아낸 것이라 치자. 하지만 불안에 냄새가 있다는 건 또 뭔가? 이 수수께끼의 숨은 속내도 잡아내야 한다.

냄새라지만 코로 맡는 생리적인 것은 아닐 것이다. 마음으로 느끼고 정신으로 감지하는 대상이다. 마음이 한바다의 조각배처럼 흔들리고 있는 것이다. 그러니 시인은 실제로는 또는 물리적으로는 나지 않는 불안의 냄새를, 낡은 옷의 솔기에서 마음으로 또 정신으로 찾아낸 것이다.

읽는 우리도 그 냄새를 맡을 수 있어야 한다. 처음엔 코를 벌름거리다가 나중에는 코를 틀어막고서도 '불안의 냄새'를 맡아낼 수 있어야 한다. 우리도 솔기에 숨은 이를 집어내듯이, 그 나지 않는 냄새를 실감해야 한다. 그래야 제대로 읽는 게 된다.

그런데 더 집어내야 할 게 있다. 그건 바로 유모차의 의미이다. 버려진 유모차에 실려서 잠자고 있는 젖먹이의 의미 말이다.

릴케는 파리의 시민만이 아니라 모든 현대인이 버려진 유모차에 실린 젖먹이 꼴이라고 말하는 것 같다. 그게 우리 모두의 몰골, 목숨을 부지하느라 기운을 빼앗긴 채 어느 도시 공간에 속수무책으로 자신을 내맡기고 있는 우리들 각자의 모습이란 것을, 읽는 우리가 이 잡듯이 잡아낼 수 있게 한다.

이처럼 책을 읽다 보면 으레 뭔가 숨겨진 듯한 것, 쉽게 정체를 드러내지 않는 것이 있기 마련인데, 서투르게 졸속으로 읽을수록 그게 잡히지 않는 법이다. 훈련도 별로 받지 않고, 스스로 연습을 할 만한 실력이 있는 것도 아닌데 처음부터 책장을 쉽게, 쉽게 넘기는 것은 날치기나 다를 바 없다. 읽다가 군데군데 멈칫대지 않으면 그건 읽기가 서투르거나 무성의하다는 의미이다.

 책을 읽다가 또는 글을 읽다가 으레 간지러운 곳을 찾아야 한다. 마치 이에 물려서 간지러운 살갗을 더듬듯이 말이다. 자다가 이에 물려서 가려워진 등덜미를 찾아서 손으로 시원하게 긁듯이 책을 읽다가도 뭐가 뭔지 잘 몰라서 마음이 근질근질해지면 그 곡절을 찾아서 긁어주어야 한다. 그래서 글 읽기, 책 읽기는 이 잡듯이 해야 하는 것이다.

고양이가 쥐를 가지고 놀듯이
_재미를 찾아라

고양이가 쥐를 잡아 노는 장면을 본 적이 있는 사람은 복된 사람이다. 그는 대단한 요행수를 만난 셈이기 때문이다. 그건 여간 재미나고 신나는 장면이 아니다. 보는 사람도 저절로 신이 난다. 심하면 "내가 왜 고양이로 못 태어났지?" 하고 팔자타령을 할지도 모르겠다.

하긴 고양이만은 아니다. 호랑이, 사자, 표범, 치타, 미국의 쿠거 등 고양잇과 동물들은 잡아챈 먹잇감을 가지고 논다. 아기들이 어떤 장난감으로 어떤 별난 놀이를 한다고 해도 고양잇과 동물을 당해낼 수 없다. 아직 생생하게 살아 있는 사슴이나 토끼 따위를 가지고 갖가지 곡예를 부려댄다. 차고 밀고 던지고 하는 꼴이 여간 촐랑대는 게 아니다. 까불고 농탕치고 야단법석이다. 그러다가 일부러 놀잇감이 달아나게 놓아주기도 한다. 비틀대며 달아나는 희생물을 뒤쫓아 넘어뜨리고는 살짝 물어서 흔들다가 이내 내팽개친다. 별별 장난을 다 친다.

그것은 그들의 삶이 누릴, 환희의 절정인 듯싶기도 하다. 그들은 먹기 위해서가 아니라 노닥거리려고 먹이를 잡은 게 아닌가 싶기도 하다. 그들 고양잇과 동물들에게는 놀이가 먹기보다 더한 본능일지도 모른다. 그중에도 쥐를 놀잇감으로 삼은 고양이의 장난이 한층 더 신명스럽다.

읽기도 이래야 한다. 읽는 사람은 사자든 치타든 고양이든 상관없지만 기왕이면 고양이가 되는 게 좋다. 그래서 책과 글이 그의 먹잇감이 되는 게 좋다.

고양이가 쥐를 가지고 놀듯이 우리는 책을 가지고 놀아야 한다. 독서삼매란 말이 있다. 책 읽기에 홀랑 넋이 빠진다는 뜻이지만 이 지경에 다다르기 위해서도 우리는 그렇게 놀 줄 알아야 한다.

재미가 먼저다. 신명이 앞서야 한다. 교양이니 지식이니 하는 그 고상한 소득은 나중 문제이다. 흥청거리는 게 독서의 제일보이다.

"와, 신난다!"

그 소리가 절로 외쳐지지 않고는 독사삼매는 가망도 없다. 그러자니 우선 재미를 찾아야 한다. 글의 멋을 느끼고 맛도 보아야 한다. 그러니 눈으로만 책과 글을 읽어서는 안 된다. 오관이 다 동원되어야 한다. 냄새도 맡고, 울림도 듣고, 촉감도 느껴야 한다. 혀끝이며 입 안이 새콤달콤해야 한다. 물론 구수씁쓸하기까지 하면 더 바랄 게 없다. 그래야 비로소 독서삼매이다.

그런 읽기의 신명을 위해서는 책과 글의 구석구석을 대목대목 가지고 놀 줄 알아야 한다. 갈피마다 가지고 희롱할 줄 알아야 한다. 그러려면 여름 소나기처럼 후딱 읽어서는 어림 반 푼 어치도 없다. 보물찾기 하듯이 샅샅이 뒤져야 한다. 누룽지가 눌어붙은 가마솥 바닥이라도 되듯이 달달 긁어야 한다. 두 눈을 서치라이트처럼 켜고는 대목마다 낱말마다 눈깔사탕 핥듯이, 캔디 빨듯이 해야 한다. 입에서 침이 질질 흐르면 흐를수록 좋다.

"요 표현, 참 묘한데!"
"이 말투, 이 글투에 내가 왜 이리 반하는 거지?"
"아, 내가 주인공이었더라면!"

이런 갖가지 탄성과 감탄이 저절로 또 수시로 여기저기에서 폭발해야 한다. 그러면서 나도 모르게 고양이처럼 뒹구는 게 좋다.

머릿속에서, 가슴 속에서 그런 구슬 같고 보물 같은 구절들을 매만지고 품다가 가지고 놀 줄 알아야 한다. 그런가 하면 책이 찢어져라 깊은 한숨이 쉬어져야 하고 뜨거운 눈물이 줄줄 뺨을 적시다가 책갈피에 짙은 얼룩을 만들기도 해야 한다. 그런 걸 '비창悲愴의 놀이'라고 해도 괜찮을 테지만 이 '비창'이란 말이 귀에 낯설다면 베토벤의, 〈비창 소나타〉를 들으라고 권하고 싶다.

그는 이 지상에서 가장 거룩하다고 여겼던 힘, 그리고 자기가 하늘에서 타고난 것이라고 믿었던 어떤 힘에 몽땅 자기 자신을 바쳤다. 웃음으로 그를 사로잡은 정신과 말의 힘에 심신을 송두리째 바쳤다.

이것은 토마스 만의 《토니오 크뢰거》의 한 대목이다. 주인공 토니오에게 인간 정신과 비길 만한 값진 것, 그건 언어, 즉 말뿐이었다. 그런데 위에 인용한 대목 바로 뒤에는 이런 글이 계속된다.

청춘의 열정을 바쳐서 이 힘에 이바지했다. 그러자 그 힘도 그에게 선물할 수 있는 온갖 것을 베풀어주었다. 그건 그 힘이 그에게 내린 크나큰 보답이었다.

언어는 웃음으로 한 인간을 사로잡았고, 그가 바친 것만큼 베풀어주었던 것이다. 근사하다. 실로 그럴듯하다. 글과 책에서 보는 언어는 웃음이라고 했다. 그건 크나큰 재미라고 해도 좋을 것이다.
그렇다. 책 읽기, 글 읽기는 멋에서부터, 재미에서부터 시작해야 한다. 아주 어린 시절 장난감이 차지하던 자리에 책을 들어앉혀야 한다. 고양이가 쥐를 가지고 놀듯이 우리는 책과 더불어서 즐거워야 한다.

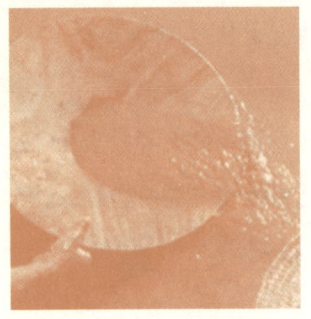

사금을 캐듯이
_까불고 솎아내라

게임처럼 하든, 이를 잡듯이 하든, 아니면 고양이가 쥐를 가지고 놀듯이 하든 아무튼 좋다. 이래저래 책을 읽고 글을 읽다 보면, 그 멋이며 재미며 의미를 느끼게 될 것이다.

하지만 결국 읽기는 황금 캐듯이 해야 한다. 흙더미와 돌더미를 헤치고 광맥을 헤집고는 가까스로, 그리고 신통하게 금덩이를 캐내듯이 책도, 글도 읽을 수 있어야 한다. 읽는 일은 그래서 발굴하기와도 같은 것이다. 글줄은 그리고 문맥은 광맥일지도 모른다.

하지만 그것만은 아니다. 모래바닥 위를 흐르는 개울에서 사금을 훑어내듯이 책이며 글을 읽을 수도 있어야 한다. 그게 글을 읽는 최종 목적이고 수확이다. 최종 결승점이다. 마지막 유종의 미이다.

커다란 키로 또는 채로 모래바닥을 잔뜩 훑어 올린다. 넓은 접시나 대야도 괜찮다. 그러고는 채를, 접시를, 대야를 흔든다. 줄줄 흘러나가는 물과 함께 잔모래는 물론 가벼운 흙덩이며 돌부스러기도 모두 사라진 다음, 앗, 이게 뭐야? 노란 쇳덩어리라니! 잘지만 이게 웬 횡재란 말인가?

이게 사금 캐기이다. 미국 서부 개척 시대에 한창 떠들썩하던 저 '골드러시'는 주로 이 같은 사금 캐기에서 비롯된 것이다.

하지만 쉬운 일은 아니다. 혹 횡재수가 터진다 해도 그건 가뭄에 콩 나기이다. 보통은 그야말로 천신만고 끝에 겨우 몇 조각을 건져 올리는 게 고작이다. 오래도록, 무수히 애를 쓰고 악을 쓴 끝에 몇 알 건져 올리는 것이다.

우리들에게 책은 또는 글은 물모래의 개울과도 같다. 무수한 낱말, 수많은 구절, 하고 많은 문맥 사이에서 읽는 사람 자신이 아니면 못 얻어낼 중대하고도 깊은 의미를 찾아낼 수 있어야 한다. 그건 사금 캐기와 매우 닮았다.

넓은 벌 동쪽 끝으로
옛이야기 지줄대는 실개천이 휘돌아 나가고,
얼룩백이 황소가
해설피 금빛 게으른 울음을 우는 곳,
그곳이 차마 꿈엔들 잊힐 리야

질화로에 재가 식어지면
비인 밭에 밤바람 소리 말을 달리고,
엷은 졸음에 겨운 늙으신 아버지가
짚베개를 돋아 고이시는 곳,
그곳이 차마 꿈엔들 잊힐 리야

(중략)

전설 바다에 춤추는 밤 물결 같은
검은 귀밑머리 날리는 어린 누이와
아무렇지도 않고 예쁠 것도 없는
사철 발 벗은 아내가
따가운 햇살을 등에 지고 이삭 줍던 곳,
그곳이 차마 꿈엔들 잊힐 리야

누구나 쉽게 입에 올리는 시, 정지용의 〈향수〉이다. 이제 우리에겐, 지난날에 대한 한 토막의 그리움일 수도 있는 작품이다. 이를테면 유물로 화한 과거에 대한 회고라고나 할까. 그래서 그저 그렇고 그런 것으로 치부해버려도 그만일 것처럼 느껴지기도 한다. 하지만 그래서는 안 된다. 그렇게 하고 끝내면 그건 음치 아닌 '문치'의 소행이 되고 만다.

게으른 울음 우는 황소
검은 귀밑머리 날리는 어린 누이
아무렇지도 않고 예쁠 것도 없는 아내
졸음에 겨워 짚 베개를 돋아 고이시는 아버지

이들은 모두 같은 속내를 지니고 있다. 같은 것의 서로 다른 표현이다. 아주 귀한 것, 돈으로도, 로토로도, 주식으로도 대신할 수 없는 것, 펀드를 산더미처럼 넘겨주고서도 차마 맞바꿀 수 없는 것이 거기 품어져 있다. 물모래 속의 사금 같은 게 거기 묻혀 있다.

그게 뭘까? 바로 정이다. 나와 너의 정, 나와 가족의 정이다. 나와 이웃, 나와 동물, 나와 자연의 알뜰살뜰한 정, 바로 그것이다. 몇 끼 굶고는 살아도 정에 굶주려서는 못 산다고 한, 바로 그 정이다. 그게 무심코 보아 넘길 수 있고 그저 그렇고 그런 것들 속에, 이를테면 흔한 것들 속에 깃들어 있다는 사실을 시인은 노래하고 있다. 그러기에 정은 물모래 속에 묻혀 있는 사금과 같다는 것을 시인은 우리에게 일깨워주고 있는 것이다.

우리들은 시를 읽으면서 스스로 그 같은 의미를 캐낼 수 있어야 한다. 그래서 글을 읽을 때, 책을 읽을 때, 눈은 키가 되고 채가 되어서 그것들을 까불고 솎아내야 한다.

셋 — 골라 읽는 책의 유혹 — 장르 읽기

시 읽기 하나_시의 멋, 시의 재미
시 읽기는 미끄럼이다. 아래에서 위로,
위에서 아래로 오르락내리락 의미를 훑으면서
그 재미와 멋을 즐겨라.

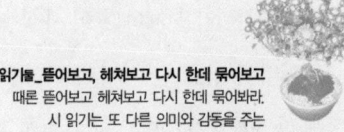

시 읽기 둘_뜯어보고, 헤쳐보고 다시 한데 묶어보고
때론 뜯어보고 헤쳐보고 다시 한데 묶어봐라.
시 읽기는 또 다른 의미와 감동을 주는
지적 유희이다.

소설 읽기_알록달록 비단을 짜듯이
소설 읽기는 사건, 인물, 배경이라는 형형색색의
실들을 재료로 꽉 짜서 만들어낸 화려한 비단이다.
색색의 실들을 꼼꼼히 따져볼수록 소설 이면에
흐르는 암시와 복선의 재미를 느낄 수 있다.

논설문 읽기_스스로 묻고 캐고 답하기
설득을 시킬 것인가!? 당할 것인가?
논설문은 '논증과 설명'이란 무기를 가지고 다투는
글싸움판이다. 중추 개념에 대해 묻고 캐내면서
스스로 그에 대한 답을 하는 과정들이
쏠쏠한 흥미를 준다.

시 읽기 하나
_시의 멋, 시의 재미

문학 중에서 제일 말랑말랑한 게 바로 시이다. 그리 길지도 않아서 부담스럽지도 않다. 하지만 시 읽기가 문학 읽기 중에서는 제일 까다롭고 어렵다. 시를 읽을 때마다 이 사실을 잊지 말라.

그렇다면 방금 한 이야기를 마음에 새기고 바야흐로 시 읽기의 실험대에 다가가보자. 아니, 시 읽기의 훈련소에 입소해보자. 물론 쉽고 편하게 읽을 시도 적지 않다. 하지만 그런 시가 독자의 눈을 끌려면 뭔가 다른 매력이 깃들어 있어야 한다.

물 한 모금 달라기에 물 떠주고
고맙다고 하기에 웃어주었죠

나야, 무슨 죄, 웃은 죄밖에

　젊은 아낙이 물 한 모금을 청한 나그네를 상대로 죄 없는 익살을, 꾀돌이 같은 말수작을 부린다. 그래서 이 시는 편하긴 하지만 재치가 번득이고 있다.
　호수를 가르면서 헤엄치는 오리를 보고 "오리 모가지는 간지러워"라고 정지용이 노래했을 때, 그건 여간한 재치가 아니었다. 오리가 물갈퀴를 긁적대면서 앞으로 나아가면 그 주위에 저절로 파문이 둥글게 일기 마련이다. 동그란 물결이 뱅글뱅글 생기기 마련이다. 가끔 오리는 목을 꼼지락대기도 할 것이다. 그걸 보고 시인은 오리 목이 간지럽다고 재미있게 표현한 것이다. 읽기 쉬우면 쉬운 만큼 그 재치가 돋보인다.
　그러나 쉬운 시는 다른 장점도 갖추고 있어야 한다. 이제 다른 장점에 대해서 알아보자.

　　머언 산 청운사
　　낡은 기와집

　　산은 자하산
　　봄눈 녹으면

　　(중략)

청노루

맑은 눈에

도는

구름

  박목월의 〈청노루〉를 읽는 데는 아무 어려움도 없다. 한 폭의 수채화처럼 맑고 곱다. 하지만 그 순수함에는 두 가지 매력이 간직되어 있다. 하나는 남이 쉽게 못 보는 것을 보아내는 예리한 시력과 묘사력이다. 다른 하나는 거기 깃든 정서 또는 정감의 깊이이다.

  시는 우리 가슴속에 봄이 맑고 곱게 피어나게 해준다. 시를 읽는 사람의 마음 하나 가득 꽃다발이 설레게 한다. 표현의 간결함에 반비례해서 여운이 크고 함축성이 깊을 때 쉬운 시는 걸작이 된다.

  하지만 시는 쉽고 아름다운 것 외에 제3의 장점을 갖추고 있어야 한다.

비가 온다

오누나

오는 비는

올지라도 한 닷새 왔으면 좋지

(중략)

가도 가도 왕십리 비가 오네

〈왕십리〉라는 김소월의 시는 민요처럼 질박質朴하다. 그런데도 반복과 변화 또는 변화와 반복으로 율격이 살아 있고 음악성이 두드러져 있다. 이 또한 쉬운 시가 갖춘 멋이고 장점이다. 이들 장점을 갖추지 못한 채 그저 쉽기만 한 시는 시라기에는 자질이 모자랄지 모른다.

물론 어려운 시라고 다 좋은 시는 아닐 것이다. 하지만 어려운 시 가운데 적잖은 작품이 어려운 값을 당당히 치러내는 경우를 보게 된다. 읽어내느라 뻘뻘 흘린 땀이 결실을 맺는 것이다. 대학 시절에 읽었던 두보가 그랬고, 그 뒤를 이어서 딜런 토머스가 그랬고, 트라클Georg Trakl이 그랬지만 그중 특히 까다로웠던 것은 다름 아닌, 릴케였다. 이건 앞에서 이미 말한 바 있다.

그런데 읽기가 까다로우면 그 내용도 까다로운 게 당연한 이치일 텐데, 좀 색다르게도 얼핏 보기에는 그렇지 않은데 읽다 보면 그 속내가 복잡하고 까다로운 시도 있기 마련이다.

생사의 길은
여기 있음에 두려워
나는 간다는 말도
못하고 갔단 말인가?

어느 가을 이른 바람에

여기저기 떨어질 나뭇잎처럼

한 가지에 태어나서는

가는 곳 모르는구나

아아, 아미타불이 계실 그곳에서

너와의 만남을

도 닦으며 기다리리라

 신라의 월명月明 스님이 아까운 나이에 죽은 누이의 넋에 바친 〈제망매가祭亡妹歌〉라는 노래이다. 첫 번째 연은 불의의 죽음을 당한 누이에 대한 애통함이 가득하다. 여긴 별로 문제 될 게 없다.

 그러나 두 번째 연은 호락호락하지 않다. 오라비와 누이가 한 가지에 매달린 잎에 견주어지고 있는 것은 금방 알아볼 수 있다. 직유법이 쓰였기 때문이다.

 남매가 겨우 한 가닥 나뭇가지에 매달린 이파리 같은 것이라니! 이건 해도 해도 너무했다. 사랑하는 오라비와 누이가 겨우 이파리들이라니. 그야말로 인생무상이라고 절로 한숨이 토해진다.

 짙은 허무감을 노래하는 것으로만 받아들여질 것이다. 그런데 그 허무감은 어머니에게까지 미친다. 두 잎이 남매라면 당연히 어머니는 한 가닥 나뭇가지에 지나지 않는다. 남매가 잎에 견주어지는 직유법을 매개로 어머니가 나뭇가지에 빗대어진다. 일종의 은유법(암유법)이 쓰였다고 보아도 좋을 것이다.

어머니가 한갓 한 가닥의 나뭇가지라니! 모르긴 해도 시인치고 이토록 처절한 어머니 상을 노래한 사람은 없을 것이다. 이 또한 해도 해도 너무했다는 생각이 들 정도이다. 불효막심한! 나도 모르는 사이에 악담이 튀어나올 판이다.

그런데 이렇게만 읽고 끝내면 안 된다. 그렇게 허무투성이로 읽게 되면 누이 잃은 오라비의 슬픔은 더한층 커질 수밖에 없다.

그래서 세 번째 연이 허무감에만 절어 있으면 안 된다고 앞으로 나선다. 첫 번째 연에서 스님답지 않게 누이의 죽음에 괴로워하던 월명 스님은 세 번째 연에서는 도승道僧다운 자세를 보여준다. 두 번째 연을 겉으로 드러나는 허무에만 집착하며 읽어서는 안 되는 이유도 바로 이 때문이다.

그러니까 두 번째 연을 다른 식으로 읽을 것을 세 번째 연이 요구하고 있는 셈이다. 앞에서 뒤로 순서대로 읽던 것을 멈추고 뒤에서 앞으로 순서를 역행하여 읽어야 한다.

나뭇가지에서 잎들이 형제처럼 나란히 돋아나는 것이 자연의 섭리라면 때가 되어 거기서 떨어져 나오는 것 또한 자연의 섭리이다. 섭리를 불교 용어를 빌려서 법法이라고 해도 괜찮을 것이다. 불교에서 무상은 정도正道, 이를테면 바른 길이다.

두 번째 연을 순서대로 읽을 때는 부정적으로 읽었었다. 그러나 이제는 긍정적으로 읽어야 한다. 그런 생각을 뒷받침해줄 터전이 세 번째 연에 있다. 남매가 아미타불의 극락정토에서 만나게 되기를 오라비인 스님은 빌고 있다.

나뭇가지에서 떨어진 잎들인 남매가 이제 새 모습으로 다시 만나게 될 곳은 보통의 어머니가 아니라 인류학에서 흔히 말하는 대모신(大母神, Great Mother Goddess), 즉 어머니의 어머니 품이다. 바로 부처의 품 말이다.

지상의 어머니보다 더 위대한 어머니를 만나기를 비는 게 세 번째 연이라면, 그 전제가 되는 것은 다름 아닌 두 번째 연이다. 그렇게 읽어야만 비로소 세 번째 연에서 월명 스님이 스님 본연의 자세로 돌아간 것이 이해가 될 것이다.

첫 번째 연에서 두 번째 연으로 순서대로 읽으면 허무감밖에 읽을 수 없게 된다. 두 번째 연은 첫 번째 연의 슬픔을 통곡으로 바꾸어놓을지도 모른다. 그런데 세 번째 연에서 두 번째 연을 돌아보면서 읽으면 전혀 달라진다. 달라져도 여간 달라지는 게 아니다. 완전히 거꾸로 뒤집히고 만다. 순순히 인정할 것은 인정하고 받아들일 것은 받아들여서 긍정하고 수용하게 된다. 이건 야구로 치면, 9회말의 역전 홈런 한 방과 같은 것이다. 반전反轉이다.

첫 번째 연에서 두 번째 연으로 나아갈 때 눈물의 거친 파도가 밀고 올라온다. 그런데 세 번째 연에서 두 번째 연으로 거꾸로 읽어보면 깨달음의 너울이 조용조용 내려앉는다.

시를 읽을 때는 이렇게 우여곡절이 심하다. 앞에서 뒤로 읽다가 다시 뒤에서 앞으로 읽어야 한다. 그러다가 다시 한번 더 앞에서 뒤로 읽어나 갈 때에는 시의 속내가 완전히 달라진다. 그 오락가락이 재미있어야 한 다. 그게 시를 읽을 때 느낄 수 있는 최고의 멋이다.

오락가락 시를 읽다 보면 급기야는 시의 앞뒤를 맴돌게 된다. 시를 읽을 때 우리의 시선은 그물을 쳐야 하고 거미줄을 쳐야 한다. 그래야 거미가 먹이를 잡아채듯이 시의 의미를 제대로 낚아챌 수 있을 것이다. 그냥 죽 읽어서는 안 된다. 앞에서 뒤로 직선을 긋듯이 훑어 내려가는 것은 글 위에서 미끄럼을 타는 것과 다를 바가 없다.

숲 속을 산책하듯이 오락가락, 오르락내리락 해야 한다. 잠자리가 위 아래로, 또 양옆으로 뱅뱅 돌면서 먹이를 노리듯이 시를 읽어야 한다. 힘 들지만 그게 시를 읽는 재미이고 멋이다.

달 밝은 밤이면 월명(밝은 달) 스님은 경주 방내를 피리 불며 걸었다고 한다. 그럴라치면, 저 아스라한 하늘 중천에서 구름길을 헤쳐 가던 달님이 발을 멈추고 귀를 기울였다고 한다. 그는 여간 멋쟁이가 아니었던 것 같다.

시 읽기도 그만큼 멋을 부려야 한다. 재미도 보아야 한다. 하지만 거기에는 시달림이 따르고 진땀도 흘려야 한다. 시를 읽을 때는 참으로 험하게도 오락가락해야 한다.

시 읽기둘
_뜯어보고 헤쳐보고 다시 한데 묶어보고

한 송이 국화꽃을 피우기 위해
봄부터 소쩍새는
그렇게 울었나 보다

한 송이 국화꽃을 피우기 위해
천둥은 먹구름 속에서
또 그렇게 울었나 보다

(중략)

노오란 네 꽃잎이 피려고
간밤엔 무서리가 저리 내리고
내게는 잠도 오지 않았나 보다

누구나 익히 알고 있는 서정주의 시 〈국화 옆에서〉이다. 이 작품 역시 어려울 게 전혀 없을 것 같다. 한번 슬쩍 읽는 것만으로 다 알 것 같다.

하지만 그렇지 않다. 가령 소쩍새 울음소리와 먹구름 속에서 울리는 천둥소리가 무엇을 상징하느냐고 물으면 쉽게 대답할 수 있을까? 우선 이런 물음을 앞세워서 이 시를 읽어보자.

사실 이 정도의 물음은 조금만 문맥 속으로 들어가보면 쉽게 짐작할 수 있게 되어 있다. 소쩍새 울음소리와 천둥소리는 국화가 피어나게 된 동기이지만, 화사하게 다듬어지고 은은하게 향기를 내뿜는 국화와는 조화를 이루지 않는다. 그 화려한 국화의 영양소가 되기에는 뭔가 어울리지 않는 것 같기도 하다. 첫째 연의 소쩍새는 피를 토하면서 밤새워 우는 새로 널리 알려져 있다. 어둠이 짙고 아픔이 크다. 그런데 화사하고 밝은 국화를 가꾸어내는 것은 그런 어둠과 피를 토하는 아픔이라고 시인은 노래하고 있다. 역逆이 역을 낳고 반대가 반대를 만든다는 역설과 반어가 거기 들어 있다. 두 요소가 서로 모순 되게 어우러져 있다.

이만큼 읽어내는 데도 제법 공을 들여야 한다. 뜯어보고 헤쳐보고 결국에는 한데 묶어보아야 한다.

둘째 연은 첫째 연의 패러디와 마찬가지이다. 소재가 달라지고 계절이 여름으로 바뀌어 있을 뿐 첫째 연의 주제가 그대로 반복되어 있다. 겉만 다르고 속은 같은 셈이다. 그러나 천둥 속의 먹구름은 소쩍새의 울음과 그 상징성이 꼭 같을 수는 없다.

먹구름 : 국화
천둥 : 국화

이렇게 이중의 대립이 둘째 연에는 들어 있다. 첫째 연과 마찬가지로 둘째 연에도 어둠이 등장한다. 먹구름은 암흑이고 갑갑함이고 두려움이다. 천둥은 격렬한 소란이고 동란이다. 먹구름과 천둥, 그 둘을 합치면 거칠고 사나운 그리고 소란한 카오스, 곧 혼돈이다. 봄에는 암담함과 아픔으로, 여름에는 소란한 카오스로 국화는 피어날 채비를 한다. 물론 두 연 사이에 공통적으로 모순 논리가 있다는 것도 놓치지 말아야 한다.

셋째 연은 계절이 가을로 옮겨져 있을 뿐, 앞의 두 연과 유사하다. 그러나 이 셋째 연은 좀 요상하다. 여간 읽기가 까다로운 게 아니다.

우선 '네 꽃잎'에 의문이 생긴다. 여기서 시인, 또는 시적 자아는 국화를 2인칭 대명사 '너'라 부르고 있다. 시적 자아(시인이 아니라 시 속의 화자)와 국화는 '나와 너'로 상면相面, 또는 대면對面하고 있다. 이 점은 깐깐하게 읽지 않으면 놓치기 십상이다.

그러니까 첫째 연과 둘째 연에서 시인과 국화의 관계는 '나와 그'였다가 마지막 연에서는 '나와 너'로 달라져 있다. 이제 국화와 시적 자아는 '나와 너'로 훌쩍 거리를 좁히고 있는 것이다. 그래서 우리는 "내게는 잠도 오지 않았나 보다"에 관심을 모아야 한다. 나의 불면이, 나의 잠 못 듦이 소쩍새의 울음소리와 먹구름 속의 천둥소리와 어우러져 국화를 피어나게 한 것이다. 잠 못 이루는 밤의 번민이 급기야 국화꽃을 피우는 싱싱한 동력으로 작용하게 된 것이다.

불면증이라면 사람들은 누구나 지긋지긋하게 여긴다. 그리고 오지 않는 잠을 저주하곤 한다. 이처럼 미운털이 박힌 게 불면이다. 그런데 이 시의 시적 자아는 그것을 반전시키고 있다. 불면은 이 시에서 꽃의 정수이다.

여기서 다시 한번 이 시를 살펴보자. 시적 자아는 우여곡절 끝에 드디어 새와 동등한 지위에 오른다. 하나의 생명체와 일심동체가 되었고, 거기 국화도 함께하고 있다. 그러고는 천기, 즉 먹구름이며 천둥 따위 하늘의 기운과도 같아짐으로써 시적 자아는 우주화宇宙化하고 있다. 그 한가운데에서 국화는 피어나고 있다. 국화가 이런 시의 의미를 알아듣는다면 날듯이 기뻐할 것이다. 이 시는 국화에 바쳐진 최고의 송가이다.

어디 이뿐인가? 시적 자아는 마침내 대기와도 동화한다. 일찍이 누가 이런 경지를 상상이나 해보았을까? 우주를 비롯한 세계의 모든 것이, 크든 작든, 움직임이 있든 없든, 소리든 침묵이든, 어둠이든 밝음이든, 그 온갖 것들이 한 핏줄을 나누어 가진 동기同氣 간이라고 생각하기란 쉽지 않을 것이다. 그런데도 〈국화 옆에서〉를 읊은 시적 자아는 국화를 가운데 두고 그 모든 이적을, 또 기적을 당당히 주장하고 있다.

이로써 일단 시를 다 읽어냈다 치고 미처 언급하지 못한 중요한 대목으로 화제를 바꿔볼까 한다. 바로 세 개의 연이 모두 같은 주제를 머금고 있다는 점이다.

앞에서 말한 대로 세 개의 연은 서로에 대한 패러디이다. 근본적으로 주제는 같은데 소재와 계절과 표현이 달라져 있을 뿐이다. 음악으로 치면 맨 처음 주제를 제시하고 그다음부터는 변주變奏가 이어지는 식이다.

최근 유행하는 기호론을 빌려서 설명하면 이런 식이 된다. 즉, 세 연은 같은 '패러다임'이 묶음을 이루고 있다. 다른 말로 표현하면 이 셋은 '공시적共時的'이다. 이럴 때 공시의 '시'에 크게 신경 쓸 것은 없다. 그저 동류同類, 그러니까 한 동아리를 의미한다고 받아들이면 그걸로 족하다.

그런데 한 동아리라면 한 무리로 같은 자리, 같은 시간대時間帶에 묶어놓는 게 옳은 일이다. 그런데 시는 실제로는 그 셋의 패러다임을 순서를 달리하고 시차를 두면서 따로따로 벌려놓고 있다. 이것을 '통시적通時的' 구조라고 하는데 그 하나하나는 따로 '신태그마syntagma'라고 부를 수 있다.

이는 이 작품이 패러다임으로, 또는 공시적으로 한데 어울려 있어야 할 것을, 하나하나 별개로 떼어서 신태그마로, 또는 통시적으로 벌려놓았다는 의미이다. 이는 곧 이 시가 만들어진 구조의 원리이다.

설명이 좀 까다로우니, 쉬운 보기를 하나 들어보겠다. "나는 너를 사랑한다"라는 문장이 있다고 하자.

1	2	3
나	너	사랑한다
본인	그대	아낀다
이 사람	당신	그리워한다

이처럼 문장을 분리하여 1, 2, 3을 수직으로 묶은 것을 패러다임이라고 한다. 그리고 그 1, 2, 3을 옆으로 벌려놓으면, "나는 너를 사랑한다"가 되는데, 이것을 한 문장의 '신태그마'라고 불러도 좋을 것이다.

그런데 우리가 읽은 시는 이렇게 되어 있지 않다. 같은 묶음에 속해 있는 단어들을 옆으로 벌려놓았기 때문이다. 여기서 우리는 시의 구성이 다른 글들, 예컨대 산문과 어떻게 다른가를 깨달을 수 있다.

이 점은 크게는 애국가, 작게는 각급 학교의 교가에서도 찾아볼 수 있다. 특히 정지용의 〈향수〉가 가장 멋진 본보기가 될 것이다.

소설 읽기
_알록달록 비단을 짜듯이

    소설을 읽을 때 사건이 일어나는 순서에 따라 눈길을 옮겨가는 것으로 끝을 내는 사람이 적지 않은 것 같다. 시에서도 비슷하게 지적했듯이 그것은 읽는 게 아니다. 그냥 스쳐 지나가는 것일 뿐. 급행열차가 시골 역을 통과하듯이 지나쳐버리면 소설을 놓치고 만다. 소설을 궁금한 대로 읽다 보면, 그 지경이 되기 십상이다.
    소설을 읽는 것은 설계도를 샅샅이 읽고 다시 그 설계도를 그려내는 일과도 같은 것이다. 줄거리, 사건의 연결, 등장인물들의 관계 말고도 배경(시간이나 장소)과 사건의 관계 등이 소상히 드러난 설계도가 그려져야 한다. 예를 살펴보자.

도시에서 시골로 내려온 소녀가 있다. 병 때문에 요양차 시골에 내려온 소녀는 이웃의 한 소년에게 호감을 갖는다. 둘은 소녀의 윗마을과 소년의 아랫마을 사이를 가로질러 흐르는 개울에서 두어 차례 만난 후 함께 산에 오른다.

그런데 둘은 산에서 내려오다 공교롭게도 세찬 소나기를 만난다. 가까스로 움집을 찾은 둘은 그 좁은 공간에 나란히 앉아서 비를 피한다.

비가 그친 다음 지친 소녀를 소년이 등에 업고 산에서 내려온다.

소나기 탓에 소녀의 병은 더 깊어지고 이내 소녀는 숨지고 만다. 소년은 뒤늦게야 소녀의 죽음을 아버지와 어머니가 주고받는 대화를 통해 잠결에 듣게 된다.

이만큼만 요약해두어도 누구의 작품인지 대뜸 알아볼 것이다. 그렇다. 황순원의 〈소나기〉이다. 이제 소나기를 대상으로 소설 읽기를 구체적으로 설명하도록 하겠다.

이 짧은 작품에는 만만찮은 몇 가지 대립 또는 대조가 들어 있다. 그중에도 다음과 같은 대조가 두드러진다.

도시 소녀 : 시골 소년

지주의 딸 : 소작인의 아들

적극적 : 소극적

영특함 : 아둔함

윗마을 : 아랫마을

여기에는 신분이며 성격이며 인성의 대립이 들어 있지만 그와 나란히 또는 짝 지어서 공간의 대립도 눈에 띈다. 비교적 짧은 소설인데도, 또 이른바 '서정 소설' 인데도 여러 겹의 대조적인 빛깔로 꼼꼼하게 짜인 옷감 같다는 느낌을 준다.

소설 읽기는 이처럼 현미경을 들여다보는 것과 같아야 한다. 동시에 천체 망원경을 들여다보듯 해야 한다는 것도 명심해야 한다. 작품을 읽는 우리의 눈동자는 현미경이자 망원경이다. 자, 이제 현미경을 작품에 들이대보자.

부잣집 딸인, 도시 소녀는 영리하고 영악한 데다 적극적이다. 반대로 가난한 농민의 아들인 주인공 소년은 이를 데 없이 착하지만 좀 어수룩하고 아둔하다. 물론 소극적이다.

그처럼 인물과 출신과 공간에 걸친 세 겹의 대립이 개울물에 의해 더 한층 날카로워져 있다. 우리 농촌의 구조를 보면 전통적으로 위와 아래 또는 안과 바깥으로 갈려 있다. 그런데 적지 않은 경우 위와 안이 겹치고 아래와 바깥이 겹쳐, 양반과 상민, 지주와 소작인 사이의 대비를 상징하기도 한다. 우리가 지금 읽고 있는 작품에서는 그와 같은 대비를 개울이 더 크게 부각시키고 있는 셈이다.

마주 보고 있는 두 대안對岸이 신분과 빈부 등을 몇 차례에 걸쳐 갈라놓음으로써 대립對立을 극대화하고 있다. 여기서 우리는 소녀와 소년의 만남이 이와 같은 몇 겹의 대립을 해소시키고 융화시킬 수 있으리라는 생각을 하게 된다. 대립의 개울물은 사랑의 물길로 바뀔 수도 있음을 알아차리게 될 것이다.

그러기에 개울물을 가로질러 놓인 징검다리는 대단한 극적 역할을 맡고 있다. 그래서인지 소녀와 소년이 징검다리에서 만나는 게 아주 인상적이다. 그 만남을 위해 적극적으로 나선 것은 소년이 아니라 소녀이다.

그런데 조금만 꼼꼼히 읽으면 그 만남이 세 단계로 나뉘어 있음을 알 수 있다. 그걸 알아차리지 못한다면 아둔한 사람이라는 소리를 들어도 할 말이 없을 것이다.

처음에는 아둔한 소년이 징검다리에서 소녀가 기다리고 있는 것도 눈치 채지 못한 채, 공교롭게도 때맞추어 다리를 건너가던 웬 어른을 따라서 스치듯 소녀를 지나가버린다. 모르긴 해도 이때 소녀는 마음속으로 "이 바보!"라고 투덜댔을 것이다.

두 번째에는 극적인 사건이 돌발한다. 다시 소년은 징검다리에 나타난다. 하지만 강 둔덕에 서서는 징검다리 한가운데 자리 잡고 있는 소녀를 멍청히 내려다만 본다. 한참 시간이 지나간다. 물장난을 하는 척하던 소녀가 소년을 향해서 냅다 돌팔매질을 한다. 돌이 날아든 것과 동시에, "이 바보!"라는 소녀의 절규가 날아든다. 소녀는 이내 저쪽 둑에 올라서서는 도망가듯 내달린다. 모르긴 해도 소녀는 자신의 속내가 저 멍청이에게 드러난 게 부끄러웠을 것이다.

소년은 그제야 겨우 뭔가 느낌이 온다. 번갯불처럼 영감이 번쩍했을

지도 모른다. 소년은 소녀의 뒤를 쫓듯이 뛴다. 바보를 겨우 면한 그는 이젠 날랜 토끼이다. 아니 비호飛虎, 이를테면 날아다니는 호랑이일 수도 있다. 하지만 소녀는 이내 갈대숲 너머로 사라진다.

소녀를 놓친 소년은 꽉 쥐고 있던 주먹을 편다. 손아귀에는 소녀가 던진 바로 그 돌이 잡혀 있다. 물기가 말라 있는 그 돌을 소년은 우두커니 내려다본다. 이제 그는 가까스로 바보를 면한다. 뭔가에 눈뜬 것이다. 소년이 소녀가 던진 돌을 지켜보는 것은 개안開眼이다.

셋째 날 둘은 드디어 함께 산으로 간다.

이 같은 세 단계는 나름의 의미가 있다. 처음에는 소녀와 소년 사이의 연줄의 시작이고 예비이다. 두 번째는 발전이고 세 번째는 완성이다. 그 셋은 다시 실패, 반 성취, 완전 성취라는 면모도 지니고 있다. 크게 보아서 같거나 비슷한 사건이 세 번 반복되어 있으되, 순차적으로 상승 곡선을 그리고 있다. 숫자 3은 매우 뜻이 깊다. 가위바위보를 해도 세 번이고, 대학 시험을 쳐도 대체로 삼수까지이다. 가톨릭교에서는 성부와 성자와 성신을 섬기고, 불교에서는 삼존을 모시고, 유교는 천지인天地人의 삼재에 대해서 말한다.

이 같은 3단계의 만남은 이 소설이 그 서정적인 부드러움과 다사로움에도 불구하고 매우 꼼꼼하게 줄거리가 짜여 있음을 암시한다. 소설을 읽는 사람은 이걸 다 보아내야 한다. 수학 문제를 풀듯이 사건의 고리를 물고 늘어져야 한다.

어쨌든 소녀와 소년이 하나가 되기에는 그들의 만남이 너무나 순식간에 끝나고 만다. 소년은 다음 날부터 날마다 소녀를 만날까 해서 개울가로 나가보지만 허사이다. 그러다가 밤에 아버지와 어머니가 주고받는 대화에 어슴푸레 잠을 깬다.

"그런데 참, 이번 계집앤 어린 것이 여간 잔망스럽지가 않아. 글쎄, 죽기 전에 이런 말을 했다지 않아? 자기가 죽거든 자기 입던 옷을 꼭 그대로 입혀서 묻어달라고······."

그 소녀가 죽기 전에 한 말을 새삼 캘 필요는 없을 것이다. 다만 소녀가 자기의 수의, 말하자면 죽음의 옷으로 입던 옷을 택했다는 대목에는 크게 유념해야 한다. 현미경의 정밀도를 높이면서 전체 작품의 내용을 다시 들여다볼 수 있게 망원경의 시야도 넓혀야 한다.

그 옷은 소년과 함께 소나기를 맞아서 젖었던 옷이다. 소녀는 그 젖은 옷을 입고 소년의 등에 업혔었다. 가난한 소년의 옷은 그러잖아도 풀빛 푸르퉁퉁했을 텐데, 비에 젖기까지 했으니 오죽했겠는가! 소년의 등에 업힌 소녀의 옷에도 푸르죽죽하게 물이 옮았을 것이다. 소녀는 바로 그 옷을 자신의 수의로 택한 것이다.

이제 그 의미는 분명해졌다. 그건 사랑의 상징이었던 것이다. 흔히들 소설 속에서 큰 의미를 갖는 물건을 '극적 상징'이라고 하지만, 풀빛 묻은 그 옷이야말로 엄청난 극적 상징이다. 소녀에게 잠시 잠깐의 사랑은 영원한 것이었다. 그 옷을 입고 무덤에 누운 소녀에게서 죽음이 감히 빼앗아갈 수 있었던 것은 오로지 목숨, 그것뿐이었다. 땅 밑에서도 그들의 사랑은 푸르고 싱그러울 것이다.

이것이야말로 '에로스(사랑)와 타나토스(죽음)의 합일'이다. 죽음으로 사랑이 완성되었기 때문이다. 〈로미오와 줄리엣〉은 물론이고 이탈리아의 수많은 오페라의 주제가 바로 죽음을 통한 사랑의 완성임을 우리는 쉽게 떠올리게 될 것이다.

그런데 소년에게도 죽음을 넘어선 극적 상징이 남아 있다. 그게 뭘까? 바로 그 돌이다. 소녀가 "이 바보!"라고 소리치면서 던졌던 그 돌이다. 모르긴 해도 소년은 죽도록 그 돌을 몸에서 놓지 않을 것이다. 어쩌면, 죽음에 다다라서 이런 유언을 남길지도 모르겠다.

"내 관 속에 저 돌을 넣어다오."

그런데 이쯤에서 궁금해지는 게 있다. 바로 소녀의 죽음이 소년에게 알려지는 정황이다. 이 대목은 전체 소설에서 이른바 '클라이맥스'에 해당하는 아주 중요한 부분이다. 이전의 모든 사건이 드디어 가장 높은 봉우리에 올라선 대목이 바로 클라이맥스이다. 이는 가장 결정적인 고비가 되고 관문이 되면서 소설의 끝마무리인 대단원을 준비하는 단계이다. 갈등이 계속 커지고 불안이 점차 높아지다가 드디어 해결의 계기가 마련되는 일대 전환기라고 해도 좋은 대목이다. 클라이맥스라는 그 고개를 넘으면 이제 곧 평지가 열릴 것이다.

그러니까 소설을 읽을 때에는 클라이맥스를 읽는 게 정말 중요하다. 추리소설 같으면 탐정이나 경찰이 범인을 잡을 결정적인 단서를 찾아내는 대목이 될 것이고, 전쟁소설이라면 승리나 평화를 위한 필수 불가결한 동기가 주어질 대목이다. 그래서 〈소나기〉의 클라이맥스를 새삼 되짚어보는 것이다.

앞에서 말했듯이 소년은 잠결에서 소녀의 죽음에 관해 듣는다. 그중에도 "죽기 전에 이런 말을 했다지 않아? 자기가 죽거든 자기 입던 옷을 꼭 그대로 입혀서 묻어달라고"라는 아버지의 한마디가 가장 중요하다.

이렇게 중요한 정보를 잠결에 듣다니. 그만큼 정보 전달이 간접화되어 있는 셈이다. 그런데 이것으로 끝이 아니다. 소년은 소녀의 이야기를 제3자에 관한 이야기로 듣고 있다. 게다가 아버지는 그 이야기를 또 다른 제3자에게서 들었음을 분명히 하고 있다. "죽기 전에 이런 말을 했다지 않아"라는 어법이 그걸 말해주고 있다.

이렇게 철저하게 간접화되어 있는 정보 전달 방식은 어떤 의미이며 어떤 구실을 하는 걸까? 산에 갔다 온 다음 날부터 소년은 소녀가 나타나기를 고대했다. 그런데 깜깜 무소식이었다.

그러면 소년이 소녀의 집에 가서 그 가족들에게 직접 정보를 전달받을 수도 있었을 것이다(1). 아니면 소녀의 관이 나가는, 그 처참한 장면을 직접 목격할 수도 있었다(2). 또 다른 방식도 물론 있을 수 있다(3).

그런데도 이 소설의 서술자는 그 모든 방법을 회피하고 있다. 가령 아버지의 말을 통해서 간접화된 전달을 (4)라고 한다면 이들 넷은 한 묶음의 패러다임을 이룰 수 있다. 그런데도 서술자는 1, 2, 3을 다 버리고 굳이 4를 선택하고는, 그것을 앞뒤 줄거리가 이루고 있는 신태그마 속에 자리 잡게 한다.

 소설의 경우 이처럼 중요한 대목마다 한 묶음의 패러다임에서 하나를 골라 신태그마에 위치시키는 방식으로 전체의 줄거리가 구축된다. 이것은 앞에서 말한 시의 구조와 사뭇 다르다. 그러나 소설도 시 못지않게 세심하게 분석하면서 읽어야 겨우 이런 결론을 얻어내게 된다.

 그렇다면 이렇게 간접화된 정보 전달은 소설에서 어떤 구실을 하고 있을까? 만일 소년이 직접 소녀의 죽음을 목격하거나 그 소식을 직접 들었다면, 그 충격은 엄청날 것이다. 그 충격을 가라앉히고 치유하기 위해서는 긴 시간이 절대적으로 필요하다.

 그런데 서술자는 이런 충격을 애써 피해가고 있다. 고요하고 잠잠하게 꿈에서 보고 듣듯이 소녀의 죽음을 알게 한다. 이렇게 간접적인 정보 전달 방식은 소녀가 자신의 죽음을 받아들이던 태도와 서로 호응하고 있다. 에로스와 타나토스의 합일로 잔잔하고 너그럽게 죽음을 받아들인 소녀와 그 죽음에 어려 있는 분위기가 고요하고도 부드러운, 간접적인 정보 전달 방식과 조화를 이루고 있다고나 할까? 그렇게 이 소설은 전체에 흐르는 전원田園적인 고요함, 그리고 농촌의 아늑함과 어긋나지 않는 대단원의 마무리를 짓고 있는 것이다.

 이상과 같이 소설을 읽을 때에는 사건, 인물 그리고 배경을 조목마다, 대목마다, 골고루 살펴야 한다. 그러고는 그것들이 때로는 서로 대조를 이루고 때로는 서로 보완을 하면서 어떻게 전체적인 구조를 구성하는지 분석해낼 수 있어야 한다.

논설문 읽기
_스스로 묻고 캐고 답하기

우리는 말이나 글로 자신의 생각, 이념, 또는 주장을 다른 사람에게 관철시키려는 경우가 많다. 이런 식의 말하기와 글쓰기를 '논증(論證, Argument)' 이라고 한다. 글을 읽는 사람, 말을 듣는 사람이 "옳소", "좋아요!"를 외치게 만드는 것이 다름 아닌 논증이다. 다시 말해 논증은 말싸움 또는 글싸움에서의 승리를 위한 것이다.

그런데 글을 읽는 사람은 단순히 "옳소!"라고 말하고 넘어갈 것이 아니라 '왜 옳은가?' '논리는 잘 갖추어져 있는가?' '가장 중요한 주장, 즉 명제는 무엇인가?' '혹 모순이 있다면 그건 무엇인가?' 등등 여러 차원에 걸쳐서 자문자답하면서 글을 읽어나가야 한다.

말의 경우 연설을 비롯하여 식사나 축사 그리고 강연이나 강의가 그런 성격을 갖추고 있다. 글의 경우에는 그런 성격을 갖춘 것들을 모두 뭉뚱그려 논설문이라 부른다. 대학 입시의 '논술' 역시 여기 속한다.

한편 자신의 주장으로 상대방을 설득하기 위해서는 때로 설명도 필요하다. 용어에 대한 풀이, 상황에 대한 풀이, 줄거리에 대한 풀이 등등이 논증에는 필요하다. 따라서 보통 논설문이라고 불리는 글은 대개 '논증+설명'으로 구성되기 마련이다. 그러니 논증과 설명을 논설문의 양대 요소라 불러야 마땅하다. 하지만 양자의 비중을 굳이 따지자면 아무래도 논증 쪽에 더 무게를 두어야 한다.

최근 논술을 비롯하여 논설문의 중요성이 크게 부각되고 있지만 그에 대한 정의는 그만큼 치밀하고 정교하지 못하다. 논설문의 논은 '논증'의 논일 테지만 설은 무엇일까? 설명일까? 아니면 설파說破일까? 가름하기 쉽지 않지만 둘 중 어느 하나도 무시할 수는 없다. 어쩌면 설명이자 설파이고, 설파이자 설명일지도 모른다. 이 경우 설파란 가령 "원효 대사는 부처의 말이 진리라는 것을 설파했다"라고 할 때처럼 논증과 별로 다를 것이 없지만 설명도 포함하고 있을 것 같다.

그러나 논증과 설명만으로는 논설문이 구성되지 않는다. 사물이나 정황에 대한 묘사도 필요하고, 또 사건을 다룰 때에는 그 앞뒤 진행을 그려내는 서사敍事도 필요하다.

그러니까 한 편의 논설문은 '양대 요소(논증과 설명)+부차적 두 요소(묘사와 서사)'로 이루어지는 것이다. 그러니 논설문을 읽으려면 이 네 가지 요소를 모두 읽어야 한다. 그만큼 논설문 읽기는 어렵고 힘겹다. 논설문 쓰기도 마찬가지이다. 논증의 형식을 살펴보면 아래와 같다.

>이것은 이러저러해서 마땅하다.
>이 문제는 이렇게 저렇게 해결해나가야 한다.
>이 주장은 이런저런 이유로 옳다.

논설문에서 궁극적으로, 또 최종적으로 읽어내야 할 것들은 이런 문장 형식을 갖추고 있다. 이 문장들을 논설문의 '중추 명제'라 불러도 좋을 것이다. 그리고 논설문을 읽을 때에는 중추 명제를 찾는 것도 중요하지만 그 중추 명제가 어떤 논거(증거)에 기대고, 또 어떤 논조로 어떤 논리에 따라 나왔는가를 캐는 것도 버금가게 중요하다. 이런 몇 가지를 마음에 새기고 이제 논설문을 한 편 읽어보자.

>대화에 있어서 말할 수 있는 것은 독서에 있어서도 똑같이 말할 수 있다. 독서는 저자와 독자의 대화이며 또 대화가 되어야 하기 때문이다. 물론 독서에 있어서는 (직접적인 대화의 경우와 마찬가지로) 누구의 어떤 책을 읽는가 하는 것이 (또는 누구와 어떤 이야기를 하는가 하는 것이) 중요하다.
>예술성이 없는 값싼 소설을 읽는 것은 헛일에 지나지 않는다. 그것은 생산적인 반응을 불러올 수 없다. 즉, 그 문장들은 텔레비전의 쇼처럼, 또는 텔레비전을 보면서 우적우적 먹어대는 감자튀김처럼 그냥

삼켜질 뿐이다. 그러나 예를 들어 발자크의 소설이라면 읽는 사람이 작품 속에 내적으로 참여하면서 생산적으로 읽을 수 있다. 다시 말해서 존재 양식으로서 읽게 된다. 그러나 대부분의 일상적인 독서는 소비의 양식으로, 즉 소유 양식에 그치고 만다. 그것은 시간의 허송이다.

독자들은 호기심에만 의지해서는 주인공이 죽는가 사는가, 여주인공이 유혹당하는가 저항하는가 등 줄거리에만 관심을 기울이고 그래서 그 결과를 궁금해 한다. 이 경우, 소설은 독자를 흥분시키는 전희前戱 역할을 한다. 그것은 행복하거나 불행한 결말을 통해서 독자의 쾌감을 절정에 다다르게 한다.

이때 독자들은 마치 자신들의 경험에서 그 결말을 찾아낸 것처럼 현실적으로 스토리를 '소유' 하게 된다. 하지만 그들은 자신들의 지식을 늘리거나 새 경험을 이룩하지는 못한다. 즉 그들은 소설 속의 인물을 그 성격이며 인간성에 걸쳐서 내적으로 이해해서 받아들이지 못한다. 따라서 인간성에 대한 자신들의 통찰력을 보다 더 깊어지게 하지 못할 뿐 아니라, 그런 것에 관한 지식도 얻을 수 없게 된다.

독서 양식은 철학서나 역사서에도 꼭 같다. 우리가 철학서나 역사서를 읽는 방식은 교육에 의해서 습득된다. 아니, 변형된다고 말하는 것이 보다 더 적절할 것이다.

학교는 학생들에게 어느 정도의 '문화적 재산'을 주는 것을 목표로 삼는다. 그러면서 학교 교육이 끝났을 때 학생들이 최소량이나마 그것을 가지고 있음을 보증해준다. 학생들은 저자의 주요 사상을 외울 수 있도록 읽기 교육을 받는다. 이리하여 학생들은 플라톤, 아리스토텔레스, 데카르트, 스피노자, 라이프니츠, 칸트, 하이데거, 사르트르 등을 알게 된다. 고등학교에서 대학원에 걸친 여러 교육 수준의 차이는 주로 학생들이 획득한 문화적 재산의 양에 따라 달라지며, 그 양은 학생들이 그 후의 인생에 있어서 소유하고자 하는 물질적 자산의 양과 대개는 일치하게 된다. 이른바, 우수한 학생이란 여러 철학자가 말한 것을 가장 정확하게 외울 수 있는 사람들이다. 그들은 전문적인 지식을 갖춘 박물관 안내인과 비슷해진다. 그들은 이러한 지식 이상은 배우지 않는다. 그들은 철학자에게 질문하고 철학자와 대화하는 법은 배우지 못한다. 또한 철학자들 자신의 모순을 배우지 못하고 또한 그들이 어떤 문제는 무시하고 어떤 쟁점은 회피하는지도 공부하지 못한다. 또 그들은 저자가 그 시대에는 새로웠기 때문에 문제 삼았던 것과 그 시대에는 누구나 관심을 갖는 것이었기 때문에 문제 삼지 않을 수 없었던 것을 서로 구별하는 방법도 배우지 못한다. 그리고 그들은 저자가 머리로만 말할 때와 머리와 가슴으로 말할 때를 구별하는 법도 배우지 못한다. 그들은 저자가 진짜인지 가짜인지를 구별하는 법도 배우지 못한다. 이 밖에도 여러 가지를 지적할 수 있을 것이다.

  존재 양식을 가진 독자는 이따금, 높은 평가를 받는 책조차도 전혀 가치가 없거나 아니면 극히 제한된 가치밖에 없다는 결론에 다다를 것이다. 그리고 그들은 저자 자신이 중요하다고 쓴 모든 사실에 관해 저자보다 때로는 더 잘 이해하게 될지도 모른다.

이 글은 20세기 미국의 심층심리학자 겸 철학자이기도 한, 에리히 프롬Erich Fromm의 《소유냐 존재냐》의 한 부분이다. 여기 인용된 부분은 그중 '책 읽기'라는 제목이 붙은 대목이다. 대학 입시의 논술 문제에 나올 만한 글로 논설문이다. 그런데 논설문의 경우에는 어느 글이나 다음과 같은 지침을 앞세워서 읽어야 한다.

1)두세 번 읽고서 개괄적인 대의大意를 잡아낸다.
2)개괄적인 대의를 전제로 의미 문단을 가르고 그 갈라진 문단 상호 간의 연관관계를 잡아낸다.

문단은 형식 문단과 의미 문단으로 나뉠 수 있는데, 전자는 필자가 나누어놓은 그대로의 문단이다. 이에 비해서 의미 문단은 읽는 사람이 내용에 따라 나눈 문단이다. 하나의 문단이 둘 이상의 의미 문단으로 구분될 수 있는 반면, 여러 개의 형식 문단이 하나의 의미 문단으로 통합될 수도 있다.

한편 의미 문단을 정확하게 짚어내서 어느 문장이 문단 주제문(소주제문)이 될 것인지를 확인해야 할 때에는 그 문단 안의 여러 문장이 서로 어떤 연관을 맺고 있는가를 따져보아야 한다. 그럴 때 문장과 문장 사이에 다음과 같은 기호를 붙이는 것이 도움이 될 것이다.

→ : 발전(앞문장을 발판으로 뒷문장이 전개되어 있다)

← : 보충, 보완(뒷문장이 앞문장을 뒷받침하고 있다)

↑ : 전환(다른 주제나 화제로 바꾸고 있다)

+ : 첨가(뒷문장이 앞문장과 소재나 시각을 달리하지만 같은 주장을 하고 있다)

= : 동격(뒷문장이 앞문장의 내용을 반복하고 있다)

실제로 한 문단 안에 있는 다섯 개의 문장 사이에 다음과 같이 기호를 표시할 수 있다면, 그것은 마지막 5가 문단의 주제문이라는 의미이다(한편 이 기호들은 문단과 문단의 연관관계를 나타내는 경우에도 사용될 수 있다).

1→ (2+3 ← 4)→ 5

3)의미 문단마다 주제문을 잡아낸다. 아울러 그 주제문을 이루는 데 절대적으로 필요한 키워드도 꼬집어낸다. 문단 주제문이 구체적으로 이미 나와 있을 때에는 거기에 밑줄을 친다. 키워드는 글 옆의 여백에 적어놓는다.

4)의미 문단들의 상호관계를 바탕으로 그 주제문들을 엮고, 그 결과를 그 글 전체에 걸친 마감 대의가 되도록 짧은 문장으로 작성한다.

5)마감 대의를 바탕으로 전체 글의 주제 문단을 잡아내거나 작성하고, 그 키워드로 글의 제목을 정한다.

6)글에서 새로이 수용할 것이 눈에 띄면 수용하고, 잘못이나 오류가 눈에 띄면 비판하도록 한다.

7) 끝으로 1)에서 찾아낸 대의와 마감 대의 사이에 어떤 차이가 있는지를 확인한다. 그 차이가 적으면 적을수록 논설문을 정확하게 읽은 것이다.

여기서는 1)은 생략하고 2)부터 시작해볼까 한다.

앞서 소개한 프롬의 글은 일곱 개의 형식 문단으로 이루어져 있다. 거기서 몇 개의 의미 문단이 도출될지 우선은 그게 문제가 된다. 의미 문단을 도출하기 위해 각 형식 단락을 차곡차곡 읽어나가자.

첫 번째 문단은 주제문이 흩어져 있어서 읽는 사람이 한데 모아 엮어야 한다. 그 결과 "독서도 대화와 마찬가지라서 누구의 어떤 책을 읽는가가 중요하다"라는 주제문이 만들어진다.

두 번째 문단은 첫 번째나 마지막 문장 모두 주제문이 될 수 있다. 그러나 인용된 글이 《소유냐 존재냐》의 일부임을 감안하여 마지막 문장을 주제문으로 택한다. 왜냐하면, 《소유냐 존재냐》는 그 제목이 시사하듯이 소유와 존재라는 두 가지 삶의 양식을 다루고 있기 때문이다. 따라서 주제문은 "대부분의 일상적인 독서는 소비의 양식, 즉 소유 양식으로 읽는 일로 허송되고 있다."

세 번째 문단은 네 번째 문단과 마찬가지로 두 번째 문단에서 제시된 명제를 뒷받침하기 위해 보기를 들고 있는 보충 문단이기에 굳이 주제문을 고를 필요는 없다.

다섯 번째 문단은 앞의 세 문단이 모두 소설을 다루고 있는 것과는 대조적으로 철학서나 역사서를 소재로 한다. 그러나 사람들이 소유의 양식으로 책을 읽는다는 주장에는 변함이 없다. 여섯 번째 문단 이하를 참조할 때 이는 명백한 사실이다. 이런 경우는 읽는 사람이 능동적으로 주제문을 작성하는 것이 바람직하다. 그 결과 "철학서 또는 역사서도 대부분 소유의 양식으로 읽게 된다"라는 주제문이 만들어진다.

저자가 이 부분에서는 문단 상호 간의 관계를 또렷이 제시하고 있지 못하므로 우리들이 능동적으로 읽어내야 한다. 그만큼 원문에는 비판의 여지가 있는 셈이다.

여섯 번째 문단은 매우 길다. 그러나 다섯 번째 문단의 명제를 구체적으로 보여주는 보완의 구실을 하므로 대의를 작성할 때에는 빼도 좋다.

일곱 번째 문단은 두 번째 문단에서부터 다섯 문단에 걸쳐서 주장한 소유 양식의 읽기와는 전혀 다른 '존재 양식'의 읽기로 화제를 옮기고 있다. 새로운 화제가 제시되었기에 중요한 문단이다. 당연히 주제문을 찾아내거나 만들어야 한다. 그 결과 "존재 양식으로 글을 읽는 독자는 비판적으로, 또 능동적으로 읽는다"라는 문장이 만들어진다.

여기서 우리는 문단의 주제문이 단일한 문장으로 완벽하게 주어져 있지 않을 때에는 우리 자신이 엮거나 꾸며야 한다는 사실을 깨닫게 된다. 이렇게 문단 주제문을 이끌어내면 뭐가 보일까? 전체 일곱 개의 형식 문단이 I, II, III, 세 개의 의미 문단으로 재편될 수 있음을 알아차리게 된다. I은 도입 문단이고 II와 III은 I을 구체적으로 발전시키고 전개시키는 발전 문단이되, 그 둘은 서로 대조적인 내용을 담고 있다.

하지만 저자가 소유 양식의 읽기에 대해서는 매우 비판적인 반면, 존재 양식의 읽기에는 호의적이라는 것을 고려한다면 당연히 III이 결론 문단이 될 것이다. 그것을 기호로 나타내면 I→II→III이 된다. 이를 바탕으로 마감 대의를 작성하면 어떻게 될까?

"독서는 대화와 같아서 어떤 책을 어떻게 읽는가 하는 것이 중요하다. 그런데 보통은 흥미 본위의 책을 상품 소비하듯이 하면서 소유 양식의 읽기를 하고 있지만, 필경은 존재 양식의 읽기를 해야 한다."

이 정도면 족할 것 같다. 따라서 제목이 될 만한 전체의 키워드는 '소유 양식의 읽기와 존재 양식의 읽기'가 된다.

이런 긴 과정을 차근차근 밟아나가면서 한 편의 논설문을 읽는 훈련에 몸을 바쳐야 한다. 그건 엄격하고, 고되고, 지루할지도 모른다.

논설문은 지성의 소산이고 논리의 소산이다. 당연히 읽는 사람은 지적인 훈련과 논리의 수련을 감당해내야 한다. 참고 견디는 인내심도 요구된다.

어쨌든 논설문의 주제문이며 키워드를 잡아내는 훈련은 이쯤에서 마무리해도 괜찮을 것 같다. 다만 한 가지 문제는 저자가 제시하고 있는 두 가지 읽기 방법, 즉 소유 양식의 읽기와 존재 양식의 읽기에 관한 것이다. 소유나 존재란 말이야, 누구나 알고 있을 테지만 거기 붙여진 읽기라는 단어는 에리히 프롬을 잘 모르는 독자에게는 생소할 것이다.

시나 소설에서 상징 읽기가 요긴하듯이 논설문에서는 중추 개념을 풀이하는 게 아주 중요하다. 그래서 이들 두 가지 키워드에는 각별히 유의 하지 않을 수 없다. 그렇지 않으면 한 편의 논설문 전체를 읽는 데 차질이 생기기 때문이다.

에리히 프롬에게 소유는 욕심 채우기이다. 소모품이나 상품 따위의 물건을 갖거나 흥미를 채우거나 호기심을 챙기거나 쾌락을 누리는 따위의 짓거리가 모두 소유라고 그는 주장하고 있다. 요컨대 돈주머니며 물건주머니 그리고 욕심주머니를 채우는 게 바로 소유라는 것이다. 이에 비해 존재는 누군가 자신의 인성을 바르게 수양함으로써 자신의 존재를 더욱 바람직한 방향으로 이끄는 것을 의미한다. 이들은 에리히 프롬의 이론 체계로 심리학에서는 중요한 개념들이다(논설문을 잘 읽고 잘 쓰려면 이런 개념들을 더 많이 또 더 깊게 접해야 한다).

그렇다면 소유 양식의 읽기는 재미나 보고 쾌락이나 채우면서 흥미 위주로 읽는 것을 의미할 것이다. 이와는 달리 존재 양식의 읽기는 읽는 사람의 인격 수련이고 단련이라고 해도 무방할 것이다.

우리는 논설문을 포함한 모든 글, 예컨대 시나 소설 등을 읽을 때 어느 양식으로 읽어야 하는 것일까? 새삼 답할 필요는 없을 것이다. 부디 이 점을 염두에 두고 논설문 읽기를 훈련하기 바란다. 그래야만 결국 논설문도 잘 쓸 수 있을 것이다.

**도스토예프스키 《지하 생활자의 수기》
_뻔한 길은 싫어!**
우리의 청개구리 주인공은 충고한다.
"세상 사람들이여, 잘난 척하면서 제발
사기 좀 치지 말자!"
《지하생활자의 수기》는 인간 존재의 모순과
부조리를 보여주면서 새로운
삶의 열쇠를 모색하는 명작이다.

체호프 《내기》_돈으로는 살 수 없는 자유
혹독한 시련의 시절에도 결국 삶의 가치만이
희망임을 보여준 걸작. 《내기》는 나에게
위대한 성전 같은 작품이다.

토마스 만 《토니오 크뢰거》_나의 자화상
나의 자서전과 같은 책 《토니오 크뢰거》.
토니오는 고독과 소외가 지성과 영혼을
수련하는 데에 얼마나 큰 축복이고 복음인지를
내게 알려주었다.

넷 ─ 내 것이 되어버린 책들 ─ 작품 읽기

소포클레스 《오이디푸스 왕》_그 처절한 인간 비극
인간 비극의 최절정! 인간의 한계가 인간을
더 없이 존엄하게 할 수도 있다는
그 무서운 가르침을 《오이디푸스 왕》은 전해준다.

릴케 《말테의 수기》_어느 도시민의 영혼
《말테의 수기》는 결국 죽음과 고독의 수기라고
할 수 있다. 릴케는 말테의 영혼을 빌어 이야기한다.
고독과 죽음 앞에서 결국 구원자는
자기 자신임을 잊지 말라고.

**슈테판 츠바이크 《에라스무스 전기》
_편들지 말라, 혼자여라!**
그 누구도 다 옳은 것이 아니지만 반면
그 누구도 다 틀린 것은 아니다.
에라스무스의 가치 중립적인 태도는
나의 삶의 신조가 되었다.

도스토예프스키 《지하 생활자의 수기》
_뻔한 길은 싫어!

개방 직후의 러시아(당시에는 소련이었다)를 방문했을 때의 일이다. 모스크바나 페테르부르크 같은 큰 도시에는 여기저기에 그들이 자랑하는 문호의 동상이 서 있었다. 그게 참 좋아 보였다. 이럴 수 있는 나라가 왜 무너졌지 하는 생각과 함께, 이러니까 그 악랄한 독재 체제며 가공할 전체주의가 무너진 것이겠지 하는 생각이 일기도 했다.

아무튼 그 문호의 동상들 가운데에는 푸슈킨Aleksander Pushkin과 톨스토이Aleksei Nikolaevich Tolstoi가 압도적으로 많았고 간간히 마야코프스키Vladimir Vladimirovich Mayakovskii가 눈에 띌 정도였다.

눈을 비비고 샅샅이 뒤져보아도 도스토예프스키는 보이지 않았다. 세르게이 에세닌의 동상도 보이질 않았다. 이상했다. 한 사람은 어마어마한 소설가이고 다른 한 사람은 대단한 시인이 아닌가! 그런 그들의 동상이 눈에 띄지 않다니. 북한에서 망명해 러시아 작가 동맹의 회원으로 있던 교포에게 도스토예프스키 동상이 없는 이유를 물어보았다.

"인민들이 도스토예프스키를 이해하기 힘들었던 게지요."

이게 그의 답이었다. 그러나 내겐 그게 오히려 듣기 좋았다. 도스토예프스키의 엄청난 중량감이 실감 났기 때문이다. 같은 이유 때문이라면 에세닌에게도 더 호감이 가는 것이었다.

《카라마조프의 형제들》로 너무나 유명한 이 러시아의 대문호는 《지하생활자의 수기》란 무척 기이한 소설도 남겼다. 작가 자신의 인생 경로를 드러낸 이 작품에는 "표를 사서 올라타면, 정해진 목적지까지 실어다줄 기차 같은 것, 그게 인생이라면 나는 중도에서 내려버리겠다"와 비슷한 구절이 있었던 것으로 기억된다. 인생을 중도에서 그만둔다는 게 무슨 의미인지 바보처럼 되새길 필요는 없다.

뻔한 길, 누구나 가는 길, 그런 길은 죽었으면 죽었지 안 가겠다는 것이다. 그런 길을 가느니 차라리 제 다리를 자르고 말겠다는 비장함이 느껴진다. 미지의 길이 좋다. 어디로 이어질지 모르는 길, 끝이 어떻게 날지 알 수 없는 길, 그런 길이라면 희희낙락하면서 가겠다는 것이다. 아니면 하다못해 남들, 이를테면 갈잎처럼 쌓이고 쌓인, 온 세상의 속물들이 누구나 기를 쓰고 가는 그런 길에는 가래를 뱉고 침을 뱉겠다는 오기를 보이는 것이다.

길은 없어도 좋다는 것이다. 없는 길이든 모르는 길이든 제가 갈 길을 제가 마련해서 가야 비로소 발이며 다리가 움직일 것이라고 운을 떼는 것일지도 모른다. 제가 아니고는 못 갈 길, 그런 길이 진정한 길이라고 '지하 생활자'는 우기고 있다.

그것도 곧바로 앞만 보고 가려는 건 아니다. 곁눈질도 하고, 머뭇대기도 하고, 비틀대기도 하겠다는 것이다. 하다못해 때로는 뒷걸음질도 치겠다는 것이다. 아니, 이 정도가 아니다. 더러는 길 아닌 길로 벗어나기도 하겠다고 이 엉뚱한 주인공은 마음먹고 있을지도 모른다. 그는 나면서부터 청개구리이다.

《지하 생활자의 수기》를 새삼 떠올릴 때마다 나는 속이 후련해서 주인공에게 거듭거듭 박수를 보낸다. 여기서 배운 청개구리 정신은 나에게 큰 영향을 미쳤다. 지금껏 나도 남들 좋아하는 일은 되도록 하지 않거나 하다못해 싫어하는 척이라도 하려고 해왔다. 하지만 '지하 생활자'를 생각하면 늘 어중된 청개구리밖에 되지 못하는 내가 부끄럽기도 하다. 그래서인지 《지하 생활자의 수기》는 내게 '애인 작품' 같기도 하고, '작품 애인' 같기도 하다.

그런데 이 작품은 읽다 보면 소설인지 아닌지 헷갈리게 된다. 고등학교 시절의 문학 시간이라면 별수 없이 '일인칭 소설'이라고 할 수밖에 없을 것 같다. 하지만 그 일인칭이 투덜대고 구시렁대는, 그 딱한 사연이 소설이라니? 읽을수록 뭐가 뭔지 알 수 없게 된다. 《지하 생활자의 수기》는 읽으면 읽을수록 독자들을 점점 더 깊은 미궁으로 빠져들게 한다. 실로 고약하다.

외로움에 찌든 늙정이가, 아니면 마음속에 불만과 트집밖에 없는 중년의 아줌마가 듣는 사람 없이 혼자 푸념하는 것과 다를 게 없다. 토라지다 못해 이지러지고, 이지러지다 못해 부서진 쪽박 꼴이 된 얼간이가 아니고는 이럴 수가 없다. 말이라고 한다는 게 부스럭대고 이야기라고 뺄는다는 게 어기적거린다.

한국에서라면 무당에게 불려나온 원귀가 대중없이 뇌까리는 잡소리로 치부 당할지도 모른다. 그렇지 않으면 시어미에게 구박받은 며느리가 아궁이에 구시렁대는 사연 같은 것일지도 모른다.

"미쳤나! 말도 안 되는 소리를 지껄이고."

나는 이렇게 소리치면서 여러 차례 소설 속의 주인공 '나'를 후려갈기고 싶어졌다. 그것도 볼기짝을 후려갈겨야 직성이 풀릴 것 같았다. 그러니 책을 내팽개칠 수밖에…… 그렇게 화풀이를 할 수밖에……. 그런데도 이내 다시 그 책을 집어들 수밖에 없었다. "미안해"라고 소리 내어 사과하지는 않았지만.

그건 미운 놈 떡 하나 더 주자는 심산이었을까? 아니다. 읽다 말고 엎어버리거나 집어던지면 바로 그 순간 호기심이 번갯불처럼 솟구치는 것이었다. 그건 미친 수작일수록 묘하게 마음을 끄는 것과 비슷했다. 대학에 다닐 때까지 이런 식의 읽기는 처음이었다. 이런 책도, 작품도 처음이었다. 그건 내게 읽기의 신기원이었다.

숨이 끊어져가는 제정러시아 시대를 배경으로 하는 게 《지하 생활자의 수기》이다. 러시아 자체가 곰팡내 나는 지하실과 다를 바 없었던 시절이었다. 도스토예프스키 자신도 유형流刑에 처해질 만큼.

　이 괴상한 작품은 서구가 한창 근대화와 산업화에 박차를 가하는 동안에도 여전히 자신의 낡은 꼬리나 핥아대던 강아지 푼수 러시아가 무대이다. 주인공 '나'는 그나마 그 못난 강아지에게서 월급을 받아 목숨을 부지하는 형편이다. 적어도 기대하지 않았던 엉뚱한 유산이 굴러 들어올 때까지는 그랬다.

　멋대로 온 나라를 주무르면서 백성을 종 다루듯 하던 그 끔찍한 정치제도의 앞잡이가 바로 관리라는 족속들이다. 농노, 즉 농사짓는 노예가 수백만 명이 더 되는 나라였다. 그런 망할 놈의 나라의 관리였으니, 이를테면 쇠사슬의 고리 같은 존재라고나 할까. 주인공 '나'는 그런 관리 나부랭이였지만 그나마 졸개였다.

　그런데 하인이 주인보다 더 설쳐대는 꼴로 주인공 '나'도 예사 관리가 아니다. 호랑이를 등지고는 뭇짐승 앞에서 으스대던, 이솝 우화의 여우 꼴이다. 민원인에게 큰소리 정도가 아니고 고래고래 아우성을 치고 겁을 주어 쫓아내야 직성이 풀리는 녀석이었다. 그게 권위를 세우는 일이고 자존심을 지키는 일이고 드디어 삶의 쾌락이며 보람이었다.

　얘기하다 보니 어째 남의 일 같지만은 않은 건 왜일까? 불과 한두 시대 전만 해도 명색이 동방예의지국이라는 곳에서도 사정이 비슷했지, 아마……

　주인공 '나'는 보통 서민에겐 미친 호랑이였다. 그러다가 칼을 찬 군인, 그것도 장교가 그를 찾아오자, 이 못난 말단 관리는 전략을 바꾼다.

못 본 체하고는 제 할 일만 하는 척한다. 슬쩍슬쩍 쳐다보는 눈길이 영락없이 백년 묵은 여우 눈깔이다. 한참을 그러자 질린 장교가 허리에 찬, 장도長刀를 흔들어댄다. 보란 듯이 또 위협하는 듯이…….

그래도 알 게 뭐야! 해볼 테면 해봐! 말단 관리는 계속 딴전을 피운다. 장교의 자존심은 결딴이 나고 화가 치솟다 못해 화산처럼 터진다. 그 시뻘게진 얼굴과 이마에는, 달리는 증기기관차가 수증기를 내뿜듯이 김이 솟는다.

말단 관리는 그 김발에 취한다. 싱긋 웃는다. '꼴좋다. 장교라고 칼 차고 뻐기더니!' 만족감과 쾌감이 절정에 다다른다. 삶의 보람은 이런 건가 싶어진다. 그의 한 토막의 성공담은 이렇게 멋지게 마무리된다.

이렇게 한여름 엿판 위의 엿가락처럼 배배 꼬인 오종종한 심보, 그게 바로 주인공 '나'의 성질머리이다. 인간성이다. 성깔머리 정말 더럽고 괴이하기 짝이 없다. 이리 갈 것 저리 가고, 일어선다는 게 누워 자빠지고, 밥 먹을 때 토하고, 똥 눌 때 엉덩이를 하늘로 치켜드는 얼간망둥이가 곧 주인공 '나'이다. 놀부도 기가 차서 한숨을 쉴 것 같다. 아니, "형님!" 하고 큰절을 할 것 같다.

그런데 페이지를 넘기는 동안 나도 모르게 점점 더 그에게 마음을 빼앗겼다. 그러곤 화들짝 내가 내게 놀랐다. 그를 통해 나의 청개구리 기질을 발견했기 때문이다. 어쨌든 나와 닮은꼴인 러시아 형은 무슨 악연이었던지 그 장교와 또 다른 촌극을 벌인다. 그건 영락없는 난센스 코미디였다.

어느 날 주인공은 칼 찬 장교와 맞닥뜨린다. 그런데 그가 거드름을 피우면서 주인공의 어깨를 밀치고도 아무 일 없는 듯이 지나쳐버린다. 약이 오른 주인공은 원수를 갚기로 한다.

그는 몇 날 며칠 심혈을 기울여 결투 신청서를 쓴다. 완성하고 보니 제법 마음에 들었다. 소중하게 봉투에 넣어서 챙긴다. 그런데 그만 다음 날 보내기로 하고는 영영 책상 위에 모셔놓고 만다. 며칠 동안 뒤를 밟아서 알아낸 그자의 주소, 봉투에 적힌 그 주소가 그를 비웃는 것 같았지만 모른 척했다.

그는 다르게 복수할 기회를 노린다. 지나가다가 어깨 한번 부딪치고는 그걸로 원한을 덮으려 하다니, 아무래도 제정신이 아닌 것 같다. 아니, 그게 그의 제정신이다.

그는 또 머리를 싸매고 전략을 짠다. 그러다가 천신만고 끝에 드디어 묘수가 떠오른다. 무릎을 쳤는지 어쨌는지는 기억나지 않지만 그는 마음속으로 쾌재를 부른다.

그는 그 장교가 자주 산책하는 거리로 나간다. 그것도 단단히 준비를 하고. 그는 주제에 맞지도 않게 수달인지 비버의 털로 장식한 비싼 코트를 입고 거리로 나선다. 그게 그의 자존심인지 뭔지는 모르겠다. 그걸로 장교의 어깨에서 빛나고 있는 견장肩章과 겨루어보려는 심사였을 게 틀림없다.

그래서 드디어 일대 결전決戰의 순간이 온다. 그가 저만큼 오는 걸 보고도 옆으로 비켜나지 않고 곧바로 걷는다. 평소에 고양이 앞의 쥐처럼 웅크리던 게 거짓말 같다. 둘은 부딪친다. 둘 다 비틀댄다. 그게 전부이다. 기사들의 결투는 그걸로 결판이 나고 만다. 그야말로 용두사미이지만 주인공은 으스대면서 제 갈 길을 간다.

마침내 분이 풀리고 자존심이 살아난 것이다. 10년 묵은 체기가 내려간 것이다. 그런데 이건 그야말로 '태산명동泰山鳴動 서일필鼠一匹'이다. 태산이 우르릉 요동을 쳤는데 겨우 쥐새끼 한 마리가 대가리를 내밀고는 혀를 날름거린 꼴이다.

이런 게 지하, 그러니까 땅굴에 살듯이 세상을 살아가는 주인공이 벌이는 짓거리이다. 근 한 달이나 어두운 골방에서 상상인지 망상인지 모를 사색에 묻혀 있기도 하는 주인공, 그는 인간 두더지이다.

비뚤어지고 이지러지고 엇나갈 대로 엇나가는 것이 그의 정도正道이다. 그의 넋두리며 푸념은 한 치 앞을 미리 내다볼 수가 없다. 지금 한 말이 다음 페이지에서, 아니, 한 줄 넘어가면 어떻게 뒤집힐지 모른다. 멧돼지가 비탈을 내리뛰듯 하다가는 시궁쥐가 구멍을 찾듯 하는 게 그의 일상이다. 잘난 척하며 허세를 부리다가도 끝도 없이 자기를 얕잡아 보는 자기 비하의 수렁에 잠기고 만다. 그 수렁에 빠져 물귀신이 될 것처럼 보이기도 한다. '두더지 주인공'은 돈키호테와 햄릿을 합쳐놓은 것 같은 위인이다.

인격의 통일성, 정서의 정체正體, 그런 것은 그에게 없다. 그는 끝없는 자기 분열, 자기 자신에게조차 순간순간 아주 다른 사람이 되고 마는 자기 분화작용을 무한으로 되풀이한다. 분열 그리고 분화!

엎치락뒤치락, 그는 인생을 잠버릇 흉한 사람이 밤잠을 자듯이 살아간다. 그러면서 우리의 두더지 주인공은 은근히 이죽댄다. 인격의 통일, 중심이 잡힌 사색이나 사상이라니? 질서가 선 사회며 문화라니? 그따위는 헛소리야! 아니 사기야! 그러기에 세상 사람들이여, 잘난 척, 제대로 된 척하면서 제발 사기 좀 치지 말라고!

우리의 두더지 주인공, 우리의 친애하는 청개구리 주인공은 그렇게 우리에게 충고한다. 그러기에 오늘의 포스트모더니즘은, 그리고 21세기의 세상과 문화는 그를 진작 선구자요, 선지자先知者로 받들었어야 했다. 그것도 무려 2세기를 앞선 선각자로 섬겨야 했다. 우리는 도스토예프스키를 또 다른 괴물 사상가인 니체와 나란히 모셔야 했다. 그러나 거의 예외 없이 선지자는 그의 시대에는 천덕꾸러기였다. 인간은 정말 시력이 형편없다. 눈먼 소경이나 다를 바 없이.

그러나 '지하 생활자'의 눈은, 그리고 그 눈길은 서치라이트처럼 이글댔다. 그는 인간의 본성이라는 미궁으로 우리를 안내하는 또 다른 아리아드네(그리스신화에 등장하는 인물로 영웅 테세우스가 괴물 미노타우로스를 해치우고 미궁에서 빠져나올 수 있게 도와주었다)였던 것이다.

체호프 《내기》
_돈으로는 살 수 없는 자유

우리나라에서는 별로 읽히지 않은 체호프Anton Chekhov의 단편 작품이 하나 있다. 그 줄거리를 내 기억에 남아 있는 대로 옮겨놓으면 다음과 같다.

작은 사교 모임에서 돈 많은 은행가와 젊은 변호사가 사형제도에 관해 논쟁을 벌인다. 은행가는 사람을 천천히 죽이는 무기형이 사형보다 더 고통스럽고 잔인하다고 주장하지만 변호사는 인간에게 인간의 생명을 빼앗을 권리는 없다며 사형제도 폐지를 주장한다. 감정이 격해진 둘은 내기를 하게 되는데, 변호사가 15년 동안 외부와 단절된 채(단 책 반입은 허용) 견딘다면 은행가가 거금을 주기로 한 것이다.

드디어 은행가의 집에 가짜 감옥이 만들어지고 변호사는 감금생활을 시작한다.

처음 일 년 동안 변호사는 소설 등 가벼운 책들을 주문한다. 그다음 일 년은 술을 주문한다. 그리고 그 후에는 철학책을, 그 후에는 성서를, 그 후에는 종교 서적을, 그리고 마지막 3년 동안은 온갖 인문서, 과학서, 철학서 등을 주문한다.

드디어 15년이 되기 하루 전날, 그 동안 무리한 투자로 재산을 탕진한 은행가는 변호사에게 약속한 돈을 주면 자신이 파산할 수 있다는 위기감에 변호사를 살해하러 감옥으로 들어가고 거기서 변호사의 메모를 발견한다. 거기에는 '오늘이 가기 전에 탈출할 것'이라는 내용이 적혀 있었다.

그 메모를 읽고 은행가는 자괴감에 빠진다. 다음 날 아침 변호사는 사라지고 은행가는 그 메모를 챙겨 금고에 소중히 보관한다.

단편이지만 이 소설을 읽다 보면 인간 존재만큼 무거운 질문에 맞닥뜨리게 된다. 인간의 자유란 인간을 인간답게 하는, 생명보다 소중한 가치일까, 아니면 절대 가치인 생명에 미치지 못하는, 부차적인 가치에 지나지 않을까?

작가 체호프는 이 무거운 질문을 변호사와 은행가의, 무모한 내기로 풀어낸다. 생명의 가치를 강조하는 변호사와 자유의 가치를 역설하는 은행가. 그들은 무려 15년이라는 시간을 걸고 내기를 벌인다. 그리고 변호사가 사설 감옥에서 썩어가는 그 긴 시간들이 마치 구도의 과정처럼 그려진다. 자유를 빼앗긴 채 억압받는 삶조차도 살아 있음으로 의미 있다는 생각을 하던 그였지만 점차 허무주의에 빠져 허우적거리게 되고, 다시 삶의 이유를 찾고자 철학에 매달리게 되고, 다시 종교에 귀의하게 된다. 그러면서 결국 그가 내린 결론은 자신의 자유는 돈으로 살 수 없다는 것. 그런 결론을 내린 그가 내기의 마지막 날 탈출을 감행하는 대목을 읽으며, 의외의 상황에 깜짝 놀랐던 기억이 난다. 요즘 잘나가는 드라마보다 더 충격적인 반전이었기 때문이다.

작가인 체호프는 창작 활동에 위기가 오자 죄수들의 유형지인 사할린 섬을 찾아가 제정 러시아의 감옥을 조사했다고 한다. 당시 제정 러시아는 새로운 시대가 닥쳐오는 과도기를 겪고 있었다. 봉건제도와 농노農奴제도가 무너져가는 한편에서 자본주의의 싹이 트고 있었던 것이다. 그래서 서민들은 농노제도의 압제壓制에 여전히 시달리는 한편, 새로이 대두한 자본가들의 착취에도 시달려야 했다. 두 겹의 간난과 고난에 갇힌 꼴이었다.

그래서인지 당시의 러시아 소설을 읽어보면 가혹한 형벌에 희생되는 사람들이 많이 나온다. 사소한 잘못으로도 사형에 처해지거나 유형을 떠난다(대문호인 도스토예프스키도 유형에 처해졌었다). 변호사와 은행가의 내기도 이런 시대 상황에서 나온 것이었다. 요즘 우리가 사형제 폐지에 관해 뜨거운 논쟁을 벌이듯이 말이다. 변호사와 은행가가 사형제를 옹호하거나 반대하는 이유도 요즘과 크게 다른 것 같지는 않다. 다만 여기서는 사형제 폐지보다 인간성 회복이 중심 주제를 이루고 있는 것 같지만 말이다.

어린시절에는 이 소설을 읽으면서 '하루만 참으면 부자가 될 텐데, 왜 탈출하는 거야' 라는 생각에 가슴을 치기도 했고, 작가에게 분통을 터뜨리기도 했다. 기왕 14년하고도 364일을 감옥에서 보냈으니 하루만 더 버티고 돈이라도 챙겨야 하는 거 아닌가 하고 말이다(물론 은행가가 변호사를 죽이러 오지만 그런 건 생각할 겨를이 없었다). 지금 생각해보면 참 치기 어렸던 것 같다.

자유를 빼앗겨보지 않으면 자유의 소중함을 알 수 없다. 자유란 게 공기와 같아서 마음껏 향유하고 있을 때는 그 존재조차 느끼지 못하기 때문이다. 그러다 자유를 빼앗기면 삶 그 자체가 의미 없어진다. 더 이상 삶은 인간의 삶이 아니게 된다. 그런 의미에서 물질에 자유를, 인간의 가치를 팔아넘기지 않은 변호사에게 박수를 쳐주고 싶다. 이렇게 나이를 먹고서야 말이다.

토마스 만 《토니오 크뢰거》
_나의 자화상

    토마스 만의 《토니오 크뢰거》를 처음 읽었을 때 내내 괴롭고도 아름다운 착각, 아니 환상에 빠져 있었다. 내가 나를 읽고 있는 게 아닌가 싶었다. 소설 속의 수많은 사건들은 마치 내가 저지르고 있는 듯이 느껴졌다. 토니오의 생각은 내 마음속 깊은 곳에 잔잔하게 메아리치고 있었다. 그래서 토니오라는 이름은 내 평생에 걸쳐서 가장 친한 친구의 이름으로 남아 있다. 고등학교 졸업반 때, 나는 《토니오 크뢰거》를 읽으면서 작품이라는 거울 속에 비친 나의 꼬마 시절을 샅샅이 되돌아보고 또 들여다보곤 중얼댔다.

    "내 자서전을 쓴다면, 이 소설에서 주인공 이름만 바꾸면 돼!"

    이 정도로는 모자라서 나의 중얼거림은 계속되었다.

"국적이니, 신분이니, 시대니, 그런 게 다르면 무슨 대수야! 성질이 같고 소갈머리가 쌍둥인데!"

왜일까? 그 이유는 내 어린 시절을 되짚어보면 저절로 드러난다. 초등학교 시절 내 별명은 '약골'이었다. 병치레를 자주 했기 때문이다. 체육 시간은 내게는 저주였다. 단거리든 장거리든 나는 처참한 낙오자였고 비통한 패잔병이었다.

그러니 체육 시간이 아니라도 떼를 지어 뛰고 구르는 것은 딱 질색이었다. 그런 짓은 썩은 음식 찌꺼기에 파리떼가 몰려드는 것과 다를 바가 없다고 생각했다. 내가 가끔 자신들을 향해 손을 내저은 이유를 그 천치(?) 녀석들이 알 턱이 없었다.

나의 허황된 자존심을 위해서라도 그런 건 경멸해야 했다. 그들 몰래 깔보듯이 눈을 흘기기라도 해야 마음이 덜 아팠다. 그래서 나는 원해서 또는 마지못해서 혼자이곤 했다. 자진해서 외톨박이가 되고 '왕따'가 되었다.

초등학교 5학년이 되면서 새 담임선생님을 맞았다. 어느 날 선생님은 반장 선거를 한다고 했다. 칠판에 후보자 이름을 써놓고는, 선생님이 그 이름을 부를 때마다 그를 반장으로 뽑고 싶은 사람은 손을 들라고 했다. 그러더니 선생님은 나를 내려다보았다.

"넌 몸이 약해서 뺐다. 너무 섭섭해 하지 마."

나는 고개를 푹 숙였다. 당장 지옥에라도 묻히듯이 나의 고개는 꼬꾸라졌다. 이런 나의 모습은 토니오가 같은 반의 늘씬하고 잘생긴 한스와 자신을 비교하는 상황과 아주 빼닮아 있었다. 토니오는 우울한 편인 데다 겁이 많고 소심했다. 말을 타는 걸 즐기는 한스와 혼자 책 읽는 걸 즐기는 토니오는 극과 극처럼 달랐다. 그래서인지 토니오는 자신의 아폴로일지도 모르는 한스를 지극히 동경했다. 그러나 그 동경의 끝은 절망이고 슬픔이었다. 그것은 책을 들고 뒷전에 웅크린 채 한없이 공상에 젖곤 하던 나와 일란성 쌍둥이처럼 닮아 있었다.

그러나 그 같은 나의 몰골은 일종의 자폐증 같은 것이었다. 책이라는 껍데기 속에 자신을 묻는 조갯살에 견줄 만한 것이었다. 아니, 어쩌면 나의 성곽城郭에 깊숙이 도사리는 것과 다를 바 없었을 것이다. 그건 그나마 공부에서, 또 글짓기에서 내로라하던 꼬마의 성채였다.

토니오는 내가 그를 그 옛날의 나의 성채로 초대하면 누구보다 빨리 또 즐거이 뛰어올 게 분명했다. 바로 이 때문이다. 토니오의 모습이 나의 모습처럼 느껴진 것은…….

나는 고등학교 시절, 그리고 대학 시절 그야말로 토마스 만을 탐독했다. 위대한 장편소설,《마의 산》은 나의 밤잠을 설치게 했다. 그런데 '마의 산'이라 일컬어진, 그 산속 외딴 곳에 자리한 결핵 요양소는 어쩌면 무수한 토니오들의 피난처일 수도 있었다. 그러고 보면 내 이름도 거기 올라 있을지 몰랐다.

그곳은 수많은 외톨이들, 세상에서 외돌아진 왕따들의 은신처 같은 곳이었다. 그래서 그곳에서 일어나는 수많은 일화들은 세속과는 거리가 먼, 극적인 것이었다. 적어도 내게는 그랬다. 극한상황에야 비로소 드러날 인간 내면이 극적으로 그려져 있었다.

갈 데까지 간, 막다른 처지 속의 인간이 그려진 만물상萬物相이 다름 아닌, "마의 산"이었다. 쉽게는 볼 수 없는 일, 쉽게는 들을 수 없는 일들이 그 마법의 산에서 벌어지고 있었다. 그런데도 그 속에는 한결같이 마법에 걸리지 않으면 드러나지 않을 인간의 그윽한, 숨겨진 속내들이 담겨 있었다. 그러기에 거의 반평생에 걸쳐서 바로 어제 읽은 듯이 머릿속에 떠오르는 일화들이 한둘이 아니다.

사실 나도 고등학교 2학년 때 결핵에 걸렸었다. 처음 찾아간 병원에서 의사는 내게 폐침윤肺浸潤이란 병명을 붙여주었다. 폐결핵의 시초라고 했다. 당시 그건 사형선고나 다를 게 없었다. 나는 모든 걸 포기하고 말았다. 가족들도 머지않을 이별을 미리 마음에 두고 있는 게 역력했다. 그렇게 두서너 달이 지나갔다. 지푸라기라도 잡는 심정으로 다른 의사를 찾아갔다. 그는 웃으면서 말했다.

"공연히 고생만 했네. 결핵은 무슨 결핵! 당치도 않아. 그저 사춘기의 신경쇠약 같은 거야. 운동 열심히 하고 밥 많이 먹으라고."

구원이란 이런 건가 싶었다. "아, 살았다!" 나는 집으로 돌아오는 내내 그렇게 소리쳤다. 그런 착란의 경험이 있는 내게 '마의 산'은 한때나마 '나의 산'이었다.

줄잡아도 20세기 초반일 테니, 죽음의 선고를 이미 받아놓은 것과 다를 바 없는 결핵 환자들은 일정한 기간을 두고 정기 검진을 받고 있었다. 그중에는 여성도 있었다. 그녀는 오랫동안 병에 시달려 야위고 앙상했다. 이미 초췌할 대로 초췌했다.

그런데 검진을 받는 날이면 그녀는 애써 정성스럽게 화장을 했다. 얼굴만이 아니다. 온몸, 특히 가슴에 특별히 신경을 써서 화장을 했다. 앙상하게 드러난 가슴뼈에 분칠을 하고 또 했다. 우선은 검진하는 의사의 눈을 의식해서였겠지만 그것만은 아니었다. 그건 점점 더 그녀를 좀먹어가고 있는 그 무서운 병마病魔를 달래는 몸부림으로 느껴졌다. 하지만 그럴수록 가슴뼈들만 더 두드러지게 드러났다. 하얀 분칠을 하면 할수록.

그녀가 분칠하는 장면은 내가 지금껏 읽은 모든 소설 속 장면들 중 가장 선명하게 기억에 남아 있다. 이 장면에서와 같이 '마의 산'의 주민들과 세속 사회의 상거相距는 토니오와 한스 사이의, 머나먼 거리와도 유사하다.

그런 점은《베니스의 죽음》에서도 마찬가지였다. 주인공과 그의 마음을 사로잡은 소년의 관계는 토니오와 한스의 관계와 별로 다를 바가 없는 것으로 느껴졌다.

이렇게 해서 내게《토니오 크뢰거》나《마의 산》이나《베니스의 죽음》은 결국 같은 주제를 조금씩 다르게 표현한 삼부작이나 다를 바 없었다. 뿐만 아니다. 내가 어린 시절 왕따였다는 사실, 소년 시절 한때나마 결핵 환자 취급을 받았다는 사실, 이 두 사건과 결부되어 내 삶은 토마스 만의 삼부작에 이어진 네 번째 연작連作인 듯이 느껴졌다. 적어도 내게는 말이다. 이렇게 내 어린 시절의 기록은 토마스 만의 사부작의 마지막 작품이 된 것이다.

하지만 토마스 만은 소설로만 내 마음을 사로잡은 게 아니었다. 에세이집인 《비정치인의 성찰》은 지성인으로서 현대를 어떻게 살아가야 하는가를 가르쳐주었다. 그것은 내가 세계를 보고 역사를 보는 시각으로 지금껏 생생하다.

이러고 보니 한동안 내게 소설가는 토마스 만 한 명으로 족했다. 대학 시절 내게 시인은 오직 릴케 한 사람뿐이었듯이 소설가는 토마스 만 한 사람뿐이었다. 내게 만의 작품은 절대적이었다. 그중에도 《토니오 크뢰거》는 특별했다. 작가 자신의 자전적인 내용이 담겨 있는 이 작품에서, 20세기 최고의 산문 작가는 극히 내성적인 소년이 자라는 과정, 학교 안의 공동체 내에서 스스로 왕따로 물러앉는 성장 과정을 보여줌으로써 예술가의 길이 무엇인지를 일러준다. 현실의 뒤안길을 홀로 가는 것이 문학을 지향하고 지성을 겨냥한 수행의 길이란 것을 보여주고 있는 것이다.

소년 토니오는 홀로 있을 때는 사색하는 철인이었고, 고통과 번뇌로 부대낄 때는 명상하는 수도자였다. 자신의 내면을 들여다보는 시선이 다부질수록 세계를 보고 역사를 읽는 눈이 넓게 깊게 열려나갔다. 그는 자신을 따르는 소녀는 멀리하고, 자신을 무시하는 금발의 소녀를 사랑한다. 말을 걸기는커녕, 가까이 다가가기는커녕, 바로 바라보지도 못한 채, 마음의 울타리 속에 사랑을 가두고 만다.

잉게 홀름이란 이름의 이 소녀는 토니오에게 어쩌면 주변 세계의 축소판 같은 것이었을지도 모른다. 나중에 고향을 떠나 작가의 길을 본격적으로 걷기 시작한 토니오는 자신에게 세속 세계란 어린 시절 사모하던 잉게 홀름과 별로 다를 게 없다는 사실을 깨닫게 되기 때문이다. 세상에서 왕따가 될수록 자신의 시적인 내면 세계가 견고해져간다는 사실을 그는 뼈저리게 실토하기 때문이다.

그의 이름부터가 이미 왕따가 될 운명을 그에게 지워주었다. 토마스 만은 북독일 튀빙겐이 고향이다. 그는 그곳에서 소년 시절을 보낸다. 튀빙겐이면 브람스가 태어난 함부르크와 지척인 항구도시이다. 두 도시는 바다를 사이에 두고 덴마크와 마주하고 있다. 두 도시는 저 유명한 한자동맹(중세 중기 북해와 발트해 연안의 독일 도시들이 상업상의 목적으로 결성한 동맹이다)의 구성원들이다. 유럽 자본주의의 기틀이 되고 민주주의의 태반이 된, 항구도시이자 상업도시이다. 왕국의 지배를 직접 받지 않고 봉건영주제와도 무관한 자유도시였다.

만은 그런 영예로운 독일의 도시에서 거상의 아들로 태어났다. 그런 그의 출신성분은 토니오 크뢰거와 다를 바 없었다. 그런데 주인공의 이름이 하필 토니오라니? 토니오는 이탈리아 사람의 이름이다. 어머니가 그쪽 사람이라 그런 이름이 붙은 것이기는 하지만, 그 때문에 그는 '고향 속의 이방인'이 되고 만다.

그의 유일한 친구, 한스가 그를 부를 때, '토니오'라고 하지 않고 구태여 크뢰거라고 한 것은 토니오라는 이름이 독일인답지 않았기 때문이다.

유럽인이나 미국인은 서로 친하지 않을 경우 상대를 성으로 부른다. 한스가 크뢰거라고 부르는 것에 토니오가 따지고 든 것은 그 때문이다.

토니오는 고향 속의 왕따였듯이 자신이 사랑해 마지않는 잉게에게서도 따돌림을 당하곤 했다. 하루는 학교에서 남녀가 짝을 지어 춤을 배우게 된다. 그런데 신의 도움인지 토니오는 자신이 짝사랑하는 소녀, 잉게 홀름과 한 짝이 된다. 그래서 너무 황홀한 탓이었을까? 그는 자신도 모르게 무용 교사의 지시를 어기고 실수를 저지르고 만다. 그것도 바로 그 소녀의 면전에서……

순간 그는 웃음거리가 되고 만다. 그 소녀를 비롯해 모든 아이들이 깔깔대고 강당에 모였던 모든 사람들이 조롱하듯 웃어댄다. 그 비웃음을 뒤로 한 채 토니오는 아무도 없는 방에 틀어박힌다. 그리곤 웅얼거린다.

'이럴 바에야 혼자 바람 소리 잉잉대는 빈 방에 앉아서 슈토름의 〈이멘제〉나 읽을걸!'

그건 체육 시간에 달리기에서 꼴찌를 하고는 친구들의 웃음거리가 되던 나 자신, 그래서 친구들과 거리를 둔 채 혼자서 책 속으로 도망가던 나 자신과 너무나 흡사했다.

토니오는 그 뒤 청년이 되어 고향을 떠난다. 그것은 일부러 고향 땅을 피하는 것이나 진배없었다. 춤을 추다가 실수한 그를 조롱하던 웃음소리에 그가 강당에서 쫓겨난 것과 다를 바 없었다. 고향을 떠나는 순간 그의 귀에는 새삼스레 그날의 그 맹랑한 웃음소리들이 메아리쳤을 것이다.

남쪽으로 내려간 토니오는 소설가로 명성을 얻는다. 그가 누린 그 명성 뒤에는 여전히 춤을 추다 실수한 그를 비웃어대던 그날의 그 웃음소리가 왱왱대고 있었을 것이다. 왕따가 되어서 쫓겨나다시피 한 것, 그 창피가 없었더라면 그에게 문호로서의 명성은 언감생심이었을 것이다.

문호가 된 그는 덴마크로 여행을 떠난다. 이미 기울어서 사라지다시피 한, 자신의 가문의 자취를 보는 게 싫어서 그는 고향은 들르지 않고 바로 바다를 건너고 만다. 그런데 하필이면 거기서 이젠 부부가 된 옛 친구 한스와 잉게 홀름을 보게 된다. 그들이 일행과 함께 춤을 추고 소란을 떠는 것을 토니오는 그들에게 들키지 않을 만한 거리를 두고 지켜본다. 그것은 소년 시절 학교에서 그가 그 둘을 두고 겪어야 했던 소외나 왕따와 다를 바가 없다.

그들이 떠난 뒤, 토니오는 다시 새로운 문학의 길을 열겠다며 친구에게 편지를 쓰고 그렇게 작품은 마무리된다. 왕따의 또 다른, 새로운 출발이 편지에 각인된 것이다.

토니오는 내게 고독과 소외가 영혼의 함양이나 지성의 수련에 얼마나 큰 축복이고 복음일 수 있는지를 가르쳐주었다. 그의 흉내를 내는 것만으로도 나의 젊은 시절이 얼마나 큰 축복을 받았는지 모른다.

하지만 소원대로 시인도, 작가도 되지 못한 채 나이를 먹은, 지금 내 모습을 어떻게 해야 할까? 아무도 없는 빈 방에서 새삼 슈토름의 〈이멘제〉나 읽으며 토니오에게 다시 다가갈 수 있다면 그나마 큰 축복이리라. 행복이리라.

소포클레스 《오이디푸스 왕》
_그 처절한 인간 비극

이 작품, 이 비극을 생각하면 섬뜩해진다. 눈앞이 캄캄해진다. 피가 온 대지를 질퍽하게 적시고는 통곡이 울려 퍼진다. 인간으로서는 결코 당해서도 안 되고 또 당할 수도 없는 그 운명! 피하려고 기를 쓰면 쓸수록 더 한층 가혹하게 죄어드는 것!

우연의 실오리가 필연의 쇠사슬로 둔갑하는 게 숙명이라고 외쳐대는 소리가 귀를 찢는다. 이 따위를 드라마라고 쓴 사람을, 그리고 그 드라마를 연출한 사람들을 저주하고 싶어지기도 한다. 대본을 산산이 찢어서 태워버려야 겨우 직성이 풀릴 것 같다.

그런데 참 묘하다. 그러면서도 숙연해진다. 그것만이 아니다. 무슨 거룩한 신전 앞에 서 있는 듯이 마음이 절로 여며진다. 베토벤의 '영원한 알레그로' 〈교향곡 7번〉의 2악장이 귓전에 울리는 것처럼.

소포클레스의 〈오이디푸스 왕〉은 내게 그런 작품이다. 인간의 하찮음이 느껴져서 가슴이 메는가 하면, 반대로 인간의 위대함에 가슴이 설레기도 한다. 운명에 희롱당하면 당할수록 인간의 품위를 지키려는 그 몸부림! 그것은 참 묘한 모순이지만, 귀한 모순이기도 하다. 약하기에 강하고 강하기에 약하기도 한 것이 인간이란 것을 절감하게 된다. 내가 갖게 되는 그 모든 감정이며 감회는 이 드라마의 마지막 부분에서 클라이맥스에 도달하게 된다.

테베의 왕 오이디푸스가 이웃의 코린토스에서 달려온 사신(그 옛날 산속에 버려진 오이디푸스를 구해준 나이 많은 양치기)을 만나는 대목에서 이 드라마는 피비린내 나는 치욕과 죄악으로 소용돌이치게 된다. 그렇다면 클라이맥스에 다다르기까지의 줄거리를 대충 살펴보자.

테베의 왕 라이오스는 장차 태어날 자신의 아이에 대해 끔찍한 저주의 신탁을 받는다. 태어날 아이가 그 아비를 죽이고 그 어미를 아내로 삼게 되리라는, 인간으로서는 상상도 못할, 신의 예언을 들은 것이다. 그는 이 신탁을 피하기 위해 충직한 양치기에게 젖먹이를 어디론가 데리고 가서 없애라는 명령을 내린다.

그러나 양치기는 그럴 수 없었다. 그는 아기의 발목을 묶어 산속에 버린다. 그로서는 온정을 베푼 셈이지만, 이는 아기에게 그 아비를 죽이는 살인범이 되고 그 어미를 아내로 삼는 파렴치범이 될 빌미를 제

공한다.

　버려진 아기를 이웃 나라 코린토스의 또 다른 양치기가 살려낸다. 아기는 코린토스 왕의 양자가 되고 코린토스의 왕과 왕비는 아기를 친자식으로 키워낸다. 이 기막힌 행운이 비극의 결정적인 동기가 된다. 비극의 씨앗은 두 번째 양분을 얻고 싹을 틔운다.

　코린토스의 왕자로 성장한 오이디푸스는 자신이 아비를 죽이고 어미를 부인으로 삼으리라는 신탁을 받게 된다. 코린토스의 왕과 왕비가 친부모인 줄로만 알고 있던 오이디푸스는 충격을 받고 자진해서 이웃의 테베로 찾아든다. 그리고 세 갈래 길에서 친아비인 라이오스 왕을 만나게 되고 사소한 시비 끝에 그를 죽이고 만다. 첫 번째 예언이 실현된 것이다. 이어서 두 번째 예언이 또 실현된다. 스핑크스를 퇴치한 공으로 오이디푸스는 테베의 왕위에 오르고 왕비 이오카스테를 아내로 삼았던 것이다.

　그렇게 테베의 왕이 되어 테베를 다스리던 오이디푸스는 얼마 후 자신이 길에서 죽인 사람이 라이오스 왕이라는 사실을 알게 된다. 그리고 그 옛날 그를 구해준 양치기가, 사신으로 오면서 지금껏 비교적 잠잠하게 전개되던 드라마는 크게 삐걱대기 시작한다.

　오이디푸스는 사신에게서 코린토스의 왕이 병들어 죽었다는 사실을 전해 듣는다. 그건 슬픔이자 크나큰 구원이었다. 왜냐하면 자신이 친아버지의 살해범이 될 가능성이 아주 없어졌기 때문이다. 또한 친어머니를 아내로 맞을 가능성도 아주 희박해졌기 때문이다.

하지만 사신은, 그것도 그를 살려내 코린토스의 왕자가 되게 해준 사신은 너무 슬퍼 말라면서 코린토스의 왕은 친아버지가 아니라고 말해준다. 그는 오이디푸스란 이름이 의미하듯이 '두 발이 퉁퉁 부어오른' 아이를 구해낸 사연을 들려주면서 테베의 왕인 당신이 그 옛날 자신이 구해준 바로 그 아이라고 말한다.

오이디푸스는 혼돈에 빠진다. 코린토스의 왕이 친아버지가 아니라면? 자기가 살해한 그 노인은 혹시? 그는 자신의 정체를 밝히기 위해서라기보다는 자신이 친아비의 살해범이 아니란 사실을 밝히기 위해 자신을 내다버린 자를 찾아오게 한다.

드디어 그 양치기가 등장한다. 이제 오이디푸스와 코린토스의 사신과 라이오스 왕의 양치기, 이들 셋이 대면하고, 드라마는 비극을 향해서 본격적으로 내닫기 시작한다. 양치기가 입을 열면 여는 대로 비극의 수렁은 깊어져만 간다. 양치기는 자기가 입을 여는 건 자신과 왕국과 왕에게 좋지 않을 거라며 입을 다물게 해달라고 간청한다.

그러나 오이디푸스는 단호했다. 자신이 아비를 죽이고 어미를 아내로 삼았음을 눈치 챘으면서도 그는 겁먹은 양치기를 다그친다.

드디어 모든 진상이 드러난다. 어머니이자 아내인 이오카스테의 브로치로 오이디푸스는 여러 번 제 눈을 찌른다. 제 운명 하나 보아내지 못한 그 멍청한 눈을 후벼 파낸 것이다.

모든 걸 눈치 챈 이오카스테는 이미 자결한 뒤였다. 이후 오이디푸스는 두 딸을 길잡이 삼아 스스로 추방의 길에 오른다. 그렇게 인류 역사상 최대의 참극은 막을 내린다.

오이디푸스는 운명에 희롱당할 대로 희롱당했다. 아비를 죽인 것이나 어미를 아내로 삼은 것이나 그는 전혀 모르고 저지른 짓이었다. 그 과오, 그 범행, 그리고 그 파렴치 어느 것 하나 스스로 책임질 일은 없었다.

"난 몰랐다고!" "나는 모르고 한 짓인데요!"

동북아시아 어느 반도 남녘의, 웬 공화국에서 관료나 정치인들이 과오나 죄를 저지르고는 상투적으로 하는 말! 오이디푸스야말로 그런 말로 책임을 회피하려 들 수도 있었다. 그런데도 오이디푸스는 결연했다. 과오에 대해 스스로 책임지고 죄과에 대해 스스로 단죄했다.

양치기는 자신이 입을 열면 왕에게 불리할 것임을 암시했다. 그런데도 오이디푸스는 단호했다. 그는 진실을 말하라고 채근했다. 듣기에 따라서는 자신의 결백보다 진실을 더 존중한 것으로 받아들일 수도 있다. 바로 이 때문이다. 오이디푸스가 파멸해가는 순간에 오히려 더 고귀했던 것은.

육신의 파멸이 오히려 인격의 승화를 가져온 것이다. 몸이 나락으로 곤두박이는 순간 정신은 드맑은 하늘로 치솟은 것이다.

이래서 유럽의 고전 비극은 비장함과 장엄함을 동시에 간직하고 있다는 평가를 받는 것이다. 그렇다. 추락하는 자의 위대한 송가가 바로 정통 비극이다. 인간의 한계가 인간을 더없이 존엄하게 할 수도 있다는, 그 무서운 가르침을 소포클레스의 비극 〈오이디푸스 왕〉에서 배울 수 있다.

릴케 《말테의 수기》
_어느 도시민의 영혼

한 젊은이가 생각한다. 한 30년? 아니, 잘하면 한 50년 더 살 것 같다고 생각한다. 그러자 제법 오래 살 것 같아서 흡족했다. 하지만 "10년, 20년, 30년……" 하고 손으로 꼽아보니 금방이었다. 불안했다.

계산을 달리 해보았다. 30년 더 산다 치고, 일 년을 365일로 고쳐 잡으니 그게 얼마야! 365×30은? 1만 950일이나 되었다.

욕심 부린 김에 하루를 시간으로 고쳐보았다. 1만 950×24를 하니 26만 2,800시간이 아닌가!

기왕 내친 김에 시간을 분으로 환산해보았다. 26만 2,800×60=1,576만 8,000분이었다. 대략 1,500만 분! 1,500만이란 숫자가 머리에 떠오르자, '와!' 하고 절로 감탄사가 터져 나왔다.

"정말 오래 살겠구나!"

좋아하다 못해 아예 한 수 더 떠서 분을 초로 환산해보았다. 그러니까 무려 1,500만×60=9억 초! 그건 천문학적인 숫자가 아닌가!

"아, 영원토록 살겠구나!"

그런데 1초 1초 지나다 보면 어차피 까먹을 것 아닌가. 초라는 시간이 가지 않게 붙들어둘 방법을 궁리해보았다. 벽에 걸린 시계를 멈추게 할까?

그게 소용없다면? "옳지!" 하고 녀석은 무릎을 쳤다.

"시간 은행에다가 돈이 아닌 시간을 저금하면 이자를 처줄 게 아닌가. 이자로 받은 시간으로만 살아도 나는 영원토록 살 텐데!"

그 기막힌 착상에 스스로 감탄하면서 전화번호부를 뒤져서 '시간 은행'을 찾았다. 그런데 아무리 눈 씻고 찾아봐도 소용없었다.

"아이고, 이 바보들, 멍청이들, 시간 은행 하나 못 만들고!"

그는 혀를 찼다. 그리고 다시 묘수를 궁리했다. 한참 만에 천하의 묘수가 떠올랐다.

"내가 가만히 움직이지 않으면 시간도 정지하거나 하다못해 조금은 천천히 갈 것 아닌가!"

그렇게 생각한 그는 낮이나 밤이나 침대에 누워서 꼼짝하지 않았고 시간은 날이 갈수록 길어져갔다.

이걸 누가 믿을까? 익살 치고는 맹랑하다. 희극 치고는 당돌하다. 과장이 지나쳐 허풍이 되고 말았다. 믿든 안 믿든, 이 일화는 《말테의 수기》에 소개된다. 물론 내 기억에 더러 착오가 있을 것이다. 또 내 나름의 윤색도 곁들여졌을 것이다. 그러나 기본적인 테마는 《말테의 수기》에서 따온 것이다.

릴케의 《말테의 수기》는 모든 대목이 이 모양이다. 모든 사건이 뜻밖이고 충격적이고, 모든 생각이 신경질적이고 병적이다. 걸핏하면 죽음이 떠들어대고, 자칫하면 질병이 구시렁대고, 그러다가도 문득 고독이 넋두리도 하는 게, 《말테의 수기》이다.

이처럼 죽음, 고독, 질병을 입에 달고 있다 보니 불안이야 더 말할 필요도 없다. 때로는 공포에 옮겨 붙은 불안이 온 작품에 자욱하다. 그것들의 짙은 안개 속이 곧 《말테의 수기》이다.

독백인지, 푸념인지를 투덜대는 주인공 말테는 신경질적이다. 심리와 체질이 아예 선병질腺病質이다. 육체도 그렇지만 정신이 더 약질이고 약골이다. 무엇에나 과민 반응을 한다. 눈 감고 모른 척하면 그만일 것을, 그러면 탈 없이 살 수도 있다는 것을 그는 처음부터 모르는 것 같다.

그러니 평범한 독자는 근처에도 가지 말기 바란다. 가더라도 마음을 굳게 먹기를. 그러니 돈, 권력, 명예 그리고 쾌락 따위에 휘롱당하고도 낄낄대는 사람, 그따위의 꼬임에 넘어가고도 오히려 희희낙락하는 사람은 얼씬도 말기를.

이 네 가지 마약에 중독되어 어영부영 사는 걸 결사적으로 마다하는 도시의 서민, 그 요상한 것들에 목덜미를 잡혀서 어릿거리며 살아가기를 거부하는 도시의 보통 서민에게 말테는 뭐라고 말할까? 그런 게 궁금한 사람은 심리상담사를 찾아가듯이 말테를 찾아가보기를.

이런저런 물음을 마음에 끼고는 될 수 있으면 눈을 밝게 뜨고, 될 수 있으면 깨어 있는 의식으로 살아가고 싶은 사람은 말테를 말동무 삼기 바란다.

저들 네 가지 마귀에게 인격과 영혼을 저당 잡히고 싶어 하지 않는 시민들, 그래서 자신이 누구인지를 묻고 자신의 속을 거울 들여다보듯 하며 살아가는 것이 어느 틈엔가 버릇이 되고 습관이 된, 그 딱한 서민들의 고백 같고 일기 같기도 한 것! 그게 릴케의 대표적인 산문집인 《말테의 수기》이다.

도시 중의 도시인 파리에 도착한 지 얼마 되지 않은, 그래서 낯선 나그네인 주인공 말테는 스스로 도시를 살피고, 도시의 생활을 배우고 익혀야 한다고 독백한다. 하지만 그의 눈은 예사 눈이 아니다. 그래서 그는 남들이 못 보는 것, 보고도 못 보는 것을 보려고 덤벼든다.

겉을 뒤집어서 속을 보고, 앞을 내다보면서 뒤를 짚어내고, 위를 쳐다보는 그 눈길로 발아래 묻힌 것을 더듬어내는 것, 그게 말테의 보기이다.

사람들은 모르긴 해도 살기 위해서 파리로 몰려들 것이다. 하지만 사실 그들은 죽기 위해 이 도시로 모여든 것이다.

앞서 소개했듯이 그가 이렇게 웅얼대는 것은 그 좋은 본보기이다. 여기만이 아니다. 나는 곳곳에서 《말테의 수기》가 절반은 '죽음의 수기'라는 인상을 받았었다. 또한 《말테의 수기》는 상당한 정도 '고독의 수기'를 겸하고 있다.

말테는 사람들이 고독을 두 가지 태도로 대한다고 말한다. 한편으로 고독을 미워하고 꺼려하고 저주하고 욕하면서 고독에 젖은 사람도 똑같은 태도로 대한다는 것이다. 사람들은 그런 식으로 다른 사람의 고독을 더한층 깊게 한다는 것이다. 고독한 사람을 점점 더 고독이라는 성 안에 가둔다는 것이다. 다시 말해 누군가 한번 고독의 늪에 빠지면 사람들은 그 늪을 한층 더 깊고 넓게 파나가기만 한다는 것이다.

그것은 고독에 대한 경고이다. 다른 사람이 고독의 구원자가 되어주리라는 부질없는 생각은 하지 말라는 것이다. 혼자 알아서 고독에 대처하라는 것이다. 그러다가 기왕이면 고독에 잠기라는 것이다. 그러다 보면 고독의 늪에서 향기로운 연꽃을 한 송이 피울 수도 있을 것이라고 은근히 조언하고 있다.

《말테의 수기》에 나타나는 이런 성향 덕분에 릴케는 최후의 거작 《오르페우스에게 바치는 소네트》와 《두이노의 비가》를 남길 수 있었던 것이다. 전자에서는 죽음이 삶의 주춧돌임을, 후자에서는 고독을 비롯한 고통이 자기완성의 기틀임을 들려줌으로써 릴케는 현대인들에게 자신의 복음을 전하고 있다. 그게 바로 20세기의 가장 위대한 시인 릴케가 오늘의 우리들에게 베푸는 축복이다.

슈테판 츠바이크
《에라스무스 전기》
_편들지 말라, 혼자여라!

"당신들의 에라스무스, 그는 지금 어디에 있습니까?"
"우리의 에라스무스, 그는 늘 혼자입니다. 저 어디 깊은 숲 속에 혼자 있을 테니, 알아서 찾아보시오."

이건 슈테판 츠바이크Stefan Zweig가 자신의《에라스무스 평전》에 남긴 말이다. 여기서 혼자 있는 사람이 곧 에라스무스라는 말에 유념하면서 우선 츠바이크라는 작가에 대해 알아보자.

츠바이크는 우리나라에는 크게 알려지지 않은 작가이다. 그는 유대인으로 오스트리아 빈에서 태어났다.

나는 체코에서는 슬로바키아인이었다. 빈에 와서는 체코 사람이었다. 그러다가 유럽과 미국을 돌아다닐 때에는 유대인이었다.

이건 내가 가장 즐겨 듣는 교향곡 작곡가인 말러의 한탄이지만, 당시 유대인 누구에게나 적용되는 말이었다. 츠바이크 역시 예외일 수는 없었다.

츠바이크는 나치를 피해서 미국으로 망명하지만 거기 안주하지 못하고 다시 남미로 망명한다. 망명지였던 브라질에서 그는 당시의 역사에 절망하여 아내와 자살한다. 그러니 말러의 〈대지의 노래〉 마지막 악장에서 은은히 메아리치는 "영원히, 영원히, 영원히!"라는 가사는 츠바이크에게 바쳐져도 좋을 것 같다.

그는 자신의 묘비명을 유서처럼 남겨놓았다.

너무나, 너무나 참을성 없는 나는 먼저 갑니다. 하지만 내일은 인류를 위해 새 아침이 밝기를 바랍니다.

그의 소망대로 인류에게 새 아침이 밝았는지를 자신 있게 말할 수 있는 사람은 없을 것 같다. 그의 무덤을 비추는 아침 햇살로도 그는 그걸 능히 짐작할 것이다.

어디에도 안주할 곳이 없었던 사람! 뿌리 내릴 흙이 없는, 아니 애초에 뿌리를 갖지 못한 풀포기 같은 사람! 그게 바로 츠바이크였다. 그가 역사물에 열을 올린 것은 바로 이 때문일 것이다. 그는 말러의 〈방랑하는 젊은이의 노래〉를 자신의 주제가로 삼아도 괜찮았을 것 같다. 표랑漂浪과 방황은 그의 숙명이었다.

이 천하의 떠돌이는 그 덕을 보았다. 그가 그 누구도 따를 수 없는 자유인이 된 것은 그 덕분일 것이다. 그는 어느 무리에도 속하고 싶어 하지 않았다. 그는 그 누구의 편도 아니었다. 그는 너무나 고고하고 우아했다. 겸허하고도 자존自尊에 차 있었다. 바로 이 점 때문에 츠바이크는 스스로 에라스무스가 되기로 했다. 그는 '제2의 에라스무스'로 자처하고 싶어 했다.

츠바이크는 상당히 많은 전기 작품을 남겼다. 루이 16세의 왕비, 마리 앙투아네트를 비롯해서 작가 발자크 등의 전기를 남겼는데 에라스무스의 전기는 이들 두 사람의 전기보다 더 간절하게 젊은 시절의 내 마음을 사로잡았다. 전기를 쓰되, 실록과 소설을 겸할 수 있도록 그는 애를 썼다.

그런데 츠바이크의 작품들을 골고루 읽은 내게《에라스무스 평전》이 유달리 감동적으로 느껴진 것은 왜일까? 여러 이유가 있을 것이다. 그러나 나는 다른 것은 다 젖혀두고 다음과 같은 점을 지적하고 싶다. 아니, 강조하고 싶다.

앞에서 이미 말한 바와 같이 츠바이크는 스스로 우리 세기의 에라스무스가 되고자 했다. 그러자니 그는《에라스무스 평전》에 혼신의 힘을 쏟지 않을 수 없었을 것이다. 거기다 사족을 붙일 게 있다. 츠바이크가

에라스무스가 되고자 한 것처럼 나 스스로는 츠바이크가 되고자 했다. 한때 진지하게 그러기를 열망했다.

 제1의 에라스무스와 제2의 에라스무스, 츠바이크! 제1의 츠바이크와 제2의 츠바이크, 김 아무개! 우리 셋은 이렇게 피가 통하는 한 동아리가 되기를 나는 축원했다. 그것이 현실이 될 지 아니면 꿈으로 끝날지는 나중 문제였고 우선 마음은 그렇게 조급했다. 그러니《에라스무스 평전》을 츠바이크의 다른 작품들보다 애지중지할 수밖에 없었다.

 에라스무스가 영국에 갔을 때의 일이라고 한다. 어느 술집에서 맥주를 마시고 있던 그가 느닷없이 조금 떨어진 자리로 성큼성큼 다가갔다. 거기 한 무리의 사람이 앉았는데 그는 그중 한 사람의 손을 잡으면서 말했다.

 "당신 크롬웰이죠. 그렇죠?"

 그러자 생전 처음 만난 상대가 소리쳤다.

 "그렇게 말하는 걸 보니, 당신은 에라스무스죠?"

 이렇게 현실로 있을 수 없었던 일이 실화인 것처럼 전해진다. 그토록 에라스무스는 그 당시, 그러니까 15세기 후반에서 16세기 중엽까지 서구의 스타였다. 종교계만이 아니라, 정치계며 문화계에서 고루 인기를 누리고 있었다. 여러 나라의 왕들도 예외는 아니었다.

 그런 와중에 그는 일종의 종교개혁을 펼쳐나갔다. 그리하여 마르틴

루터는 한때 그를 자기의 동조자요, 동지로 여겼음을 츠바이크는 강조하고 있다. 그러나 에라스무스는 패를 짜지 않았다. 사회운동과 같은 대규모의 움직임도 꾀하지 않았다.

그는 신부의 신분을 지닌 채 개혁운동을 해나갔다. 르네상스 시대의 인문주의자다운 주장, 그리고 사상을 조용히 혼자서 펼쳐나갔다. 그런 온건 노선을 따라서 종교개혁을 벌여나갔다. 그런 면에서 그는 루터와는 대조적이었음을 츠바이크는 놓치지 않고 있다.

가톨릭교 내부에서 신부가 벌인 종교개혁! 그러면서 그는 교회와 갈등이나 마찰을 빚지 않았다. 그는 가톨릭 성직자가 으레 지켜야 할 옷차림을 따르지 않아도 되는 자유를 얻어내기도 했다. 그 당시로서는 상상도 못할 일을 그는 아무 말썽 없이 이룬 것이다. 바로 이 점에 츠바이크는 《에라스무스 평전》의 초점을 맞추고 있다.

한 개인이 자신이 속한 공동체며 그 안의 동지들과 사이좋게 지내면서도 개혁을 이루어나갈 수 있었다면 우리는 그의 재능과 인품에 찬사를 보내지 않을 수 없을 것이다. 츠바이크의 눈에 에라스무스는 그렇게 비쳐졌다.

나는 몇 해 전에 로마교황청의 베드로 성당에 가본 적이 있다. 그 웅장하고도 화사한 내부로 들어선 순간, 나는 루터와 에라스무스가 거의 같은 자리에서 종교개혁의 필요성을 절감했다는 내용을 떠올렸다.

그러나 에라스무스는 조용하고 온건하게 자기를 에워싸고 있는 크나큰 품을 변화시키려 애썼다. 결코 품을 떨치고 나가지도 않았고, 등을 지고 돌아서지도 않았다. 다른 패거리를 만들지도 않았다. 어쩌면 어머니의 모정에 보답하기 위해서 어머니에게 충고를, 그리고 당부를 하는 것과 비슷할지도 모르겠다.

편을 들지 말자. 편을 짜지 말자. 다른 편의 말은 옳지 않다고 말하는 오류를 범할 수 있다. 더 나쁘게는 내 편의 말은 무조건 옳다고 말하는 잘못을 저지를 수도 있다.

원 작품에는 이렇지 않을 수도 있다. 그러나 내 기억 속에, 또 내 마음 속에 츠바이크의 《에라스무스 평전》은 이렇게 끝나고 있다. 그건 어김없는 사실이다.

그게 평생 나의 신조가 되도록 애써온 것만은 자랑스럽게 내세우고 싶다. 실제로 그러했다고 잘라 말할 자신은 별로 없다. 그러나 적어도 그러려고 마음먹어왔다는 것, 그것만은 우기고 싶다. 그래야 내가 변함없이 제2의 츠바이크가 될 테니 말이다.

에필로그

책과 함께 우리가 될 그날을 위하여

　책 읽기와 함께한 지난날을 돌아보니, 그 오랜 자국들이 새삼스럽다. 눈밭에 찍힌 발자국 같아 보인다. 이제 눈꽃이라도 필까? 그런 인생의 역정歷程에 티끌만큼도 뉘우침이 껴들 틈은 없다. 그래도 아쉬움이 있다면, 그건 미처 못 읽은 책들에 대한 사무치는 그리움 때문일 것이다.

　지금 나로서는 '나와 너'라고 다정하게 손잡을 상대로는 책이 으뜸이다. 꼬박 70년, 책을 벗해온 내게 마음 터놓고 '우리'라고 마주 안을 상대로는 책이 단연 맨 선두이다. 책들과 나는 '우리들'이다. 책은 내게는 '너'이다. 그래서일까? 요즘 들어서는 가브리엘 마르셀과 에마누엘 레비나스의 저서들이 베갯머리를 지키고 있다. 야밤엔 그들을 읽다가 잠들고, 새벽에는 눈 뜨는 대로 손길이 그들에게로 뻗친다.

마르셀은 흔히 '가톨릭 실존철학자'로 알려졌지만 본인은 그걸 싫어했다. 실존철학은 한마디로 줄이면 '나의 철학'이다. 자아의 철학이다. 하지만 마르셀은 내가 '남과 어울린 우리'가 되는 일, 그걸 철학이라고 고집했다. 우리들 각자의 '나'가 소중하다면 그건 남들에 대해서 성실함을 다하고 그들에 대해서 나의 책무를 다하기 때문이라고까지 그는 말했다. 그에게 그것은 사랑이기만 한 게 아니었다. 바로 희망이고 꿈이었다.

그런가 하면, 리투아니아 출신으로 프랑스 철학에 큰 족적을 남긴 레비나스는 나와 남이 하나가 되는 것을 인간 윤리의 으뜸이라고 내세웠다. 그리하여 우리들 각자는 다른 사람에 대한 무한의 책무를 져야 한다고 말했다. 무심코 스쳐 보내기 마련인 일상생활을 되짚어보고 성찰하는 것이 철학의 소임이라면서 말이다. "나는 또 다른 남이고 남은 또 다른 나이다"라는 그의 기막힌 금언金言은 우리 시대의 복음이 된다.

그런데 지금 내게는 '또 다른 나'가 되고 더불어서 우리가 될 친구가 없다. 몇몇은 이미 세상을 떠났다. 귀하게 남은 몇은 모두 멀리, 멀리 있다. 그러나 다행스럽게도 내게는 '또 다른 나' 이자 '우리'가 자그마치 둘이나 남겨져 있다. 바로 자연과 책이다. 그 둘은 이제 나의 천복이다. 그중에도 책 읽기라는 천복에 다다르기까지의, 온갖 내 삶의 자국이 이 책에 찍혀 있어 얼마나 다행인지 모르겠다.

이제 이 한 권의 책이 계기가 되어 책이, 책을 대하는 모든 사람의 '또 다른 나'가 되기를 바라고 싶다. 또한 책을 대하면서 모든 독자가 책과 함께 '우리'가 되기를 삼가 빌면서 마무리로 삼고자 한다.

김열규 교수의 열정적 책 읽기
독서

지은이 | 김열규

초판 1쇄 발행일 2008년 9월 5일
초판 6쇄 발행일 2010년 4월 2일

발행인 | 한상준
기획 | 박재호
편집 | 윤정숙
마케팅 | 김현우
종이 | 화인페이퍼
출력 | 경운출력
인쇄·제본 | 영신사

발행처 | 비아북(ViaBook Publisher)
출판등록 | 제313-2007-218호(2007년 11월 2일)
주소 | 서울시 마포구 연남동 567-40 2층
전화 | 02-334-6123 팩스 | 02-334-6126 | 전자우편 crm@viabook.kr

ⓒ 김열규, 2008
ISBN 978-89-960791-4-9 03800

이 책은 저작권법에 따라 보호받는 저작물이므로 무단전재와 무단복제를 금합니다.
이 책의 전부 또는 일부를 이용하려면 저작권자와 비아북의 동의를 받아야 합니다.
잘 못 된 책은 바꿔드립니다.